ABERRACIONES PSÍQUICAS DEL SEXO O EL CONDE DE GABALIS

(CHARLAS ACERCA DE LAS «CIENCIAS SECRETAS»)

TRADUCCIÓN DE LA CÉLEBRE OBRA DEL

ABATE VILLARS

COMENTADAS POR EL

DR. MARIO ROSO DE LUNA

Mario Roso de Luna

Aberraciones Psíquicas del Sexo o El Conde de Gabalis
de Mario Roso de Luna

Línea Editorial «Roso de Luna»

Edición original Javier Morata, Editor, 1929

Edición en español: 2023
Impreso en España por: Editorial Dagón
https://www.editorialdagon.es
Editor, y maquetación de esta edición:
editor@editorialdagon.es

Imagen portada: *Lamia*, de John William Waterhouse (1905)
Imagen contraportada: *El beso de la hechicera*, de Isobel Lilian Gloag (1890)

ISBN: 978-84-19540-61-4
Depósito Legal: V-4122-2023

Esta obra se escribió en 1929. La copia presente pretende ser fiel al original, por eso hemos respetado todo lo posible el contenido de la misma, incluso a nivel ortográfico y gramatical.

El Editor

PREFACIO DEL TRADUCTOR-COMENTADOR

EL sér humano está crucificado en el sexo, puede decirse desde que nace hasta que muere[1]. Semejante limitación orgánica es la causa principalísima de sus luchas, de sus dichas y de sus desdichas a lo largo de la vida.

«Hay en el diálogo *El banquete, o del amor*, dice E. GÓMEZ DE BAQUERO, un pasaje donde se recoge una extraña mitología que hizo su camino en Oriente y ha resucitado en el ocultismo moderno. Es aquel en que ARISTÓFANES dice que en otros tiempos la Humanidad tuvo una forma distinta de la que conocían los griegos. Se componía de hombres dobles de tres clases: unos, varones; otros, hembras, y otros, mixtos de varón y mujer, los andróginos. Estos hombres, que eran como una sólida pareja de hermanos siameses, fueron fuertes y audaces. Concibieron el proyecto de escalar el cielo y luchar con los dioses, como en más remotos días los Titanes. Júpiter quiso castigarlos; pero no se resolvió a aniquilar a aquella soberbia raza por no privar al Olimpo del culto y los sacrificios que ofrecían los hombres. Adoptó un término medio: dividió a los hombres dobles en dos mitades, a las que Apolo dió los retoques necesarios para que no quedasen demasiado imperfectas. Así nacieron las diversas atracciones del amor, las naturales, y

1. Discrepando de la Academia de la Lengua, séanos permitido acentuar el substantivo «sér» para diferenciarle del «ser» verbo, en frases respectivamente como «ser un sér racional, es un don del Cielo». La pronunciación misma abre más la e en un caso que en el otro.

las que el hombre normal mira como aberraciones (las faltas de ortografía de que hablaba ANATOLE FRANCE) por la nostalgia de cada sujeto hacia la mitad perdida.

»Los teósofos modernos citan los andróginos platónicos como reflejo de la antigua tradición esotérica de una lejana raza bisexuada, así como invocan un versículo del *Génesis*: «Macho y hembra le creó», que tiene, sin duda, una explicación más sencilla dentro de la exégesis bíblica, como expresión abreviada de la creación de la pareja primitiva, en un relato en que se han acoplado las dos versiones del elohista y el jehovista.»

No consumada todavía la emancipación del crecimiento, desde la vida intrauterina hasta la pubertad, el sexo cobra plenamente con ésta con sus tiránicos fueros, si es que, como, siguiendo a FREUD, indica el doctor MARAÑÓN en sus recientes obras[2], no empieza a cobrarlos ya muchos años antes, al apuntar hacia los cinco años los prodromos de la sexualidad.

Y una vez que empieza a imponer el sexo su imperativo categórico, orgánico y aun psíquico, ya no le pierde jamás. A lo sumo, en edades avanzadas del hombre y después del fenómeno de la menopausia en la mujer, el sexo deriva extrañamente hacia misticismos muy varios, que la Ciencia dista mucho de haber estudiado todavía. ¡Es «la herida de *Amfortas*», en el *Parsifal*, de WAGNER; la llaga terrible, que nunca querrá sanar; la propulsará eterna de grandezas y locuras, de heroísmos y de crímenes, de ensueños, esperanzas y desilusiones proteicas; del Arte, en suma, y de la Historia y de la Vida!

2. Tales como la de Amor, Conveniencia y Eugenesia, Los estados intersexuales en la especie humana, (Madrid, Morata, 1929) y otras, a cuyas doctrinas aludiremos en otro lugar. Adelantemos, sin embargo, que la manera puramente fisiológica de abordar el magno problema humano, como si el hombre fuese un simple irracional sujeto a la mera selección física o darwiniana, no es de nuestro agrado, como tampoco lo es de otros pensadores.

La crucifixión aquella en el sexo y por el sexo, no es tampoco exclusiva del hombre. Compártela éste, en efecto, con los animales todos, si es que ella no es en sí la característica animal de su complejísima contextura que le hace ser al modo de la simbólica flor del Loto, con sus raíces en el cieno del pantano; sus tallos, emergiendo de las aguas tranquilas; sus hojas, extendiéndose verdes y lozanas en el aire, y sus flores, alegría de la vista, saturando de fragancias su derredor. La Edad Media, en la noche de su ignorancia, no fué más allá en el problema del sexo, pero hubo de sobrevenir el sabio LINNEO, sorprendiendo al mundo con la revelación del sexo en las plantas y viendo en las flores –el encanto mayor de la naturaleza animada, después de la mujer–, un tálamo de amor, ¡el ciego amor vegetal!, tálamo en el que, sobre el cáliz floral –¡cáliz había de ser en dichas y amarguras!–, masculinos estambres y pistilos femeninos se conjugaban sublimemente en el policromado seno de la corola circunvaladora, para dar nacimiento a la semilla, futuro germen de otras plantas análogas, que oponer, con su continuación indefinida sobre la Tierra, a la destructora acción de la Naturaleza, haciendo verdadero una vez más el aforismo de que el *Amor* es más grande que la Muerte, y que *Mors-amor* –Muerte y Amor–, el título genial de la más grande de las obras de D. JUAN VALERA, son los dos platillos de la balanza de la Vida, con cuya oscilación eterna, que tiene mucho de flujo y reflujo del mar, se mantiene la economía del Universo, haciendo que la Muerte venza al Individuo, y sea, a su vez, vencida por la Especie, que es lo que los viejos hindúes quisieron simbolizar con la eterna lucha del Brahmâ creador –Brahmâ no es un dios como vulgarmente se cree, sino el Germen, de la raíz sánscrita *brig*, crecer, extenderse, propagarse–, y el Shiva destructor, o más bien, reformador para nuevas creaciones...

Y la botánica postlinneana hubo de comprobar bien pronto que la separación sexual del estambre y el pistilo era ínfima en las flores llamadas *monoicas*, haciendo de éstas verdaderas entidades andróginas, pero era completa en las plantas llamadas *dioicas*, en las cuales el órgano masculino floral estaba en un tallo o individuo diferente que el órgano femenino, observándose casos admirables como el de aquella palmera hembra del Jardín Botánico de Madrid que, a pesar de no tener palmera macho en el resto del recinto, era fecundada anualmente por el polen de una de estas últimas, situada en el patio de las Salesas Reales, a dos kilómetros de distancia de aquélla. También se comprobó, en corroboración de que el instinto sexual, aun en las plantas, es más fuerte que el mismo instinto de conservación, el caso de la Vallisneria, del que MAETERLINK, uno de los más áticos escritores botánicos, nos ha dejado una descripción hecha de mano maestra[3].

3. «Entre las plantas acuáticas, dice MAETERLINK, figura como la más romántica la Vallisneria, esa hidrocaridea, cuyos desposorios forman el episodio más trágico de la historia amorosa de las flores. La Vallisneria es una hierba harto insignificante, desprovista de la gracia encantadora del nenúfar, especie de loto europeo, o de otras flores subacuáticas, de airosa cabellera; pero la Naturaleza se ha complacido en expresar en ella una hermosa idea. Toda la existencia de la ínfima planta se desarrolla en el fondo de las aguas, en una especie de somnolencia, hasta el momento nupcial, en que vive una vida nueva. Entonces la flor femenina desenrolla lentamente la larga espiral de su pedúnculo, sube, emerge de las aguas y se abre y extiende por la superficie del estanque. De una zona vecina, al verla apenas a través del agua soleada, se eleva a su vez la flor masculina, llena de esperanza, atraída hacia un nuevo mundo de ensueño por la mágica sugestión de su compañera. Llegada, sin embargo, a la mitad de su camino, la flor masculina se siente bruscamente retenida, porque el tallo que la sustenta y el que le da la vida, es demasiado corto, no permitiéndole, por tanto, llegar hasta la luz de la superficie, y allí consumar la unión nupcial del estambre con el pistilo. ¿Se trata de un defecto, o de la más cruel de las pruebas de la Naturaleza...? Imaginaos, en efecto, la tragedia horrible de este deseo, de esta fatalidad transparente, de este suplicio a

Pero todavía le queda mucho que avanzar a la Ciencia en el sentido del estudio del sexo en la Naturaleza, no limitándole, como hasta aquí a animales y vegetales, sino extendiéndole a todo cuanto nos rodea: minerales, átomos, moléculas, células y astros y haciendo del estudio del Sexo Universal la llave maestra de los secretos del Cosmos, porque si el Sexo es en sí limitación, la unión de los sexos contrarios es propagación indefinida: ¡la finitud de la Dualidad, venciendo con su recíproca compenetración al Infinito!

Porque, orgánica y filosóficamente el fenómeno de la copulación sexual, no es más que la cesión que el elemento llamado masculino hace al elemento femenino de algo que aquél tiene y del que éste carece, razón por la cual la sabiduría del Lenguaje –otra de las claves del Misterio que nos cerca–, ha llamado a dicho fenómeno «comercio sexual», en recuerdo de

---

lo Tántalo, de estar viendo y tocando lo que es inaccesible... Semejante drama sería tan insoluble como nuestro propio drama sobre la Tierra; más, he aquí que, de repente, surge un nuevo e inesperado elemento. ¿Tendrá la flor masculina el presentimiento de tamaña decepción? No lo sabemos, pero es lo cierto que ella ha sabido conservar en su corazón una burbuja de aire, como nosotros guardamos en nuestra alma un dulce pensamiento de inesperada salvación... Diríase que vacila un instante, mas, en seguida, con un esfuerzo gallardo –el más asombroso de cuantos conozco en la vida de flores y de insectos–, rompe heroicamente el lazo que le liga a la existencia para volar a la altura de su amoroso ideal: corta, por sí misma, su pedúnculo, y en un incomparable impulso, entre perlas de alegría, sus pétalos afloran ya a la superficie de las aguas... Heridos de muerte ellos, pero libres y rutilantes ya, flotan un instante al lado de su amorosa desposada; la unión de los dos seres, se realiza, después de la cual la flor masculina, sacrificada en aras de su anhelo, es el juguete de las aguas, que llevan su cadáver hacia la orilla, mientras que la esposa, ya madre, cierra su corola, donde aún palpitan los amantes efluvios, enrolla su pistilo y vuelve a descender a las profundidades acuáticas para madurar el fruto de un amor heroico y sin límites...».

la esencia misma del «fenómeno Comercio», nacido con la Humanidad en forma de permuta, o sea de cesión de algo que se tiene y no se necesita o acaso estorba por su misma abundancia, a cambio de algo de que se carece, y en tal sentido ese «cambio de lo que se tiene por lo que no se tiene y se desea», es común a todo cuanto existe en el Universo, constituyendo por ello *la esencia misma de la Vida*, que es precisamente Vida por el Sexo.

En tal sentido la Química no viene a ser sino el estudio del sexo en moléculas y átomos. Si la Filogenia y la Ontogenia nos enseñan que la vida terrestre ha nacido del mar, es decir, del Agua, la Química moderna ha comprobado este principio, que en la presente obra nos es imposible, científicamente, desarrollar, de que: *todas las reacciones de la Química, producen agua o descomponen agua*, o, finalmente, y cuando esta última aun no aparece por falta de alguno de sus dos componentes, *colocan los elementos de reacción en condiciones de producir agua o descomponer el agua en una reacción ulterior*[4].

Así, si el agua es la Madre, y «aguas madres» se llaman, por cierto, a los residuos de la cristalización por la vía húmeda, el Agua es, a su vez, *el hijo* en toda reacción de ácidos y bases para formar la sal (unión de los residuos, ligaduras *post copula*, que podríamos decir, y que no es extraña alguna vez en el mundo animal), siendo, además, el agua el prototipo del androginismo químico, porque, si bien el voltámetro descompone su molécula en un átomo de oxígeno y dos de hidrógeno, la verdadera rotura del agua en las reacciones hace de ella dos partes: una de un átomo de hidrógeno (H), que actúa en las reacciones a gui-

4. Caso típico de esto último es, por ejemplo, el del tricloruro y el pentacloruro de fósforo, que se combinan con enorme energía, en espera, así que se presente el agua, de descomponer ésta, formando los ácidos fosfórico y clorhídrico.

sa de elemento ácido, y otra de un oxihidrilo (OH), que, por su parte, obra como elemento básico, haciéndose así del agua, por su H hidrogénico, el último, el menos ácido de los ácidos, y por su (OH) oxihidrílico, la primera o la menos alcalina de las bases, cosa que, con su mayor calor específico, es la causa de la decisiva importancia del agua en la Naturaleza.

Queda con ello sentado –más lejos nos es imposible ir aquí– que bajo el nuevo «sentido sexual» de nuestro presente Ensayo, todo ácido es «masculino» y apto, como tal, para ceder un hidrógeno al copularse con el oxidrilo de la base, la cual base es, por tanto, «femenina» a su vez. La molécula H – (OH), pues, es *el hijo* de semejante «comercio sexual químico», y los ligados residuos radicales, o «progenitores» de aquella molécula del agua, quedan en condiciones de latencia química para reconstituir su recíproco y perdido «sexo», destruyendo en ulteriores reacciones la molécula de agua, es decir, «devorándola» como, en el simbolismo del mito, se dice que Saturno devoraba a sus hijos, porque éstos, cual más tarde hizo con él su propio hijo Júpiter, amenazaban privarle de aquella su virtualidad creadora como tal dios... Es frecuente, desde luego, en la Filosofía antigua encerrar en anagramas, mitos y símbolos, las verdades científicas trascendentes, para preservarlas de las ignaras multitudes, como aun el mismo HUYGINS hiciese en los tiempos modernos, encerrando en un anagrama en el que la propia astucia de KEPLER no pudo descubrir nada, el descubrimiento astronómico del Anillo de Saturno.

Y si éste es el «fenómeno de la sexualidad química», también existe lo que, glosando a MARAÑÓN, podríamos calificar, pintorescamente, de «química homosexualidad», que es el operado, al modo del ya dicho de los ácidos con las sales, entre moléculas homogéneas o del mismo *sexo* químico. Tal es el caso de dos moléculas «femeninas» de cualquiera de los infinitos alcoholes, de oxhidrilos básicos copulables con el hidrógeno de los ácidos. Y quienes, cuando actúa sobre ellas el calor, eterno activador de las reacciones, si no tienen ácido con el que unirse, se unen entre sí, generando «agua» y transformándose las dos moléculas de alcohol en una de éter. Hay, en fin, la «autosexualidad química», por la que, moléculas ya muy complejas, como las albúminas y las lactonas, copulan hidrógenos y oxhidrilos de su propio seno, viniendo a ser así, con su complejo edificio estereoquímico, verdaderas *plantas* de lo infinitésimo, en los que los «estambres hidrogénicos» y los «pistilos oxihidrílicos» yacen sustentados por el mismo «pie arbóreo-molecular»...

De la sexualidad «de átomos y moléculas» se podría decir mucho más, porque, presididos, sin duda, por esa suprema *Ley geométrica* que rige al Cosmos, según PLATÓN y los pitagóricos, todas éstas cristalizan en alguno de los sistemas regulares de la ciencia cristalogénica, y alguien ha demostrado ya también «el origen poliédrico de las especies mismas»[5].

En cuanto a la sexualidad de los astros, ella es evidente ya para muchos filósofos astrónomos, y, habiendo tratado de esto en muchas obras[6], no habremos de hacerlo aquí. Baste apuntar tan sólo que los últimos estudios sobre los cometas empiezan a considerar a éstos como verdaderos «espermatozoides cósmicos», que, tras los más raudos y «locos» recorridos «juveniles» por el espacio sin fin, acaban siendo aprisionados por unos verdaderos «óvulos femeninos», constituidos por el Sol y los «anillos» o «esferas» en los que se mueven los planetas,

5. Véase la sabia obra de este título, debida al genial D. ARTURO SORIA y MATA, a cuyo profundo alcance pitagórico-filosófico nuestra generación aún no ha hecho justicia, quizá por ser español y no ser «técnico», en el cretino sentido que damos a la palabra, su autor.

6. Léase «Obras del autor», al principio del presente libro [en el original].

y aun por estos planetas mismos. Operada tamaña «fecundación», el núcleo cometario, como pasó con el cometa Biela en 1866-72, se descompone en mil fragmentos productores de sendas «lluvias de estrellas», con las que aquel «espermatozoide celeste» es absorbido, como por la fecundación es absorbido el espermatozoide orgánico por el óvulo así fecundado, para determinar seguidamente la primera cariocinesis del organismo del «hijo». Miles, millones de tales inertes fragmentos acaso, como sospecha la teoría meteorítica de LOCKIER, caen sobre el Sol, «alimentándole» (nuevo brote del mito de Saturno), e igualmente sobre la Tierra y los demás planetas. Cada uno de estos últimos, en efecto, tiene aún ligados a él varios cometas «de su familia», «espermatozoides» aún no destruidos, pero que habrán, temprano o tarde, de ser absorbidos «genésicamente» por ellos, como va dicho. Esto sin contar con que la propia Luna gira en torno de la Tierra, como el «espermatozoide» en torno del «óvulo» antes de fecundarle, y la pronosticada disolución de la «masculina Luna» en el ámbito «ovular» de la «femenina Tierra», es cosa descontada para época felizmente muy distante, por muchos de aquellos astrónomos filósofos.

Y no sólo astros y átomos obedecen así al imperativo del Sexo, sino que, con el simbolismo sexual, podemos sintetizar brillantemente el metabolismo de cuanto nos rodea, pues todo es según el criterio dual de lo masculino-femenino, positivo-negativo, latente-radiante, activo-pasivo, cálido-frígido, luminoso-tenebroso, y demás «contrarios filosóficos», contrarios por su misma sexualidad trascendente, sin la cual nada nos es dable hacer en el mundo, pues, como muy al por menor detalla, D. RAFAEL SALILLAS, en su *Teoría básica* o sexual, todo es según la ley del *lingham* y el *yoni*: la llave y la cerradura, el pernio y su hembra, la ensambladura entrante-saliente, el arado y la tierra, lo cortante y lo cortado, lo vencedor y lo vencido, el operador y lo operado, la pérdida y la ganancia, el abandono y la posesión, la acción y la reacción, el impulso y la caída, el empuje y la brecha y mil conceptos más recíprocamente «sexuales», de los que tan superabundantemente abunda la literatura picaresca de todos los tiempos y países, literatura cuyo pecado estriba sólo en haber tratado de dar como «recreo prohibido» o lleno de alicientes morboso-imaginativos, lo que sólo debiera ser tratado con la mayor pureza y toda la sublimidad posible que corresponde a uno de los más sacrosantos misterios de la Naturaleza. ¡*Sancta, sancta sunt tractanda*!

Durante siglos muy lamentables se ha vivido en una gazmoñería letal acerca de estas cuestiones. Hoy, en cambio, todo el mundo clama con nuestro simpático escritor ERNESTO LÓPEZ PARRA: «¡La verdad, Señor, la verdad!», y con él dice: «Si la vida es dura y mala y nos acecha una adversidad, preferible es hacerla frente a refugiarnos en la mentira de una rosada esperanza... Pero no puede vivir feliz el que no quiera saber si vive de mentiras o de verdades, y menos aún quien, convencido de que vive de mentiras, se resigna a seguir viviendo. No hay amor sin verdad, como no hay verdad sin amor. «La única fe admisible es la fe de la verdad», ha dicho BUCHNER, condenando el fanatismo de las religiones positivas.

«¡La verdad, Señor, la verdad!

»No puede consolamos de nuestras penas el engaño, ni logra vivir en paz mucho tiempo quien de mentiras vive, porque la verdad le sale al paso con el frío de su realidad y de su justicia. Los que amasan su historia con perfidias, mintiendo cínicamente un crédito que mermó su propia insinceridad, viven siempre en precario; su vida es una letra cuyo vencimiento ha de llegar antes de que se cumpla el plazo. La verdad, cualquiera que sea. Combatir con ella, es librarse de todas las asechanzas y prevenirse contra todos los peligros posibles; es limpiar el aire de miasmas y el espacio de sombras, y el corazón de rencores y de dudas. Morir es ahogarse en mentiras; caer en la sima en que cayó Hamlet y debatirse como Segismundo en una lucha agotadora y estéril. Hay quien teme a la verdad, porque en ella se ejecuta sin querer, porque es la horca de los que van viviendo del miedo de los demás y de su propio miedo. Pero los que hicieron de su vida un culto y viven con los ojos abiertos a las verdades eternas, se asfixian cuando sus pulmones tienen que respirar el aire del engaño, que es siempre aire de esclavitud...»

Pero verdad alguna de las que el mundo busca, o acaso más bien de las que el mundo rehúye a tenor del mito de Lady Godiva, está más rechazada que la verdad sexual, la ley que, por vía fisiológica, impulsa al amor de la pareja humana, forma el hogar, alimenta, educa, instruye y hace hombres a los hijos, venciendo así por mágico Poder del Amor, que crea, al también mágico poder de la Muerte, que destruye. Y le vence en epopeya creadora con la que nuestra finitud en Espacio, Tiempo, Cantidad, Forma y Materia, alcanza a lo Infinito, asegurando, tras la fugaz personalidad de los dos consortes, la perpetuidad del Hombre sobre la Tierra.

Pero microbio alguno moral hay que ataque tan directamente a la Santidad del Sexo como la mala literatura tan en boga siempre en el mundo, desde las crudezas de *Las mil y una noches árabes* –no *Las mil y una noches primitivas ariohindúes*, hoy perdidas, y de las que sólo podemos colegir cómo fueran en su grandeza, a través de estas últimas, crudamente traducidas al francés por el doctor MARDRÚS y al castellano por nuestro BLASCO IBÁÑEZ–, desde *Las mil y una noches*, repetimos, hasta la obra del abate VILLARS, que vamos a comentar, a través de toda esa literatura del medievo conocida bajo el nombre genérico de «literatura picaresca», y hoy continuada con tan lamentabilísimo éxito por escritores de primera fila, que en vano quieren sembrar de rosas de estilo, los estiércoles de unas tristes realidades que debieran ser silenciadas en honor mismo de la verdad, ya que si ellas son «una verdad animal», no son «una verdad humana» en el sentido de un sublime Ideal literario que, volando a inmensa altura sobre ellas, no debiera alcanzarlas a ver, precisamente por su misma elevación, ya que el verdadero Arte debe estar siempre tan por encima de la Realidad –mejor dicho de «los crudos realismos» que no son sino una parte, mínima e inferior, de la Realidad aquella–, como lo están de la Tierra los soles del Firmamento...

En esto, *El Conde de Gabalis* tiene tantos precursores como continuadores.

D. JOAQUÍN LÓPEZ BARBADILLO, al dar por vez primera en castellano y comentar *Los caprichosos Diálogos del divino Pedro de Aretino*[7], o sea los célebres *Ragionamenti* que se comunican, con sin igual licencia de lenguaje y de fondo, las dos prostitutas romanas *la Enana* y *la Antonia*, nos dice de aquel continuador de la *Priapeya*, de VIRGILIO, y las tan lascivas composiciones de los clásicos OVIDIO, JUVENAL y MARCIAL, y el precursor también del *Decamerón*, de BOCCACCIO, de *la Celestina*, de FRANCISCO DE ROJAS y demás obras célebres en estas peligrosas materias, nos dice al comienzo de su obra: «NACIÓ PEDRO ARETINO en un hospital y murió en un palacio. Su vida fué una tempestad y fué una llama. Su vida fué una vida llena de misterios y de luz, llena de odios y de amores: existencia de hampón y de rey. Fué ARETINO un canalla magnífico, que convertía en rayos de gloria los puñados de fango. Pisoteó los

7. Edición única de 25 ejemplares en papel de hilo y 300 en papel fuerte, hecha, bajo el sello de D. Petrus Aretinus flagelum Principum, en 1914, y de la que poseemos un ejemplar. No creemos que el autor publicase más que este primer volumen bajo el título de Narración de la licenciosa vida de las monjas.

altares, los tronos, el solio del Papa. Su risa hacía temblar: la risa fué el resorte de su grandeza y de su triunfo. Cuando escribía sus libros de devoción hipócrita, ponía a la carcajada un disfraz de oración; cuando ensalzaba en una carta la virtud de un magnate, iba el burlón desprecio a ese poder como postdata que no se veía en ella; y hasta cuando el Amor le hizo llorar, mofóse del Amor con más sangrienta mofa, y hasta cuando enfermó y se murió, nació una fábula diciendo que había muerto de risa. Y la leyenda fué creída, porque el ARETINO había hecho escarnio de Dios y de los hombres, y del Amor y de la Muerte; porque al abrirse los ahondadores ojos de su genio, se vió puesto en el mundo para ir por él vilipendiado y dolorido, pasando hambres y penas, sin llevar un nombre, ni una esperanza, ni un cacho de pan, y él no quiso ir así; y él debe ser bendito, porque, aunque fué ladrón y falso y cínico y cobarde, se reveló contra la Suerte, y la venció. ¡Mucho llevaría dentro de su cabeza de lobo, y amargura bastante tendría su alma, más grande que sus vicios, cuando del miedo ajeno y entre el odio común, se pudo hacer PEDRO ARETINO un látigo de oro, una mesa de hartura, el florido lecho de sus cien hermosas y una eterna aureola para ese nombre que le dió su pueblo, ya que en Arezzo no había tal vez un nombre bastante cierto de poder darle el suyo!» «Nació en 20 de abril de 1492. Fué hijo de carne de placer. Su madre era modelo de pintores y cortesana de baja ralea. Se llamaba Tita. Durante mucho tiempo se vió su efigie sobre la portada de San Pedro de Arezzo, representando a la Virgen María, que recibía del arcángel Gabriel la Anunciación. Y varias veces Pedro, en sus escritos, se envaneció de que su propia madre, pobre y bella hembra de mil machos, hubiera sido al par madre de Dios, merced a los pinceles que hicieron de ella aquella santa copia».

De nadie, pues, como de PEDRO ARETINO, verdadero *Solimán* moderno cual el que en nuestro Romancero lleva este título, y de su pobre madre, que así rodó por la fatal pendiente, se podría cantar:

«Las dueñas y las doncellas
están cansadas de hilar:
la condesa es la más triste
de las que tuercen torzal.
–«¡Canteisme, mis doncellicas,
canteisme un lindo cantar!»–
Las que tienen voz delgada
cantan todas a compás;
la condesa pára el huso,
no la pueden alegrar.
Ya canta la cautivada
la historia de Solimán:
»En la silla del caballo
brama como un vendaval,
no deja cosa con cosa
de Gecira a Gibraltar;
roba a todos los que tienen
buen caballo o buen caudal;
da oro a la gente pobre
y ahorca a la principal;
pone los pies en las cruces
por ser pecado mortal;
va forzando a las doncellas
que tropieza al montear;
porque no sean malas madres
en su pecho hunde el puñal.
–«¡Luego que estés enterrada,
hijos no me parirás,

que a mí me parió una perra
que me echó al monte a criar!» –
La condesa que esto oyera
de golpe rompió a llorar.
– «¡Cállese la cautivada
que esa historia es la verdad!
Solimán, el renegado,
es mi hijo natural;
por parirlo con recato,
al monte lo eché a criar;
me lo criaron villanos
con leche de caridad...
¡Doncella que tenga un hijo
a pechos lo ha de criar!» –

Porque nuestro tiempo tiene mucho de aquel famoso siglo XV, o del Renacimiento llamado por CASTELAR «el abril de la historia contemporánea» y recuerda, por tanto, la Italia del ARETINO: «Aquella Italia, artística y sensual; corrompida y magnífica; enamorada de la carne y rebosando de espíritu; mezcladora del culto de Dios con los ardientes ritos demoníacos en que latían belleza y fuerza. Italia llena de cardenales asesinos; de princesas livianas; de hampones geniales... y en la que, en torno a la silla pontificia de Julio II, pululaban, con ambición igual, cuantos aventureros de talento tenía entonces la Península latina; Italia, en la que hubo un León X, el noble hijo de Lorenzo de Médicis, el Papa que sirvió al Arte más que a Dios y gustó de BOCCACCIO, más que del Evangelio...». La Italia, en fin, de Julio Romano, el pícaro dibujante de aquellas dieciséis figuras licenciosas denominadas *Las Posturas* y a quien el ARETINO no sólo salvó de las garras inquisitoriales por su amistad con los papas, sino que escribió al dorso de ellas sus dieciséis sendos *Sonetos lujuriosos*, teniendo que escapar a su vez refugiándose en la tienda de Juan de Médicis –otro perdido como él, llamado el *Gran Diablo*, por antonomasia, merced a las fechorías sin cuento realizadas al frente de sus famosas *Bandas Negras*.

A la publicación de la primera parte de los célebres *Diálogos* del ARETINO y como florescencia europea de la sensual literatura de los árabes y demás pueblos semíticos, hubo de preceder en algunos años en las prensas italianas *La lozana andaluza, compuesta en lengua española muy clarísima*, del sensualista vicario FRANCISCO DELICADO, y la hubieron de seguir el *Porno-didascalius* de FERNÁN SUÁREZ; los comentarios o traducciones del francés ALCIDES BOUNEAU; mil glosas picarescas del pasaje de *Píramo* y *Tisbe* en el libro IV de las *Metamorfosis*, de OVIDIO, «que llenaron el mundo de Anticristos», o de las abnegadas vidas místico-sensuales de Santa Nefisa, Santa Isabel de Ceres o Santa María Egipciaca, los equívocos comentarios de más de un erotomaníaco fraile camaldulense acerca de San Romualdo y sus flagelaciones contra el fuego de la carne clamando por su fuero; las desenfadadas ilustraciones de esos otros frailes que iluminaron escandalosamente las *Biblias* de los siglos XIV y XV, y que reproduce LÓPEZ BARBADILLO en su citada obra, llevando en la Biblioteca Nacional de París los números 167 y 166 de los Manuscritos franceses antiguos; y, en fin, aquel precursor de GUILLERMO APOLLLNAIRE, MR. RIBEAUCOURT, que, para solaz espiritual o por miedo a algo y a alguien, se constituyó en tipógrafo de su propia obra aretinesca o «estimulante», como ahora se dice con el más cortés de los eufemismos, componiendo tan sólo quince ejemplares de ella, los que hoy son otros tantos señuelos de codicia para los bibliófilos. Todo sin hablar de la celebérrima obra *La Celestina o tragicomedia de Calixto y Melibea*, ni de aquel *Monsieur de Phocas*, recientemente fallecido, «el torturado perseguidor de los ojos de Astarté; el dueño de las piedras preciosas de Baruchini; el argonauta de lo desconocido, y el que, después de asfixiarse en los vicios de Occidente, soñó con desterrarse un día al Oriente fabuloso y vivir hasta su muerte entre las mil leyendas y las mil quimeras que revuelan sobre las aguas milagrosas del Ganges de oro, escuchando la canción de las hermosísimas hijas del Padre río, verdaderas y orientales *Hijas del Rhin* wagneriano, canción que en sus labios seductores toma caracteres rituales: «¡*Ganges djai, Ganges djai*!», CHARLES MARIE ANTOINE DE JOYEUSE, en fin, fué el *Monsieur de Phocas*, en aquellos días en que la literatura enfermiza francesa florecía como una rara flora de pesadilla, y JEAN LORRAIN supo encontrar al héroe de la época, arrancarlo de su retiro, hacerle confesar el largo poema torturado de sus ensueños monstruosos y hacer la obra maestra, que en las manos de los poetas despertaría una indefinida fiebre nerviosa, azotando su sensibilidad con el lírico flagelo de una prosa brillante y mórbida, neurótica y sensual, como enfermizamente canta EDUARDO AVILÉS RAMÍREZ, uno de sus biógrafos».

Todo esto no es sino enfermedad del alma, aberración sensual o *psiquismo* –los griegos dividían las almas de los hombres en *somáticas*, *psíquicas* y *pneumáticas*, con arreglo al *tamas* (ignorancia), *rajas* (pasión) y *satwa* (espiritualidad) de los hindúes–. Un terremoto moral, como el que acaecería si el polo norte de la Tierra se juntase con el polo sur, porque, a bien decir, el hombre, como el planeta que habita, tiene un polo positivo: la Mente espiritual; un polo negativo: el Sexo, y un ecuador o «fiel de la balanza» entre ambos: la Vida.

Los antiguos, en esto y en todo –no hablo de los clásicos grecolatinos de las decadencias–, tenían de estas cosas conceptos más puros.

Describiendo el culto de los egipcios, la señora Lydia María Child dice en su obra *El progreso de las ideas religiosas*: «La veneración hacia los poderes productores de la vida, introdujo en el culto de Osiris los emblemas sexuales tan comunes entre los brahmanes del Indostán. Una colosal imagen de esta especie fué regalada y destinada al templo de Alejandría por el rey Ptolomeo Filadelfo... La veneración hacia los misterios de la vida organizada, condujo al conocimiento de un principio masculino y otro femenino, en todas las cosas, así espirituales como materiales. Los emblemas de entrambos sexos, claramente visibles por doquier en las esculturas de sus templos, parecerían obscenos si se describiesen, pero *ningún espíritu casto y pensador* podría considerarlos así al contemplar la evidente sencillez y la seriedad, con las cuales el asunto está tratado en ellos».

Además, el pecado está siempre en el que mira para pecar, y el *Onni soit qui mal y pense*, divisa de la Orden caballeresca de la Jarretiera, escrito está para tales pecadores, mientras que las gentes inocentes y puras pueden ver tras cualquiera de estas obras, tales como *El Baladro de Merlín* o *El Conde de Gabalis*, símbolos trascendentes o cósmico-sexuales de indiscutible grandeza.

Tal es el caso, a nuestro juicio, de la misma revista filosófica francesa *Le Lotus Bleu*, cuando, al publicar la famosa obra, dice: *El Conde de Gabalis*, que fué escrito en 1670, trata de una manera festiva y satírica algunos de los misterios de los *Rosacruces*, y el objeto de la obra fué probablemente llamar la atención del público hacia tales estudios, cosa que logró, sin duda, a juzgar por sus numerosas traducciones. El tema fundamental del libro es el comercio carnal de los *elementales*, o «invisibles espíritus de los elementos» con los seres humanos... Semejante idea viene ilustrada en él con numerosos ejemplos de obsesiones de hombres y mujeres, que se entregaran, respectivamente, a los «súcubos» y a los «íncubos» (De ello habló también SANTO TOMÁS DE AQUINO en su *Summa Theologicæ*). Tales ejemplos, sin embargo, no son del todo acertados, sino más bien un peligro horrible, induciéndonos a pensar por ello si el abate VILLARS no tuvo el propósito de burlarse de las viejas alegorías, como lo hicieron ciertas sectas a propósito de la leyenda de Krishna y las Gopis tentadoras (base de la hermosísima escena del Jardín encantado de Klingsor en el *Parsifal*, de WAGNER).

«Los amantes de libros raros sobre misticismo quedarán encantados con poseer semejante libro, pero ha de tenerse gran cuidado de no darle una falsa interpretación literal. El simbolismo del sexo, en efecto, que con tanta frecuencia se encuentra en todas las obras de dicha índole, representa una fuerza, una clave, un poder bien definido de la Naturaleza, poder mencionado en los Vedas, bajo imagen semejante y que decían jugar un papel importantísimo en la misma Alquimia (con sus «retortas» masculinas, y femeninos, «matraces» o «matrices»). La edición que reimprimimos al presente es la de Amsterdam de 1671. Se dice que VILLARS sacó su *Conde de Gabalis* de las primeras cartas de *La Chiave del Gabinetto* (la ‹cámara secreta›), del caballero G.F. BORRI, obra hoy rarísima, publicada en 1681, pero compuesta mucho antes y sin que el alquimista BORRI interviniese para nada en su publicación.»

Olvida, sin embargo, el benévolo comentarista de *Le Lotus Bleu*, que hasta esta última obra del ¿caballero? BORRI lleva un título italiano, harto sospechoso por ambiguo, si es que a la palabra toscana *chiave* la hemos de adjudicar su propia etimología de *chiavo*, «clavo» y *chiavare*, «clavar» , y a la de *gabinetto*, a su vez, la de «cámara augusta», «recipiente» o «matriz», que es el sentido oculto en que aquel picaronazo la empleara al frente de su aberrado libro, hoy, por fortuna, imposible casi de encontrar, privándonos así de escenas que dejarían atrás a las más crudas de las lupercales fiestas de los romanos o de la literatura a que antes aludimos.

Sobre la santa cosa del sexo no se puede hacer buena literatura en el hondo concepto moral de la palabra *buena*, sino obra nefasta contra el sexo mismo, pese a las galas con que, para disfrazarla y hacerla tolerable a paladares frívolos o estragados, se la llegue a revestir, ya que el fin jamás justificó por sí a los medios empleados para su logro, sino que estos medios han de ser justificados previamente por sí mismos. Porque es «invertir los polos» y llevar la inteligencia, al sexo, es decir, lo divino a lo animal. El sexo, como el Estado, y como tantas otras cosas, es un mal necesario, cual la misma Vida que depende de él. Es, en fin, «dorar la píldora» buscando *estímulos imaginativos* en lugar de *frenos* para la función natural aquella.

Pero es algo peor que todo esto, el tartufismo y la gazmoñería, que en los problemas esencialísimos del sexo nos quieren imponer, por su parte, gentes que, bajo pretexto religioso, le pervierten, queriendo trascenderle. Harto conocidas son tales gentes, para que nosotros vayamos a señalarlas con el dedo. Su labor, que secretamente tiene mucho más que ver con las «aberraciones psíquicas» del buen *Conde de Gabalis*, de lo que aparece a primera vista, va también directamente contra el Sexo mismo, como fuente perenne de la Vida. Nadie, en efecto, puntualiza mejor que ellas los pecaminosos detalles contra los que pretende ir, hasta el punto que bien pueden ellas ser calificadas de «los mejores maestros necromantes en tales aberraciones». «Dime de lo que hablas, y te diré lo que eres».

Estas últimas consideraciones nos son doblemente obligatorias, no por la propia dignidad tan sólo, sino porque, al irnos a ocupar del espinosísimo asunto de las «aberraciones psíquicas del sexo», tenemos que tomar por base el comentario de una de las obras más famosas y del más puro aticismo clásico que posee la admirable, y también en esto del sexo, la casi siempre reprensible literatura francesa, es, a saber, la célebre obra del abate VILLARS, que lleva por título *Le Comte de Gabalis, ou entretiens sur les sciences secretes*, obra que tanto ruido lleva hecho en el mundo desde su aparición a fines del siglo XVII; que cuenta con más partidarios que PETRONIO, el ARETINO o BOCCACCIO, y que el propio estilista y académico francés ANATOLE FRANCE no ha tenido inconveniente en copiar (en fondo como en estilo) en su gran novela *La rotisserie de la reigne Pédauque*, o sea, *El figón de la Reina «Pie de Oca»*, novela de la que ya van tirados hasta la fecha más de 300.000 ejemplares en su lengua sólo, sin contar las traducciones, hasta la reciente publicación, en el año 1922, que tenemos a la vista.

Lleva dicha obra una nota de su editor en la que se dice: «Esta opinión –la sostenida acerca de las Salamandras, sílfides, etc., por *Monsieur d'Astarac*, uno de los principales personajes de la obra de ANATOLE FRANCE, equivalente a la personalidad del Conde de Gabalis en la obra del abate VILLARS– fué sostenida en un librito del abad de Montfaucon de Villars, *El Conde de Gabalis o disquisiciones acerca de las ciencias secretas de los antiguos magos y de los sabios y modernos cabalistas*, y de la que existen diversas ediciones. Nosotros nos limitamos a señalar la de Amsterdam (Jacques le Jeune, de 1700, con 18 láminas en el texto). Ella contiene una segunda parte que no existe en la edición original». Tampoco existe dicha segunda parte en el texto que nosotros hemos tenido a la vista para nuestra traducción y que es el publicado por Georges Carré, editor, París, rue de S' André des Arts, con portada alegórico-fantástica de J. le Riverend, sin marcar año de publicación, pero hecha, sin duda, bajo los auspicios de *Le Lotus Bleu*, la revista teosófica francesa de los últimos años del pasado siglo, a la que antes hemos aludido.

En el espíritu y letra de la obra de VILLARS están inspiradas también, además de *La Rotisserie de la Reine Pédauque*, otras dos obras de ANATOLE FRANCE: *Les opinions de Mr. Jérôme Coignard* y *Les comptes de Jacques Tournebroche*, que, sin duda la picaresca musa del autor de *La isla de los pingüinos*, hubo de prendarse ciegamente, tanto del purísimo estilo francés del siglo XVII, en el que su propio y genial estilo está calcado, cuanto del amplio margen *ad usum delphinis* de la vulgaridad erotomaníaca, que el fondo sensualísimo de la obra del abate VILLARS proporcionaba a su musa realista. Para los que no hayan sentido la tentación de leer *La rotisserie*, séanos permitido, pues, hacer somera cita de ella, como demostración además de la trascendencia que para cualquier obra ulterior tiene todo libro de Ocultismo bueno o malo, cual acaece con *El Quijote* respecto de los *Libros de caballería*, y a éstos, a su vez, respecto de *Las mil y una noches*.

La «reina Pie-de-Oca», del título de la novela de FRANCE, no es sino el rótulo del figón o «rotisserie» parisiense, donde ha nacido el narrador de la obra: el joven Jacques Tournebroche; pero es también una sátira hacia los cuentos milnocharniegos de aquella reina, eco francés de la leyenda de la princesa *Isomberta* o *Isis-Bertha*, del Bravante, madre de *Helias*, *Osiris* o «El Caballero del Cisne»; simbolismos augustos los de todos estos nombres, sobre los que aquí no vamos a hablar por haberlos tratado ampliamente en otros estudios[8].

El joven Jacques tiene la suerte de ser instruido en griego y latín por el abate Coignard, hombre tan genial como vicioso, que por causa de su excesivo amor a las mujeres y al buen vino

8. Principalmente en Conferencias teosóficas, epígrafe de «El Caballero del Cisne», y en el capítulo «Lohengrin», del *Wagner mitólogo y ocultista*.

perdiese su alta posición cerca de uno de los dignatarios de su época.

Cierta noche de invierno en que la familia Tournebroche cenaba con el preceptor al amor del alegre fuego del figón, presentóse inopinadamente Mr. d'Astarac, rico-home gascón, completamente chiflado por las mismas doctrinas cabalísticas, que son el alma de la obra del abate VILLARS que comentamos, respecto de la necesidad moral en que se halla todo el que aspire a salir de la vulgaridad y pertenecer a la *Fraternidad de los Sabios*, de enlazarse maritalmente con Salamandras, sílfides, ondinas o gnómidas. El noble prócer de la Gascuña ha creído ver en la viva llama del hogar, a través de la puerta entreabierta del figón, nada menos que a una Salamandra hermosísima, prueba clara de que allí se albergaba un Sabio o un aspirante a la Sabiduría. El visitante traba así amistad con maestro y discípulo y acaba llevándose contratados a entrambos a su palacio, vecino a los despoblados del Sena de entonces, para que le traduzcan la difícil obra, precursora del cabalismo medieval, que ZÓSIMO *el Panopolitano* teósofo alejandrino, discípulo de AMMONIO SACAS, el filósofo autodidacto, escribiera para su sobrina Eusebia bajo el título de *Imouth.*

En el palacio señorial del d'Astarac todo está consagrado a la magia del comercio con «los invisibles pueblos de los Elementos», en especial la riquísima biblioteca, y allí son instalados «a cuerpo de rey», para hacer su traducción, maestro y discípulo, tan escépticos, sin embargo, el uno como el otro respecto de la existencia de aquellos «invisibles», que tan visiblemente loco tenían ya al d'Astarac. En un inmueble separado del palacio por un jardín lleno de mandrágoras y demás plantas y árboles mágicos, habita otro traductor para los textos hebreos: el misterioso, el incomprensible, antipático y viejo judío Mosaïde, en cuya compañía vivía su bellísima sobrinita Jahel. Cierto día en que el d'Astarac había obligado al joven Jacques a quedarse solo en la «cámara sagrada» para evocar a la Salamandra, con la que había de desposarse cabalísticamente, he aquí que, por casualidad, se presenta, en busca de d'Astarac, aquella hermosa joven, la cual, por fatalidad harto humana y más «de los que han pisado mandrágoras, las plantas del inevitable amor», viene así a unirse con el joven, cual efectiva salamandra de carne y hueso, en una de esas escenas en las que nuestro FELIPE TRIGO fué tan redomado maestro.

Mil peripecias que no son de este lugar, enredan la novelesca madeja al estilo de las mejores de nuestra literatura picaresca, y al cabo de ello, Jahel, que ya es la amante del calaveril caballero monsieur d'Anquetil sin dejar por eso de amar a Jacques, éste, y el abate Coignard, tienen que huir en coche por la carretera de Lyon, para escapar a la venganza, por un lado, del d'Astarac, y por otro, del ofendido hebreo Mosaïde, el tío de la hermosa... En dicha carretera, al igual de lo que antaño acaeciese al abate VILLARS «por haber manejado mal el secreto de los Sabios», es asesinado el abate Coignard, su casi homónimo, por el pérfido y vengativo judío, y, privado así Jacques de su genial maestro, se retira a su figón para escribir las aventuras que constituyen la novela...

Pero no dejaremos ya de ocupamos de ésta sin hacer notar la gran cultura cabalística con que FRANCE previamente se documentara. Además de volcar virtualmente en el texto toda la erudición que VILLARS pone en boca del Conde de Gabalis, agrega otra tanta o más, y son curiosas las citas de *Las noches áticas*, de AULO GÉLICO; de las *Metamórfosis*, de APULEYO; de SOPHAR, el persa; de SINESIO DE PTOLEMARDA; OLIMPIODORO, STÉPHANUS, JUAN EVANGELISTA; de las obras cabalísticas *El águila volante*, *El pájaro de Hermes*, *El león verde*, *El ave-fénix*, *La mano poderosa*, *La mesa cubierta*, *La luz en las tinieblas*, *Los fragmentos del Templo*, *Las aguas lentas* y demás pretendidas traducciones de cábala persa, hebrea y árabe, de donde también saliesen nuestro *Enquiridión de San León Papa*, el *Cipriano*, el *Ciprianillo*, el *Dragón infernal* y el *Tarot*, etc., etc., con todos los tesoros de la ciencia espargírica, en la que d'Astarac resultaba así consumado maestro. También nos relata, de pasada, este hecho histórico-ocultista muy curioso:

«Un académico de Dijon, en el siglo XVII, preparaba una edición de PÍNDARO. Cierta noche halló dificultad en desentrañar el texto de cinco versos, que creyó corrompidos. Durmióse, y se sintió transportado en espíritu a Estocolmo, donde fué introducido en la biblioteca de la reina Cristina, y de uno de cuyos estantes sacó un manuscrito de PÍNDARO. Buscó y halló en éste los versos dudosos, con dos o tres explicaciones que se los hicieron inteligibles. En el entusiasmo, despertó, y anotó con lápiz los versos tal y como en sueños los había leído, después de lo cual volvió a dormirse profundamente. Al otro día, reflexionando sobre su nocturna aventura, decidió aclararla. DESCARTES estaba a la sazón en Suecia, al lado de la reina, a quien instruía en su filosofía. Nuestro pindarista lo conocía, pero aun tenía más confianza con el embajador del rey de Suecia en Francia, Mr. Chanut. Dirigióse, pues, a éste, rogándole le preguntase a DESCARTES si realmente se encontraba en la biblioteca de la reina, en Estocolmo, un manuscrito de PÍNDARO, conteniendo la variante que él le designó. DESCARTES, que era muy atento, respondió al académico de Dijon que Su Majestad poseía, en efecto, el manuscrito, y que él mismo le había leído, encontrando en aquellos versos en cuestión y con la variante que el académico decía.»

Nos hemos extendido tanto respecto de la obra de ANATOLE FRANCE, porque queremos hacer de ella, en sus méritos como en sus defectos, la justificación complementaria *de lo que de otro modo jamás habríamos hecho ni con comentarios, ni menos sin ellos*, es decir, el dar al público de lengua castellana el ambiguo y peligroso texto de *El Conde de Gabalis.*

Si, como ha dicho TEÓCRITO, la buena literatura es el remedio de todos los males, la mala literatura, a la inversa, es el origen de los grandes dolores sociales, hijos de la corrupción degeneradora y antisexual, que ella determina en cerebros y corazones, y como el hablar de «comercio carnal con los pueblos de los Elementos», en daño de la verdadera fisiología salvadora del sexo y del hogar, no puede tenerse, por bien que se lo disfrace, por excesivamente buena literatura, el raro original francés que poseemos habría dormido tranquilamente en un estante reservado de nuestra biblioteca, sin el menor prurito, por nuestra parte, de traducirle.

Pero el peligro de que otros lo tradujesen sin comentario, el haber hablado de ello, acaso con exceso, nuestra maestra H.P. BLAVATSKY, no sólo en *Isis sin Velo*, sino en otros notables artículos que corren por las revistas teosóficas; el haber sido también publicado imprudentemente, a nuestro juicio, por *Le Lotus Bleu*, el texto original, como hemos dicho, y, sobre todo, el haber lanzado ANATOLE FRANCE a todos los cuatro vientos de una envidiable publicidad en las principales lenguas europeas cerca de un millón de ejemplares de su *Rotisserie*, nos obliga también a romper el silencio, en lengua española, haciendo, al par, cuanto nos es dable hacer en la pobreza de nuestros medios, por poner los puntos sobre las íes en los principales asertos peligrosos de la genial obra traducida, rechazando de plano, por un lado, las ironías crueles del texto en cosas que santa y seriamente debió tratar, y por otro, elevándolas desde «su muerto aspecto de unión sexual», *que es magia negra*, a su aspecto simbólico y representativo de cosas infinitamente más excelsas, o de *magia blanca;* cosas tan puras en su significado, como puro fuese el amor a Dulcinea del pobre e incomprendido Don Quijote de la Mancha, que harto quijotesco resulta el escribir así en medio de una generación sensualista, egoísta y materialista, dispuesta a no tomar nada en serio más que aquello que efectivamente la perjudique.

M. Roso de Luna

CHARLA PRIMERA

DIOS haya recibido en su Seno al alma del señor conde de Gabalis, quien, según me acaban de noticiar, ha muerto de apoplejía. Los pícaros curiosos no dejarán de decirme que esta clase de muerte es la ordinaria de cuantos administran mal los secretos de los sabios, y que desde que el bienaventurado RAIMUNDO LULIO pronunció esta fatal condena en su testamento filosófico, un ángel vengador se ha encargado siempre de retorcer prontamente el cuello a todos cuantos han revelado indiscretamente a los profanos los Misterios Filosóficos [1].

[1] El primer problema que nos plantea la obra que comenzamos a comentar, es el de la razón de las muertes violentas, especialmente cuando ellas vienen a ser una especie de ¿castigo? impuesto al hombre por las leyes naturales, cuando se extravía por completo en el camino de la misión que a todos nosotros, grandes o pequeños, nos corresponde en la vida, misión que es, acaso, la misma razón de ser de nuestra presencia en la Tierra.

No cabe duda que en los llamados malogrados, «la dicha ley se cumple». Ya lo expusimos extensamente en el epígrafe «¿Cuándo se muere?», de nuestro libro *Hacia la Gnosis*, y no habremos de repetirlo aquí. LARRA, ESPRONCEDA, BALMES, GABRIEL y GALÁN, para no hablar sino de nuestro país y nuestra época, equivocaron su misión, y se malograron en edad temprana. Igual aconteciera a MOZART, a ABEL, etc.

Pero aquí no se trata de jóvenes malogrados, sino de hombres muertos violentamente «por haber manejado mal los secretos filosóficos». En este caso se hallan, por ejemplo, STEAD, el gran espiritista; GERARD ENCAUSSE o *Papús*, el ocultista célebre; ALFREDO RODRÍGUEZ ALDAO (o AYMERICH), discípulo de éste, y, en cuanto a «la apoplejía», el propio RICARDO WAGNER, después de la sublime mezcolanza de lo pagano con lo cristiano, que éste hiciera en su *Parsifal*, contra su propio propósito originario de darnos en esta ópera una tesis completamente oriental, algo así como «las tribulaciones del Buddha antes de lograr su liberación», propósito del que los monarcas alemanes le hicieron desistir, como referimos en nuestra obra *Wagner, mitólogo y ocultista*, capítulo sobre *Parsifal*. Se nos dirá que tal muerte por apoplejía acaecióle, como pudo sobrevenirle cualquiera otra, a la edad avanzadísima que ya contaba; pero sobre ello no vamos a discutir, sino, meramente, a apuntar la coincidencia de aquella «mala administración del *Parsifal*», con la de la enfermedad que arrebatara de allí a poco al más grande de los genios musicales.

Nuestra ciencia positiva del «hecho», y nada más que del hecho, no puede llevamos a mal el que apuntemos estos hechos concretos, dejándole a ella, por no ser del presente lugar, la tarea de desentrañarlos, ya que «la casualidad» no existe y todo proviene de un juego de causas o «ley de causalidad», sin la cual nos es imposible explicamos la Naturaleza.

«Es bien curioso, dice, por otra parte, la nota del texto puesta al párrafo que comentamos, que el abate de VILLARS, autor de estos diálogos sobre las ciencias secretas, experimentó una muerte violenta, análoga a la que él dice aconteció al conde de Gabalis, ya que, publicada su obra en 1670, hubo de ser encontrado asesinado, poco después, sobre la carretera de Lyon, en 1673». También ANATOLE FRANCE, en su *Rotisserie de la*

Reigne Pédauque, glosa novelesca de la obra de Gabalis, hace morir asesinado a su héroe el abate Coignard (nombre que es simple cambio del de VILLARS), en la misma carretera, cuando huía de París por causa de sus «aventuras cabalísticas».

Mas, ellos no deben condenar de ligero a hombre tan sabio, sin estar mejor informados acerca de su diáfana conducta. Es verdad, sí, que el buen Conde me lo ha revelado todo, pero se rodeó, para así hacerlo, de todas las circunspecciones y garantías cabalísticas, y hay que rendir a su memoria el homenaje de que él era celoso guardador de la religión de sus padres los Filósofos, y que se habría dejado quemar vivo antes que profanar la santidad de la Doctrina, franqueándola a cualquier príncipe indigno, a cualquier ambicioso, o a un incontinente degenerado cualquiera: las tres clases de hombres excomulgados en todo tiempo por los Sabios. Felizmente, no soy príncipe; abrigo bien poca dosis de ambición y, como se verá en el decurso de este relato, tengo, asimismo, un poco más de castidad que la exigida para un Sabio.

Gabalis halló en mí un espíritu dócil, curioso y algo tímido, faltándome sólo un poco de melancolía para demostrar a cuantos han afeado al buen Conde el no haberme ocultado nada, que soy persona apta para las ciencias secretas. Verdad es que sin melancolía no se pueden lograr grandes progresos en éstas, pero lo poco que de ella poseo, no he de emplearlo con mal fin.

–Tenéis –me dijo aquél cien veces– a Saturno en un ángulo de vuestro horóscopo, en su propia Casa astrológica y retrógrado; no podéis, pues, por menos de ser todo lo melancólico que un Sabio debe de ser, ya que el más sabio de todos los hombres, según conocemos por la Cábala, tenía, como vos, a Júpiter en el Ascendente y, sin embargo, no se ha probado que riese una sola vez en la vida. De tal modo era potente la influencia de su Saturno, aunque ella fuese bastante más débil que la de vuestro horóscopo.

Es, pues, a mi Saturno, y no al señor conde de Gabalis, a quienes los indiscretos deben culpar de que yo prefiera el divulgar los secretos de los Sabios, a practicarlos. Si los Astros no cumplen con su deber, el Conde no tiene la culpa, y si me falta la suficiente grandeza de alma para intentar adueñarme de la Naturaleza entera; dominar a los Elementos; conversar con las Inteligencias supremas; mandar a los Demonios; engendrar Gigantes; crear, a voluntad, nuevos Mundos; hablar frente a frente a Dios, cuando está sentado en su trono pavoroso, y obligar al Querubín que guarda la puerta del Paraíso terrestre, a que me permita el pasearme un poco por las avenidas de su boscaje, es de mí sólo de quien hay que abominar o a quien hay que compadecer, sin necesidad por ello de ofender la memoria de este hombre extraño, ni decir que él murió por haberme revelado indiscretamente el secreto de todas las cosas. ¿Acaso es imposible que, como en semejante mundo las luchas son continuas, haya él sucumbido en cualquier combate con algún Espíritu burlón o Trasgo de los que tanto abundan en esotro mundo? ¿No habrá sido, quizá, que, al hablar con Dios asentado en su rutilante trono, no haya podido mirarle cara a cara, ya que está escrito que nadie puede así contemplarle sin morir? ¿O bien su muerte no fué sino una falsa apariencia, según inveterada costumbre de los Filósofos, que hacen como que mueren en un lado para trasladarse, insospechados, a otro? Sea de ello lo que fuere, no puedo resignarme a creer que la manera como me confió sus tesoros de Sabiduría merezca ningún castigo. Ved cómo pasó la cosa [2]:

[2] El autor da en estos párrafos bastante idea de cómo es entendida por él la que llama iniciación cabalística, y, en general, todas las Iniciaciones Esotéricas. Primero excluye de ella a los pervertidos, a los ambiciosos y a los poderosos indignos. Este último fué el caso, por ejemplo, de Felipe *el Hermoso*, de Francia, y del Papa Bonifacio VIII, con la iniciación cabalístico-oriental de los Templarios, de cuyos Misterios, entrambos fueron rechazados como indica la *Historia de las Cruzadas*, de MICHAUD y POUJULAT, donde se dice que, tanto Jacobo de Molay, Gran Maestre de la Orden, como los demás templarios, quemados vivos por causa de ello, fueron inocentes de cuantos crímenes se les imputaban.

Luego nos habla el texto de la melancolía, como indispensable premisa para la iniciación, y, sin duda, se refiere a ese descontento hacia la vulgaridad que nos rodea, y a ese *tedium vitae*, que diría el clásico, o el *decor, de los trovadores*, que es la base para el titánico anhelo de superación de todos los místicos de la Historia. Además, hace depender, erróneamente, semejante disposición melancólica, únicamente del horóscopo del candidato, aunque, al tenor del eterno dicho astrológico, «los astros inclinan, pero no obligan», dependiendo de nosotros y no de ellos nuestro porvenir –mejor dicho, nuestro *devenir*–, como creadores que somos de nuestros propios Destinos.

En cuanto a la designación que hace de los «poderes» por la cabalística iniciación conseguidos, campea en aquélla el altisonante y declamatorio estilo de toda la Cábala occidental, y que tan aparatosamente aparece en la obra de ELIPHAS LEVY, o sea del abate BENJAMÍN CONSTAND, secreto discípulo de Roma, titulada *Dogma y Ritual de la Alta Magia*, y en otras. Buddha y Jesús, que para nosotros, como seres efectivamente Divinos en toda la acepción de la palabra, nos significan harto más, no apelaron a tales teatrales declamaciones, para darnos en forma dulce, llana y sencilla su salvadora Doctrina; y no hay que olvidar tampoco, según sentencia de nuestra Maestra, H.P. BLAVATSKY, que el verdadero *Ocultismo* o reforma interior de uno mismo, por la Voluntad y el Conocimiento, es, a las llamadas «ciencias secretas, ocultas o malditas», lo que la luz del Sol esplendoroso es a la tenue fosforescencia de la luciérnaga. Quien se domina a sí propio, ha dicho VOLTAIRE, «domina al mundo», sin necesidad de recurrir a tales teatralidades charlatanescas de los mal llamados «magos» que nos forjamos en Occidente, no de los magos auténticos de aquella energética superación que nos da, efectivamente, sin buscarla, todo ese dominio taumatúrgico sobre la Naturaleza entera, o sea el poder de hacer «milagros». Pero no el sentido de ser estos milagros efectivas transgresiones de la eterna Ley que preside a aquélla, sino en el etimológico del *mirabilia* latino, o sea de «cosa admirable, maravillosa, prodigiosa», como lo son las infinitas maravillas de la ciencia moderna, verdaderas «magias» para las edades anteriores, o «ciencias mayores» de lo que constituyera la ciencia, los conocimientos, de las edades precedentes. Las que por «magias» hoy se tienen, al tenor de las declamaciones aquéllas, no son sino otras tantas «monedas falsas» de la única y falsificada moneda legal de la verdadera Magia, Ciencia eterna, cuya previa existencia, a través de las edades, ellas presuponen indefectiblemente con su falsificación.

Iníciase, finalmente, en estos párrafos, el lamentable estilo burlón y satírico que campea en todo el resto de la obra, y contra el que, en su oportuno lugar, haremos las debidas observaciones.

El simple buen sentido me ha hecho siempre sospechar que hay mucho de hueco y de falso en eso que se ha dado en llamar «Ciencias secretas», y jamás he sentido la tentación de perder mi tiempo en hojear los libros que tratan de ellas. Pero, encontrando poco sensato, por otro lado, el condenar sin saber por qué a cuantos a ellas se consagran, gentes prudentes casi todos, sabios en su mayor parte, y de gran renombre, no pocos, en las letras y en el mundo, me propuse, para no ser injusto y no fatigarme tampoco con lecturas enojosas, trabar relaciones con cuantos conocedores de dichas ciencias logré tropezar en mi camino. Un éxito mayor que el que pude soñar, coronó mis esfuerzos. Como todos estos señores, por misteriosos y reservados que pretendan ser, no desean otra cosa que entablar conversación acerca de los descubrimientos que pretenden haber hecho y dar rienda suelta a sus imaginaciones, llegué a ser, en poco tiempo, confidente de los más notables de entre ellos, y siempre albergaba a alguno en mi despacho, cuya librería había tenido antes buen cuidado de nutrir con los más fantásticos autores. Así, no llegaba a París Sabio extranjero alguno del que no tuviese noticia al punto. En una palabra, respecto de aquella secreta Ciencia, encontréme bien pronto hecho un gran personaje. Tenía así por camaradas a príncipes, grandes señores, hombres de traje talar, bellas damas –y feas, también–, doctores, prelados, monjes, indocumentados, gentes, en fin, de todas las calañas. Los unos se consagraban a los ángeles; los otros, al diablo; los de acá, a su genio tutelar; los de allá, a los íncubos; los de acullá, a la curación de todas las enfermedades; a los astros; a los secretos de la Divinidad, y casi todos, al Elixir de Vida y a la Piedra filosofal.

Todos ellos estaban contestes en afirmar que estos magnos secretos, especialmente el de la Piedra filosofal, son de busca dificilísima, habiendo muy pocos que la lleguen a poseer, pero todos, sin excepción, tenían harta buena opinión de sí mismos para no considerarse del número de los Elegidos. Felizmente, los más importantes de ellos esperaban con impaciencia la llegada de cierto alemán, gran señor y consumado cabalista, cuyas tierras se hallan hacia las fronteras de Polonia.

Él había prometido, en efecto, a sus hijos espirituales, los filósofos residentes en París, venir a visitarlos a su paso por Francia, camino de Inglaterra. Se me comisionó contestar a la carta de hombre tan excelso, a quien me apresuré a enviar, además, mi horóscopo completo, a fin de que juzgase si podía yo aspirar o no a la suprema Sabiduría. Mi horóscopo y mi carta fueron lo bastante afortunados para obligarle a hacerme el honor de responderme, diciéndome que sería yo uno de los primeros a quienes vería pronto en París, y que, si el Cielo nada oponía a ello, no consentiría él en ser un obstáculo para mi entrada en la sociedad de los Excelsos.

Para prepararme semejante dicha, mantuve con el ínclito alemán una correspondencia activa. Proponíale en mis cartas grandes dudas, de vez en cuando, todo lo más razonadas que me era dable, acerca de la Armonía del Mundo, los Números de PITÁGORAS, las videncias de San Juan y el primer capítulo del Génesis. La magnitud de los asuntos tratados le encantaba; escribíame sobre ellos inauditas maravillas, y me convencí bien pronto de que me las había con un hombre de gran vigor mental y potente imaginación. Así, poseo de él sesenta u ochenta cartas de estilo tan extraordinario, que no podía ya leer otra cosa en el momento en que lograba verme solo en mi gabinete [3].

[3] En el sentido de «falsificación» o «mala imitación» que acabamos de dar a las llamadas «ciencias secretas», estamos de acuerdo con el concepto que de ellas se forja el buen abate VILLARS; pero no si sus frases se hacen extensivas a aquel

divino Ocultismo que puede hacer y hace del vulgar un talento; del talento, un genio, y del genio, un héroe, un superhombre, un hombre representativo, o sea, hacer, como decían los griegos, un «espíritu, *un pneumatiko*», un semi-dios y un «dios» (de la palabra sánscrita *div*, brillar, según su etimología), de estas dos últimas clases de «hombres». BEETHOVEN, el mártir, por ejemplo, que en su Arte jamás alcanzó el «honor» ni de ser siquiera «organista de catedral», como pretendiese, y que en su misérrima vida tampoco alcanzó a poder constituirse un hogar, se hizo genio con su labor musical; en el transcurso de la labor ésta, fué, a lo largo de su vida, un héroe efectivo, y, al cabo de un siglo de su muerte, la Humanidad entera acaba de tributarle honores divinos casi...

Semejante confusión del Ocultismo con las ciencias ocultas acarrea los perjuicios más funestos en la filosofía y en la vida, porque, al rechazar justamente a éstas, nos vemos privados, injustamente, de los redentores beneficios de aquél. Algo así, como si, al rechazar el hoy tan extendido como lamentable y notorio industrialismo religioso, rechazásemos también las salvadoras doctrinas contenidas en el Evangelio; confusión espantosa, absurda, que es la base de la prosperidad de que goza el repetido industrialismo. No hay tienda alguna, en efecto, por poco escrupulosa que sea ella para con el público en género, peso y medida, que no se cobije bajo los pomposos títulos de *La Honradez*, *La Fama*, *La Única* y demás que sus anuncios rezan.

Aparece ya aquí, por otro lado, la lamentable falsía de VILLARS, alma de su irónica obra. Al tenor del consabido principio necromante de que «el fin justifica a los medios», la finalidad que el desgraciado abate finje tener en aquélla, es la de averiguar lo que haber pudiera en las «ciencias secretas», sin molestarse lo más mínimo en lecturas de las obras que se ocupan de ellas, que sería la vía legítima, prefiriendo trabar relaciones con uno de sus dignísimos cultivadores, o sea con el cultísimo Conde de Gabalis, tratándole, aparentemente, en serio, como es el deber de todo hombre en sus relaciones sociales con los demás, pero considerándole, en el fondo de su corazón, como un extraordinario y sublime loco, defecto igual al de CERVANTES con su «bastardo hijo *Don Quijote de la Mancha*», y que aqueja gravemente a todos los grandes ironistas de la Enciclopedia, con DIDEROT y VOLTAIRE a la cabeza. ¡Sancta, sancta sunt tractanda!, repetiremos; y si al loco, pueblos sensatos hay, como el de los caballerescos árabes, que le consideran cual a un santo, o, al menos, como a un niño grande y puro, el tomar a un loco para de él hacer burla y escarnio, aunque sea como base para la más amena de las literaturas, es de una crueldad execrable, que pone a muy bajo nivel moral el alto nivel literario de que puedan gozar aquellos autores, y que, por consecuencia, rebaja y pervierte también el gusto y la moralidad de los lectores de su obra. VILLARS llega así, según su propio dicho, a ser «todo un personaje» en las mismas «ciencias secretas», de las que se ríe *in pectore.* Penetra en el santuario de éstas –si santuario fuere– no como el sacerdote respetable, sino como el «espía traidor», achaque muy frecuente también en muchos *doctos* occidentales que, para informarse, dicen, en las «supersticiones» de los pueblos de Oriente, han llegado a vestir, arteros, «el manto amarillo» del brahmán iniciado. ¿Qué ciencia verdad pueden así lograr a guisa de «ladrones»? A bien que tales iniciados, adivinando su torcido pensamiento, les han hecho a éstos objeto de burlas cruentas, como aquellas de que fueran merecidas víctimas el coronel Wilford y Sir William Jones, por los brahmanes de Calcuta, mientras que estos últimos han tratado, con paternal consideración, en cambio, a nobilísimos investigadores, cual aquel Alejandro Csoma de Körös, a quien ellos entregaron las claves de más de un misterio filológico e histórico de su remota e increíble cultura.

Hay algo, dice BLAVATSKY en un artículo sobre *Los elementos de la Cábala*, que suena de una manera siniestra en los joviales sarcasmos de VILLARS, quien, a la vez que señalaba con el dedo del ridículo lo que era íntima y propia creencia suya –el comercio carnal o «solitario» con los pueblos de los Elementos–, tenía probablemente el presentimiento de su propio y acelerado *karma*, bajo la forma del asesinato del que en efecto fué víctima a poco en la carretera de Lyon... Por eso no hay más que una contestación que dar a aquellos que, haciendo hincapié en cosas semejantes, se ríen del Ocultismo. *Servitissimus* la da con enojada frase en su introducción de la obra citada, con sus *Cartas a Monseñor...*: «Yo hubiera persuadido a VILLARS que cambiase por completo la forma de su obra, escribe, pues esta forma irónica de desarrollarla no me parece propia para el asunto. Los misterios de la *Cábala* son cosas serias que estudian muy seriamente muchos de mis amigos... Los brujos son ciertamente peligrosos para ser tratados en burla». *Verbum sat sapienti.* Son, en efecto, peligrosos los brujos, pero desde que la historia empezó a registrar pensamientos y hechos tales, media humanidad se ha burlado de la otra media, ridiculizando sus más caras creencias. Obras como la del *Conde de Gabalis*, tienen que ser analizadas despacio, mostrando su verdadero carácter, pues de lo contrario se les haría servir de ariete para derribar a aquellas otras que no toman el estilo humorístico para hablar de cosas misteriosas, ya que no sagradas del todo. Más verdades se dicen en aquella sátira, llena de hechos eminentemente ocultistas y reales, de las que la mayoría de las gentes, y especialmente los espiritistas, pueden figurarse.

La Carta de *Servitissimus*, a que antes se alude, es la que en la edición que seguimos, y a su final, dice así:

CARTA A MONSEÑOR...

«Monseñor:

»Os he tenido siempre por tan bondadoso para nuestros amigos, que estoy seguro me perdonaréis de buen grado la libertad que me tomo por la presente en favor del mejor de los míos, suplicándoos guardéis hacia él la deferencia de leer su libro.

»Con ello no pretendo, en modo alguno, comprometeros respecto a las ideas que un dicho amigo deja traslucir en su obra, ya que los autores suelen hacerse, en general, ilusiones excesivas respecto de ella. Yo mismo le he hecho entender a éste que vuestra Reverencia hace cuestión de honor el no revelar jamás vuestra propia manera de pensar, práctica que no habéis de cambiar para darle el gusto de decirle que es bueno si realmente lo encontráis malo su libro. Pero lo que sí desearía de vos, Monseñor, y ello os lo ruego encarecidamente, es que tengáis la bondad de pronunciaros acerca de una discrepancia que hemos tenido mi amigo y yo. No en vano sois un prodigio de ciencia, Monseñor, para ser consultado con preferencia sobre todos los doctos. He aquí, pues, la duda.

»Quise siempre obligar al autor a cambiar por completo el estilo que campea en su libro. Por muy agradable de leer que le haya hecho en efecto, no me parece que el estilo adoptado cuadre bien con la elevación del asunto. La Cábala, le he dicho cien veces, es una alta ciencia, que muchos de mis amigos más cultos estudian seriamente. Seriamente, por tanto, había que estudiarla y refutarla también. Como todos cuantos errores pueda contener la Cábala atañen a las cosas Divinas, aparte de la dificultad que siempre hay para hacer reír a las buenas gentes sobre cualquier asunto, es, además, harto peligroso el bromear sobre estas cuestiones, siendo muy de temer que la verdadera devoción no se sienta, asimismo, con ello lastimada. Es necesario hacer hablar a un cabalista como un santo, si él ha de desempeñar su papel cual es debido, y si él habla como tal santo, puede llegar a imponerse sobre el ánimo de los débiles de espíritu, con esta santidad aparente, y persuadirles, con sus propias visiones, que todo el gracejo que se pueda emplear dejará sin refutar, sin duda.

»Mi amigo opone a esto, con la natural vanidad que todos los autores cifran en sus libros, que, si la Cábala es una ciencia seria, no hay sino melancólicos y displicentes entre cuantos a ella se dedican, y que si en el libro hubiese empleado un estilo doctoral y serio, su autor se habría considerado ridículo ante sus propios ojos, al de este modo lanzarse a tratar en serio las mil tonterías que él ha hallado tan a propósito para tomarlas en contra del señor Conde de Gabalis. La Cábala, agrega mi autor amigo, es del número de tantas otras absurdas quimeras a quienes se les viene a conceder autoridad en el instante mismo en que se las quiere combatir en serio y no hay modo mejor de destruirla que el emplear la ironía y el ridículo. Como él conoce bastante bien los textos de los Santos Padres de la Iglesia, ha citado en el libro varias veces a TERTULIANO, y vuestra Reverencia, que sabe bastante más que el autor y que yo, resolverá con vuestro fallo si él ha citado en falso. *Multa sunt risu digna revinci, ne gravitate adorentur.* El añade que TERTULIANO lanzó tan hermosa sentencia contra los valentinianos, que eran una especie de antiguos y visionarios cabalistas.

»En cuanto a la Devoción que juega en toda la obra, casi es una necesidad imprescindible el que un cabalista se exprese así de Dios, y lo que hay de más feliz acierto en el asunto es que sea completamente indispensable para conservar el estilo cabalístico el no hablar de Dios, sino con el más extremado respeto. Con tal proceder, la Religión no podrá recibir el menor daño y los débiles de espíritu habrán de serlo en grado muy superior al del propio Conde de Gabalis si se dejasen seducir por devocionalismos tan extravagantes y por los gracejos que en ello se emplean para producir encanto en la lectura.

»Por esta razón y por muchas otras que no habré de enumerar, Monseñor, espero seáis de mi opinión y no de la de mi amigo cuando pretende que no tenía más camino al hablar de la Cábala que el de emplear un tono zumbón respecto de ella. Dignaos ponednos, pues, de acuerdo, si os place y es posible. Yo sostengo que sería procedente tirar contra los Cabalistas y toda su secreta u oculta Ciencia en estilo lógico, contundente y serio. El me opone que la Verdad es placentera y risueña por su propia naturaleza y que sólo adquiere ella todo su soberano vigor, cuando ríe, porque un clásico, que vos conocéis, sin duda, ha dicho en algún pasaje, que asimismo recordaréis, con la prodigiosa retentiva que el Señor se ha servido otorgaros: *Convenit veritati ridere, quia laetans.*

»Mi amigo sostiene, convencido, que las Ciencias Secretas son peligrosísimas si no se les trata con el arte festivo que es preciso para inspirar el desprecio hacia ellas, desvaneciendo con la sátira su misterio ridículo, estimulando con ello al mundo para que no pierda el tiempo en sus pretendidas investigaciones y haciéndoles ver del modo más fino y sutil toda cuanta extravagancia se halla encerrada en las mismas.

»He aquí formuladas, Monseñor, nuestras respectivas y opuestas opiniones: dignaos fallar sobre ellas, Monseñor, en la firmísima seguridad de que entrambos recibiremos vuestra Decisión con aquel respeto que sabéis acompaña siempre respecto a vuestra Reverencia este vuestro humilde y devotísimo servidor.»

Por supuesto, que *Monseñor*, el Inquisidor o el Prelado a quien la carta anterior fué dirigida, dió censura favorable a la obra para su publicación, es decir, encontró muy de su agrado el estilo irónico que en ella campea, siquiera fuese porque así quedaban en peor lugar los pretendidos «Hijos divinos» de las demás religiones en provecho del eclesiástico y exclusivista Dogma... ¡Quien tenga oídos para oír, que *oiga*! Nosotros nunca nos dirigimos en trabajos como el presente, sino a los buenos entendedores, por raros que ellos sean, y con el respeto absoluto que merecen, además, todas las creencias rectamente sentidas por los hombres.

Nada hay más dañoso para la Humanidad que esto que se ha dado en llamar «sentido irónico y sentido trágico de la Vida». La ironía es un veneno sutil que, al modo de la nuez vómica, sólo en dosis mínimas puede ser empleado como «condimento» o «medicina». De los ironistas o satíricos grecolatinos acá, pasando por ERASMO, MONTAIGNE y DIDEROT y mil otros, la vida en sí hay que tomarla en serio. Nuestra pretendida «guasa» groserota, hija bastarda del «esprit» francés, ha sembrado entre nosotros un espíritu tal de desconfianza, que, a trueque de no ser tomados por Quijotes, nos hace ser unos desdichadísimos Sanchos, con lo que el idealismo entre nosotros es criatura muerta casi en el mismo momento de nacer, y por un camino tal de perdición vano es pretender que nuestra querida Patria se regenere y progrese. Si el fanatismo la daña, en efecto, no pocas veces, mucho más la daña quizá el tomar la vida a broma no pocos de sus hijos, cayéndose así en aquel «descreimiento» o escepticismo integral y apasionado al que alude CAMPOAMOR en su *Dolora*:

«Más que la luz de la razón humana,
amo la obscuridad de mi deseo,
y más que la verdad de cuanto veo,
quiero el error de mi esperanza vana.»

La Vida ni es tragedia, ni es sainete tampoco, sino un Drama sublime de lucha, esfuerzo y superación tal y como simbólica o esotéricamente la han cantado las grandes Epopeyas de la Historia bajo el manto literario de sendas luchas guerreras. Si la tomamos como sainete, la disipamos, necios; si por tragedia, nos asignamos a nosotros mismos la más desastrosa patente de cobardía. En el fiel de esta Balanza está el ideal de Redención y de Justicia al que tan sabiamente llaman «la salvación de nuestra alma», todas las viejas filosofías y religiones, la peor de ellas mil veces preferible al escepticismo frívolo, vano y neantista, que es en el fondo la más funesta de las tragedias de perdición... En cien lugares hemos demostrado, por otra parte, que la *Tragedia*, género literario bastardo, con permiso de Esquilo, Cervantes y SHAKESPEARE, es un género literario imperfecto –un drama cortado en su nudo, y que no debió ser planteado si no se alcanzó a resolverlo–. No podía ser otra cosa un género nacido al calor de los sacrificios necromantes griegos del macho cabrío («tragos-odos») y acaso del hombre.

Para terminar esta larga nota, diremos que «el Abate VILLARS», es un mero seudónimo. Hay en Francia dos docenas de pueblos de este nombre de Villars en l'Ain, Loire y Alpes Marítimos. En cuanto al título nobiliario de «Gabalis», es otro seudónimo también, alusivo a las palabras *Gab*, célebre oasis del desierto líbico, cuyas treinta tribus pastoriles de *Kaba-bich*, de origen asiático, son muy poco conocidas; a *Gaba*, río abisinio sin estudiar; a *Gabba* o *Gueba*, que quiere decir «soma», «altura», «colina», y es el nombre de varias localidades históricas «samaritanas», al Norte de Jerusalén, una de ellas residencia de Saúl cuando fué contra los filisteos (*Jueces*, XIX); a *Gabaon*, hoy Djib o Djin, localidad palestina de preciosas leyendas al modo de *Las mil y una noches* y con un santuario iniciático donde el rey Salomón realizó solemnes sacrificios, recibiendo en él el don de Sabiduría (I *Reyes*, III). Los *Gabalis*, además, eran uno de los catorce pueblos célticos primitivos, agregados por Augusto a los iberoaquitanios, para formar la Aquitania y que, según STRABON, tenía minas de plata; las Civitas Gabalum o Anderitum, arruinada por los bárbaros, junto al actual Javolo (Lozère).

Cierto día en que admiraba una de las cartas más sublimes del ínclito alemán, vi penetrar en mi estancia a un señor de excelente aspecto, que me saludó gravemente, diciéndome en lengua francesa, aunque con acento extranjero: *Adorad, hijo mío, adorad siempre al Santo, al excelso Dios de los Sabios y no sintáis jamás la tentación del orgullo viendo que Él os envía hoy a uno de los Hijos de Su Sabiduría, para agregaros a su Compañía y haceros participante de las maravillas del Todopoderoso.*

La novedad de la salutación me dejó admirado. Por primera vez en mi vida llegué casi a creer en la posibilidad de las apariciones; pero, recobrando el dominio de mí mismo, miré a mi visitante lo más educadamente que me lo permitiera el pequeño miedo empezado a sentir.

–Señor: Quien quiera que seáis, vos, cuyo saludo no es de este mundo, me hacéis extraordinario honor en venir a visitarme. Pero, permitidme que, antes de adorar al Dios de los Sabios y de los Prudentes, desee saber de qué Sabios y de qué Dios me habláis. Si, pues, ello os es agradable, tened la bondad de ocupar esa poltrona y de decirme quiénes son este Dios, estos Sabios, esta Compañía, estas maravillas todopoderosas y, ante todo, a qué especie de criatura tengo el honor de hablar.

–Me recibís muy sensatamente, Señor –replicó mi visitante sonriendo y ocupando la butaca que le brindaba–. Me exigís, de manos a boca, que os explique cosas que, si lo permitís, no os diré hoy. El saludo que os he hecho son las palabras consagradas que los Prudentes dirigen desde el primer momento a cuantos han resuelto abrirles su corazón y descubrirles sus Misterios, pues he creído que, siendo vos tan sensato como me habéis parecido por vuestras cartas, semejante salutación no os sería desconocida. Ella es, por otra parte, el más agradable cumplido que puede haceros hoy el Conde de Gabalis.

–¡Ah, señor! –exclamé, pensando que tenía que representar un gran papel–. ¿Cómo me haría yo digno de bondad tamaña? ¿Es posible que el más grande de los hombres se halle en mi despacho y que el ínclito Gabalis venga a honrarme en él con su visita?

–Soy el más ínfimo de los Sabios –replicó Gabalis con aire solemne–, y Dios, que dispensa las luces de su Sabiduría con el peso y medida que place a su Soberana Majestad, no me ha adjudicado sino una pequeñísima parte, en comparación de la que yo admiro con asombro en mis Compañeros. Espero, sin embargo, confiado en que vos alcanzaréis a igualarlos algún día, a juzgar por los rasgos de vuestro horóscopo que habéis tenido la delicadeza de enviarme. Mas, permitirme, ante todo, que me queje –añadió sonriendo– de que en los primeros instantes me hayáis tomado por un fantasma.

–¡No por un fantasma! –opuse–. Pero os aseguro, señor, que me acordé de repente de lo que CARDÁN cuenta, de que su padre fué visitado un día en su estudio por siete desconocidos, vestidos con trajes de diversos colores, que le propusieron problemas bizarros acerca de él y de su labor...

–Os comprendo perfectamente –interrumpió el Conde–. Esos eran siete Silfos, de los que ya os hablaré algún día, y que son una especie de entidades aéreas que vienen algunas veces a consultar a los Sabios acerca de los libros de AVERROES que ellos no comprenden muy bien. CARDÁN fué un atolondrado, publicando semejante hecho en sus *Sutilités* o *Sutilezas.* Él había encontrado esas Memorias entre los papeles de su padre, que era uno de los nuestros, y que viendo que su hijo era naturalmente frívolo, no le quiso comunicar las grandes enseñanzas, dejándole se entretuviese como un chicuelo con la astrología ordinaria por la cual aquél no acertó a prever que su hijo sería ahorcado. Semejante bribonzuelo es el solo culpable de que en los primeros momentos me hayáis tomado por un Silfo.

–¿Injuriaros así? –dije, pretendiendo justificarme– cómo iba yo a ser tan desventurado que...

–No, si no me incomodo lo más mínimo –interrumpió el Conde–. Vos no estáis obligado a saber que todos estos Espíritus de los Elementos son discípulos nuestros; que ellos se consideran felicísimos cuando nosotros nos dignamos descender a instruirlos y que el menor de nuestros Prudentes es más sabio y más poderoso que todos estos «señoritos». Mas hablaremos de esto en otra ocasión mejor. Por hoy me basta la satisfacción de haberos visto. Procurad, hijo mío, haceros dignos de recibir las luces Cabalísticas: la hora de vuestra regeneración llegó ya; sólo en vos mismo estriba el transformaros en una nueva criatura. Rogad ardientemente a Aquél, al que sólo le es dable formar corazones nuevos, que os forme uno capaz de las grandes cosas que os voy a enseñar y que Él me inspire para no ocultaros lo más mínimo de nuestros Misterios.

Diciendo esto, Gabalis se levantó, y abrazándome sin darme tiempo a contestarle, añadió:

–Adiós, hijo mío, voy a visitar a nuestros Compañeros de París, después de lo cual ya os avisaré. Entre tanto, vigilad, orad, esperad y nada habléis. Y salió.

Al acompañarle hasta la puerta, me lamenté de lo corto de su visita, de su crueldad, abandonándome tan pronto, dejándome con la miel en los labios, y en mi mente un fugaz destello de sus luces. Pero habiéndome prometido de buen grado que nada perdería con esperar, montó en su carroza y me dejó en un estado de sorpresa y de extrañeza que no alcanzaría a ponderar. No daba crédito a lo que había visto por mis propios ojos y oído por mis propios oídos.

–No me cabe duda alguna –me dije a mí mismo– que este hombre es un señor de categoría, que goza de cincuenta mil libras de renta por sus bienes, y es educadísimo. ¿Cómo se le habrán encajado en el magín semejantes locuras? Sin embargo, él me ha hablado de estos Silfos muy mesuradamente. ¿Será un hechicero, en efecto, y yo habré estado equivocado hasta hoy pensando que semejantes gentes no existen? Porque hay que convenir en que, si él es tal brujo, parece más devoto de lo que había lugar a esperar tratándose de un hechicero.

Desde luego, nada comprometía yo en la aventura y resolví, por tanto, esperar hasta ver en lo que ella pararía, aunque no dejaba de sospechar que acabaría en algún sermón, ya que el Demonio, que la iniciara, parecía muy moral y harto buen predicador [4].

[4] Gabalis se presenta ante el abate VILLARS como una aparición que despierta en éste ciertos asomos de miedo, pero que no le impiden persistir en su actitud mental de escepticismo, por un lado hacia todas las cosas trascendentes de lo «invisible» y por otro hacia la superstición que le hace ver en el Conde a un sér hechiceril y diabólico, falso dilema ya apuntado por BLAVATSKY al comenzar su *Isis sin Velo*, cuando dice «que el mundo europeo, en su loca carrera hacia lo desconocido, vacila entre la incredulidad, que no cree nada, y la superstición que todo lo cree».

Nadie que conozca la Historia, puede desconocer que en la especie humana han aparecido de vez en cuando seres que se salen de lo vulgar como efectivos superhombres, Maestros o Adeptos, verdaderos Reformadores de los que el mundo ignaro ha huido siempre, como siempre huye de la Verdad sin velos, buscando en su huida la línea de menor resistencia, es decir, llamándolos locos, o diciendo que tienen pacto con el Demonio. Tal fué entre mil el caso de Juan Fust, asociado de GUTENBERG, para la «diabólica» invención y explotación de la imprenta.

FRANCISCO BELTRÁN, en reciente información periodística, nos habla del «supuesto pacto del doctor Fausto –o sea de este Juan Fust– con el Diablo». «Ha sido hallado –dice– en la Biblioteca de Knittlingen, un pergamino ennegrecido por los siglos y escrito con rara tinta que a los paleógrafos les parece sangre, y que es nada menos que el famoso pacto fechado en Wittemberg, a 30 de Junio de 1520, y firmado por «Juan Fausto», nacido hacia 1480. El hallazgo del tal pergamino nos parece una superchería de antes o de ahora. Fausto, el personaje del maravilloso poema de GOETHE, ha existido; fué socio capitalista (desde 1449 a 1455) de Gutenberg, en Maguncia, donde nació en 1414, habiendo fallecido en París, en 1466, por consiguiente, ni nació en 1480, ni pudo pactar con diablo alguno en 1520. Lo del pacto fué una especie lanzada por gentes de iglesia, que no comprendían algo extraordinario que Fausto hacía y que les perjudicaba. Se convirtió luego en leyenda popular por hombres de buena fe en tierras del Rhin, y de tal leyenda popular, que comenzó hacia 1456-58, tomaron el poeta inglés MARLOWE y GOETHE el principal personaje de sus obras: Fausto. La invención de la imprenta no fué lanzada en principio como un descubrimiento, sino ocultada como una falsificación de GUTENBERG. Casi todos los libros de entonces se hacían manuscritos, en abadías y conventos, por copistas especializados, algunos notabilísimos, pero esta producción era lenta y costosa… Terminada la impresión de la *Biblia* de 42 líneas por plana y en dos tomos, hacia 1454 ó 55, Fust se trasladó a París, llevando para su venta ejemplares que ofreció y vendió ocultando el procedimiento empleado; pero del cotejo que se hizo de unos ejemplares con otros y ver que tenían todos las mismas erratas, se dedujo *que estaban hechos en serie* y no uno a uno, como se hacían los libros manuscritos, por medios ignorados y que se consideraron extraordinarios y sobrenaturales. Esto fué la causa de un proceso contra Fust, quien se vió obligado a declarar que el procedimiento empleado era muy sencillo y que no tenía inconveniente en explicar su mecanismo; pero las congregaciones perjudicadas donde existía la industria de hacer copias de libros, asombradas de que Fust, que era por aquel entonces la única persona que había dado a conocer esta clase de copias, podía hacer simultáneamente y con gran perfección multitud de ellas exactamente iguales, y no conociendo el procedimiento de que para esto se servía, le adjudicaron pacto con el Diablo, lanzando esta idea al vulgo, y el vulgo la propaló, como siempre propala la mentira mejor que la verdad. Así opinan CONRADO DURIEUX y también KLINGER, el autor de las *Aventuras del Fausto, y su bajada a los infiernos.*

VILLARS, aunque no crea en fantasmas, prefiere considerar como un fantasma, como un discípulo del Demonio, o como un loco sublime, a su visitante el sabio Conde de Gabalis, siguiendo con ello, en la cobardía de su pensamiento de escéptico, la línea de menor resistencia a que antes aludimos. Todo menos admitir que pueda haber seres muy evolucionados en ciencia y virtud por encima de la vulgaridad eclesiástica o académica de su frívola época. Algo, en fin, de lo que, en los pródomos de la Revolución francesa, hicieron un siglo después con SAINT-GERMAIN o CAGLIOSTRO, de los que Gabalis parecía un precursor. Llenarlos de mil epítetos de farsantes, de brujos, de charlatanes, al par que hacían todo lo posible por reducirlos a la inanidad de una prisión, que de esta manera, *amable* y *persuasiva*, suele acoger la humanidad a sus genios en todo tiempo y país.

Por eso VILLARS le pregunta al visitante, con hipócrita cortesanía, «de qué Dios y de qué Sabios le habla en su solemne salutación». Como todos los leguleyos enredadores, en lugar de buscar «la cuestión de fondo», o sea la alta enseñanza que el visitante va a proporcionarle, propone dicha «excepción dilatoria» o «cuestión previa», como contrafuego de la revelación. Ello es achaque de todos los espíritus traviesos que olvidan de intento en su perfidia aquellas sabias frases de nuestro hebreo Mosén Tob de Carrión que dice:

«Non es el azor menos
por nascer en vil nido,
ni los exiemplos buenos
por los decir judío.»

Fueran los que fuesen, en efecto, «el Dios de los Filósofos» y «los Sabios», sus hijos predilectos, en nombre de los que iba a hablar el Conde, lo importante debió ser para VILLARS la doctrina misma en sí. Obró, pues, éste con aquella ruin manera que en el *Sigfredo*, de WAGNER, empleara Mimo, el perverso e hipócrita enano o nibelungo, al preguntarle al dios Wotan las cosas que menos podían interesarle, para soslayar la importancia de las que le interesaban más, que es ley de la desgraciada humanidad el ir apurando, una a una, todas las oblicuas antes de aceptar como la última la recta y justa «perpendicular».

Trae a colación también el texto la célebre visita que se cuenta recibiese el padre de CARDÁN, visita que es como tantas otras raras que se cuentan de diversos genios de la Historia, ya sea la del «espectro» que aparece ante CHOPIN y sus compañeros de francachela en Niza, para inspirarle su maravillosa *Marcha fúnebre*, nuncio al par de su próxima muerte, ya los tres «ángeles» o «jinas» visitadores de MOZART que aparecen y desaparecen inopinadamente después de encargarle y de pagarle un *Requiem* que pocos días después, al tenor de la premonición del Maestro, había de ser cantado en sus funerales... Es la eterna visita de *La dama blanca* de los Hohenzollern; *La Dama* anunciadora de funestos presagios, del castillo de Windsor; el espectro, cuya aparición determina las primeras escenas de la tragedia de Hamlet; los «visitantes extraordinarios» de que nos hablan SAN AGUSTÍN y SANTO TOMÁS; el Ángel-guía de Tobías en el bíblico relato; el que da hoja por hoja al profeta Mahoma durante sus éxtasis las páginas del Corán; la Egeria que dicta a Numa sus leyes; el Ángel que visita al atribulado Jesús en el «Huerto de las Olivas»; los visitantes «jainos» que, según ANQUETIL, se burlan de las vanidades del persa Darío o los gimnósofos que igualmente se burlan de la soberbia guerrera de Alejandro Magno; los invisibles «Tuatha de Danand», que aguardan por siglos en las montañas de Irlanda el feliz momento de volver a intervenir con fruto en la historia de los hombres; los «Caballeros del Graal o Grial» del *Baladro de Merlín* y del *Parsifal* y el *Lohengrin*, de WAGNER, custodios del Tesoro Santo de las edades, ora este Tesoro sea el Cáliz de la última Cena, como pretenden versiones que nosotros creemos ulteriores y desnaturalizadas, bien sea el del Misterio Astronómico de los conos de eterna Sombra que demarcan tras sí con sus opacas masas todos los planetas al ser heridos por el torrente vital dimanante de la Luz del Sol; o los misteriosos «todas» de las Montañas Azules o Nilghiri, indostánicas; los sacerdotales «Melchisedech» de los arcadianos días de los Patriarcas hebreos; los «lamas de Sikkin» con sus *meipos* o poderes mágicos; los «Shamanos» del Tíbet, Japón y China, consejeros retirados en sus montañas y a los que los emperadores van en ellas a consultarles sobre los más graves asuntos de Gobierno; los «jinas o amautas» incas, de los que nos habla GARCILASO DE LA VEGA; los «ángeles vengadores de Sodoma» que antes visitan al fiel Abraham y a Sahara, su escéptica esposa; los que consuelan a la desventurada Agar y dan de beber a su hijo en medio del desierto; los bíblicos Henoch o Elías que no conocen la muerte; los que al morir o «trascender a otro mundo superior arrebatan en carro de fuego» o en rayo, al profeta Elías a Rómulo, a Numa, y al ínclito Simeón ben Jocai, el autor del *Zohar* o «Libro del Esplendor» y en «barquella tirada por un Cisne», traen y se llevan al *Lohengrin* bávaro, o en «carro de tempestad» se llevan antaño a Héspero, y hogaño al alma de BEETHOVEN el mártir; los excelsos Moisés y Helias o Elías, que reciben a Jesús durante la «Transfiguración» del monte Tabor; los que se muestran más blancos que el campo de la nieve a las tres mujeres que van a visitar el sepulcro de Jesús y les anuncian la resurrección del allí tres días antes sepultado; los Haruts y Maruts coránicos que Mahoma no supo comprender bien, o que, de intento, los tergiversó en su verdadera significación iniciática; los «siete durmientes de la caverna» que, según el Corán, se presentaron al emperador Decio para testimoniarle la verdad del iniciático secreto; el «Desconocido» que, según el mismo texto, inicia a Moisés acerca del mar de Dhul Karnein, o sea de lo que hay detrás del mundo visible nuestro; los tres ancianos jeiques, que aparecen en el primer cuento de *Las mil y una noches*, salvando de una muerte injusta al pobre comerciante, símbolo de la Humanidad; el «ángel» o «jina» que en esotro cuento milnocharniego de *El Pescador* induce a otro cuitado a echar sus redes en el mar y pescar en él el «secreto de Salomón», o esotros que según el libro de ENOCH, el etíope, enseñaron antaño a las hijas de los hombres las propiedades de las plantas y raíces, los encantamientos y el arte de observar las estrellas, y están reunidos, según los *Puranas*, en la Badari Vana, o Santa Asamblea de Sabios de Shambala, Kalapani, Pamalán, Morú, Ikvasú, etc., las «aves de Unus-Ahut» del mismo texto, y cuantas otras entidades guían a sus héroes, ora en formas de tales «aves» o «pájaros mágicos», como a Sigfredo; o de pastoriles Faustulos protectores, como a Remo y Rómulo; o de Mentores sabios, como al Telémaco, de FENELÓN... Todos ellos, en lugar de «venir a aprender» de los respectivos «Cardanes», no venían sino a guiarlos, adiestrarlos, iluminar, en fin, el difícil sendero de su vida de discípulos.

En casi todas las obras literarias de algún valor suele aparecer algún personaje de éstos, y el propio D. JUAN VALERA, pese a sus escepticismos, tiene a bien recurrir a ellos, por ejemplo, en la figura mágica del padre Miguel de Zuberos, en su teosófica obra de *Morsamor*.

«Todo el argumento de *Morsamor*, de D. JUAN VALERA, no es otra cosa, en mi modesta opinión, que los «fenómenos mágicos» producidos, ora por vulgares y reprensibles hipnotizadores, ora por verdaderos y elevados adeptos –me dice D. CÉSAR CAMARGO, en una de sus notables cartas–. Como sabe, el protagonista, fray Miguel de Zubero, es un hombre que, nacido en la época de los grandes descubrimientos y conquistas de nuestras armas, ha llegado a los setenta y cinco años sin haberse distinguido en nada, no obstante su gran ambición. Zuberos es sometido por el P. Ambrosio, verdadero Adepto en relación con los grandes maestros de la India, a una especie de «maya hipnótica», durante la que, sintiéndose remozado, cree llevar a cabo o realiza, quizá en lo astral, las más sorprendentes aventuras, hasta que vuelve a verse de nuevo en el convento tan viejo y decrépito como antes de la experiencia. Le confieso a usted que soy el mayor entusiasta de esa obra, que considero superior al *Zanoni* de BULWER LYTTON, y aun al *Fausto*, de GOETHE. Esto último no me atrevo a decírselo más que a usted.

»Y ya que hemos hablado de *Morsamor*, vea usted ahí la nueva existencia de éste, en la que recuerda perfectamente su vida anterior como tal «Miguel de Zuberos», y la plena conciencia que tiene de su identidad, recordando a la vez todas sus aventuras que juzga soñadas, cuando *la magia* del P. Ambrosio le restituye a su antiguo estado. En cambio, el Adán de *El Diablo mundo*, de ESPRONCEDA, parece no tener relación alguna con aquel *hombre ya caduco* que se duerme pensando en la muerte y en la inmortalidad. ¿Cabe hacer alguna distinción teosófica entre una y otra creación o entre uno y otro *caso*, como diría un frenólogo...? Yo creo que sí, y, seguramente, para el modo de ver de HARTSEN, la nueva existencia de «Adan» sería nula para el viejo en el segundo caso, mientras que el primero sería un ejemplo típico de variedad consciente de existencia. Yo la distinción la encuentro en otra cosa; en ESPRONCEDA, como buen poeta, todo es intuición, y por eso, de haber terminado su *Diablo mundo*, éste hubiera sido, quizá, el poema más potente que crease el ingenio humano, y *Morsamor*, en cambio, es una obra *consciente* y *genuinamente teosófica*, y creo que de la más pura Teosofía, puesto que se funda en las enseñanzas de H.P. BLAVATSKY, a la que cita, en esta ocasión; con profundo respeto, anunciando Sankaracharia, a quien presenta como el superior de todos los Mahatmas que encuentra Morsamor en la India, la aparición de aquélla en la tierra: «una mujer privilegiada, semitudesca, semimoscovita, que el cielo no suscitará en Europa hasta dentro de unos tres siglos», que es la época justa, puesto que la acción de *Morsamor* ocurre en el primer tercio del siglo XVI. Esto, aparte de que, después, en la página 300, la cita por su nombre. Es verdad que luego VALERA se burló de la Teosofía y habló despectivamente de aquélla y de OLCOTT; pero creo que esto fué antes de escribir *Morsamor*, pues que parece que *Morsamor* y *Genio y figura* fueron sus últimas obras. Además, el gran novelista era un humorista con ribetes de escéptico, al estilo de CAMPOAMOR, y más aún que éste; pero, sin duda, fué el mejor literato de su época. Es inimitable su prosa.»

El Conde de Gabalis, o, mejor dicho, el abate VILLARS, hipócritamente escondido detrás de la fraseología de aquél, comienza su revelación cabalística en el pasaje que comentamos, expresando la falsa idea de que los verdaderos Sabios buscan los poderes taumatúrgicos de dominar a la Naturaleza; hacerse obedecer por todas las entidades visibles e invisibles; hablar a Dios cara a cara y demás declamaciones de la necromancia del medievo, a las que tan acostumbrados nos tienen los émulos de ELIPHAS LEVY. No. Los tales poderes taumatúrgicos por encima de la ciencia ordinaria, operados por los «magos» o «adeptos» de todos los tiempos, nunca fueron el objetivo fundamental de la Gran Cábala o Tradición Universal de la primitiva Religión-Sabiduría de la Naturaleza, Religión, al par que Ciencia, arteramente velada u ocultada tras las «re-velaciones» o «dobles velos», tendidos sobre ellas por las religiones positivas. Todos estos poderes llegan a su tiempo, sin ser por él buscados, para el verdadero Ocultista, que sólo persigue la superación, la exaltación evolutiva de sus dormidas facultades progresivas mediante la Virtud y el Conocimiento, o sea mediante el *gnoscete ipsum* socrático. Y el Dios como «Maestro único», que dice Gabalis, no es tampoco ningún Dios personal y antropomórfico, cual el de las religiones positivas, sino la encarnación de la Divinidad Abstracta e Incognoscible, que late en el fondo sin fondo de cuanto vive y alienta: el Logos platónico, el Dios Interior, el «Cristo en el Hombre» que diría SAN PABLO, o sea el Espíritu Informador del Cosmos, el gran Pan o Todo, que también late en el interior de nuestra conciencia como efectivos «dioses caídos» que somos, y que, al fin, han de sacudir sus cadenas al modo del místico Prometeo.

Esa Divinidad interior de cada hombre es la que le hace superior a todos, así que, por la iniciación, es despertada en él; la misma que según el Corán y las Epístolas de SAN PABLO nos hace superiores a los Ángeles más excelsos, y con mayor razón a los Demonios, entendiéndose por estos últimos, no las absurdas criaturas precitas, de que nos hablan quienes acaso son efectivos y arteros diablos, sino *daimones* griegos, «seres intermediarios entre la bondad angélica y la maldad humana», como dice BLAVATSKY, y de los que nos ha dado EDMUNDO GONZÁLEZ BLANCO en su artículo «El Demonio de Sócrates», estas hermosas enseñanzas:

«Todos habrán oído hablar seguramente de ese *demonio* de SÓCRATES, genio que le asistía de continuo, que le aconsejaba, y cuya voz le retenía siempre que iba a hacer algo contrario a la rectitud. PLUTARCO escribió un libro que intituló *De Genio Socratis*, y APULEYO le consagró también otro trabajo rotulado *De Deo Socratis*, donde ventila qué género de numen era el que tenía consigo el filósofo ateniense. Ambos autores mencionan la opinión de que por el demonio de SÓCRATES había que entender su facultad adivinatoria, gracias a la cual ciertos presagios y hasta meros signos naturales le permitían conjeturar el porvenir. Consuena con semejante opinión la de

DIÓGENES LAERCIO[9], para quien «el *daimonion* solía predecir a SÓCRATES las cosas futuras». Pero lo que la hace más probable es el testimonio mismo de SÓCRATES, en cuya opinión no hay cosa más real, natural y necesaria que la adivinación. «Cuando no podemos prever lo que nos será útil en el porvenir, ¿no vienen los dioses en nuestro auxilio, no revelan por la mántica a los que les consultan y no les predicen el éxito feliz de los acontecimientos? Cuando hablan a los atenienses, y cuando por prodigios manifiestan su voluntad a los griegos, ¿creeremos que no hacen lo mismo a todos los hombres?... El alma tiene un poder profético. Una prueba suficiente de que Dios no ha dado la adivinación al hombre sino para suplir la ausencia de la razón, es que ningún hombre sano de espíritu la posee en toda su integridad más que en sueños o en los casos en que la inteligencia está en suspenso o extraviada por la enfermedad o por el entusiasmo.» Si a esto se añade que SÓCRATES aconsejaba la adoración de los genios, como depone PLATÓN en el libro XI del *De legibus*, y que, según este último y XENOFONTE, el demonio no se apartaba de su lado, le encaminaba a todo bien y le preservaba de todo mal, quizá no parezca temeraria presunción la que identifique tal demonio con uno de los genios que MENANDRO llamaba *ayos secretos de la vida*. HESÍODO nos dice lo que eran estos demonios de los griegos: principios inteligentes que gobiernan el mundo y distribuyen los bienes en el universo. La revelación interior de uno de esos demonios venía a ser en SÓCRATES una esperanza de adivinación semejante a la sacada de los sacrificios, del vuelo de las aves, etc., y que, como toda adivinación, versa únicamente sobre las cosas que el hombre no puede llegar a conocer por su propia reflexión, pues ya hemos visto que el filósofo ateniense declara que es verdaderamente insensato creer que pueda el

9. *De vitis philosophorum*, II, XVI.

hombre pasarse sin la adivinación y conseguirlo todo con la ayuda de sólo su entendimiento[10]. SÓCRATES, en el *Timeo* y en el *Symposio*, admite la existencia de seres intermedios entre Dios y el hombre, que ejercen un ministerio análogo al de los ángeles en la teología cristiana. Era lógico, por ende, que supusiera en aquella voz tan clara e infalible, que le aconsejaba en los menores detalles de la vida, una advertencia de alguno de esos principios inteligentes de la naturaleza[11]. Se ha discutido mucho, sin embargo, sobre la índole del demonio familiar que SÓCRATES invoca tantas veces. XENOPONTE emplea la palabra δαιμόνιον substantivamente, como equivalente de ιό θεον θεός, mientras que PLATÓN, por lo contrario, hace de ella un adjetivo, cuando la explica por δαιμόνιον τημεῖον. CICERÓN[12], que traduce la palabra δαιμόνιον, no por *genius*, sino por *divinum quoddam*, no anda lejos de pensar que el demonio de SÓCRATES era el alma del mundo desparramada por doquier y entronizada por privilegio especial en el interior del filósofo ateniense. Los apologistas cristianos echaban a cosa de magia diabólica el genio de SÓCRATES: así SAN CIPRIANO, en el *De idolarum vanitate*; MINUCIO FÉLIX, en el *Octavius;* LAETANCLO, en el *De divina institutione;* CLEMENTE ALEJANDRINO, en las *Stromata*; TERTULIANO, en el *Apologeticum;* SAN AGUSTÍN, en el *De civitate Dei.* Ya, antes del Cristianismo, hubo gran riña entre los comentadores tocante a la cuestión de saber si el genio protector de SÓCRATES era un genio bueno o malo[13]. Pero, después del Cristianismo, aquel ente divino pasó a ser, con el cambio de religión, un ente maléfico, a causa del odio o de la aversión que inspiraba todo lo pagano.

10. XENOFONTE: *Memorabilia*, I, I, 3; PUTÓN: Apología, 40, A.

11. SÁNCHEZ CALVO: *Filosofía de lo maravilloso positivo*, 110.

12. *De divinatione*, I, 54, 103, 122.

13. Véase a STANLEI: *Historia Philosophiae*, 146.

»Primero, sin embargo, que una interpretación tan descabellada sería preferible la de gran número de escritores más antiguos, para quienes el genio de Sócrates designaba simplemente su propia razón[14]. Bajo el Renacimiento, Marsilio Ficino[15] admitía en Sócrates una particular disposición física, propia de los temperamentos melancólicos, para recibir revelaciones demoníacas. En 1756 nuestro Villanueva Chavarría[16] declaró no ser el demonio de Sócrates «otra cosa que aquella puntualidad y fuerza de su juicio, que, por reglas de prudencia y ayudado de una larga experiencia y de serias reflexiones, le hacía prevenir lo que había de suceder en las cosas que se le consultaba, o debía determinar por sí propio». Según Hegel[17], «el genio de Sócrates no es Sócrates mismo, sino un oráculo, pero al mismo tiempo es un oráculo que nada tiene de exterior, y que es completamente subjetivo: es *su* oráculo, el cual se presenta en forma de un conocimiento aliado a una cierta inconsciencia». En otra, Hegel[18] ve en el demonio de Sócrates el indicio de un hecho notable, conviene a saber: que los motivos de acción que el sistema de los oráculos de Grecia hacía depender de fenómenos puramente exteriores se encuentran en adelante en el propio fuero interno. Schleirmacher[19] afirma que, en el espíritu de Sócrates, el demonio no era en modo alguno un genio, una personalidad particular y distinta, sino solamente, y sin más precisión, una voz demónica, una manifestación divina. Ast[20], sin perjuicio

14. Véase a Brucker: *Historia philosophiae,* I, 543.

15. *Theologia Platonis*, XIII, II, 287.

16. *Historia antigua*, III, 412.

17. *Geschichte der Philosophie*, II, 77.

18. *Philosophie des Rechts*, 369.

19. *Platon's Werke*, I, II, 432.

20. *Platon's Leben und Schriften*, 432.

de pretender que el de la *Apología* de PLATÓN, debe tomarse substantivamente en el sentido de divinidad, no entiende, sin embargo, por él un genio, y sí únicamente, de una manera general, el θειον. FRAGUIER[21] expone la opinión de que SÓCRATES designaba por su demonio su propia perspicacia y el poder de síntesis que le hacía capaz de formular sobre el porvenir exactas conjeturas. BARTHÉLEMY[22] considera el tal demonio como un resultado de la ironía socrática, y sin duda que el filósofo ateniense se produjera de buena fe cuando de él hablaba y a él se refería. Pero los testimonios de XENOFONTE y de PLATÓN son irreprochables; tienen todos los requisitos necesarios de verdad, y los fenómenos observados en SÓCRATES y consignados por sus dos discípulos, no los niega nadie; los pareceres se dividen en la interpretación únicamente. ¿Era un genio propio, que tuviese una existencia personal independiente? Así lo creyeron TIEDEMANN[23], MEINERS[24], BUHLE[25], VRUG[26] y otros. LASAUEX[27] reconoce una verdadera revelación divina y hasta un genio real. VOLQUARDSEN[28] concede que «SÓCRATES recibía realmente las advertencias de una voz celeste». En cambio, PLESSING[29] considera el caso como una invención hecha con deliberado propósito, y afir-

21. *Sur l'ironie de Socrate* (en las *Memoires de la Académie des Inscriptions et Belles Lettres*, IV, 368). Este modo de ver había sido ya adoptado por ROLLIN (*Histoire ancienne*, IV, 360) en 1737.

22. *Voyage du acune Anacharsis*, LXVII.

23. *Geist der speculativen Philosophie*, II, 16.

24. *Vermische Scchriften*, III, 1.

25. *Geschichte der Philosophie*, 371, 388.

26. *Geschichte der alten Philosophie*, 158.

27. *Sokrates Leben*, 20.

28. *Dar Dämonium des Sokrates und sein Interpreten*, 77.

29. *Osiris und Socrates*, 185.

ma que SÓCRATES, queriendo promover una revolución de carácter político, corrompió el oráculo de Delfos, llegó a decir que un dios le había enviado al mundo para obsequio de los atenienses, y se vanaglorió de estar en relación con un espíritu superior: LOUDUN[30], sin ir tan lejos, cree asimismo que todo cuanto nos han dicho los discípulos de SÓCRATES del *genio* que a éste asistía, se puede mirar de parte de ellos como una vil lisonja, y de parte de él como una solemne patraña, hija de su desapoderada soberbia, puesto que ningún escrito dejó. Por su parte, SCHANZ[31], relacionando el demonio de SÓCRATES con el oráculo de Delfos, que le proclamó el más sabio de todos los mortales (*ανδρών άχάνϊων Σωχράϊης υορώαϊος*), a causa de que conocía su propia ignorancia, reduce a ficciones visión y oráculo, y los refiere a los procedimientos de PLATÓN de dotar, con una sanción divina, los dos caracteres principales de su maestro: el cuestionador inspirado y el inspirado narrador.

»Hagamos constar, contra proposiciones tan injuriosas para el filósofo ateniense, merecedor de toda confianza por la elevación de su carácter, que la razón de que SÓCRATES no se ocupase de cuestiones políticas fué precisamente la oposición de su demonio. Y aunque es muy cierto que éste solamente influyó sobre SÓCRATES en su abstención de los asuntos públicos, y no en su aplicación a la filosofía, también lo es que el signo demónico mantuvo a SÓCRATES en su vocación filosófica, oponiéndose a sus proyectos cada vez que quiso entregarse a cualquiera otra ocupación, en especial a la política. En todos los casos el demonio aparece como una voz interior que desvía al filósofo ateniense de una acción particular. Por ello STA-

30. *Le mal et le bien*, 49.

31. *Hermes*, XXIX, 597.

PFER[32], BRANDLS[33], BREITENBACH[34] y ROTSCHER[35], han identificado la voz del demonio con la voz de la conciencia. RIBBING[36] defiende también este punto de vista; pero observa, al mismo tiempo, que el demonio se manifiesta solamente como *conscientia antecedens et concomitans*, no como *conscientia subsequens*, y que la idea de la conciencia no contiene la noción íntegra de la misión del demonio; porque aparece, sobre todo, «como un tacto moral y práctico, que se aplica a las cuestiones personales y a las acciones particulares». HERMANN [37] habla también del demonio de SÓCRATES como de «la voz interior del tacto individual», idea incompatible con el hecho de que el filósofo ateniense experimentaba a menudo un sentimiento inexplicable para él mismo, que no reposaba sobre una reflexión consciente, y en el cual veía un indicio divino que le impedía expresar un pensamiento o realizar un proyecto[38]. Pero esta voz, según PLATÓN[39], no hacía nunca más que retenerle, y jamás le llevaba a la acción, constituyendo una manera negativa e indirecta de indicar lo que debe hacerse y aprobar lo que no se prohíbe. Aunque se dejaba oír en las ocasiones más insignificantes, no se dejó oír una sola vez, en concepto de adivinación, en los casos en que la propia reflexión era capaz de instruir al filósofo ateniense, sino en aquellos otros en que no había llegado a una conciencia clara de las razones en que reposaban sus sentimientos y actos. La ciencia califica de

32. *Biographie universelle*, XLIII, 531.
33. *Geschichte de grieshische und römischen Philosophie*, II, a, 60.
34. *Zeilschrift für der Oymnasialwesen*, 1863, 499.
35. *Aristophanes*, 256.
36. *Sokratische Studien*, II, 27.
37. *Platonismus*, I, 236.
38. ZELLER: *Die Philosophie der Griechen*, III, 76.
39. *Apología*, 23, B; 31, D.

alucinado a todo aquel en quien se manifiestan fenómenos de esta clase, y el Dr. LÉLUT, miembro de la Academia francesa de Medicina, en una obra publicada en 1836[40] no vaciló en presentar al mejor modelo de cordura que hubo en el mundo, al que el oráculo de Delfos declaró el más sabio de todos los mortales, como un caso de demencia e hipocondría. *Socrate était un fou*, sentenció cínicamente el galeno francés; pero, ¿pretendía saber mejor que SÓCRATES lo que pasaba en lo íntimo de éste? LÉLUT invoca, como una prueba de la creencia de SÓCRATES en un genio, el del que hacía derivar su misión. El principal argumento en que se apoya es que, no solamente SÓCRATES creía en la realidad y en la personalidad de su demonio, sino que, en frecuentes alucinaciones, había creído oír su voz de una manera positiva y sensible. A lo que replica ZELLER[41]: «La demostración histórica de semejante aserto, para los que saben interpretar a PLATÓN como es debido y distinguir lo auténtico de lo apócrifo, no necesita, en verdad, ser refutada». Pero esta oposición no puede servir a la conjetura sobre qué sería el demonio de SÓCRATES, porque el mismo ZELLER supone que era la luz de la conciencia, singularmente favorecida y aclarada por la meditación y por una especie de exaltación mística. Tal aparenta creer hoy el mayor número, por lo mismo que, a estas alturas, tanta vaguedad o falta de precisión se armoniza con el espíritu moderno; pero ello nada explica, y contradice el testimonio explícito, claro, terminante de SÓCRATES. Habla positivamente del asunto SÁNCHEZ CALVO[42], cuando dice: «SÓCRATES afirma y cree en un genio protector, en un demonio, o séase en un sér divino, cuya voz escucha y obedece. ¿Queréis ese lenguaje más claro? ¿Es que

40. *Du démon de Socrate*, 113, 163.

41. *Die Philosophie der Griechen*, III, 73.

42. *Filosofía de lo maravilloso positivo*, 110.

una voz adivinadora que se hace oír en el sensorio humano no cabe dentro de ciertas teorías? Pues bien, tanto peor para ellas si los hechos prueban que realmente es así». Es notable, considerando lo usual en la vida griega de entonces, que SÓCRATES se exprese en los siguientes términos: «Este demonio se ha pegado a mí desde mi infancia: es una voz que no se hace escuchar sino cuando quiere separarme de lo que he resuelto hacer, porque jamás me excita a emprender nada».

»Acusado de no creer en los dioses del Estado (no lo entendió así SAN AGUSTÍN cuando afirmó que *Socrates cum populo simulacra venerabatur*)[43], cambia los términos de la acusación, y prueba que cree en los dioses, puesto que cree en los demonios, hijos de los dioses. ¿No había enseñado públicamente que los dioses todo lo ven, aun los pensamientos más íntimos, y que creía en los demonios o principios inteligentes porque los sentía y los oía, porque le inspiraban y le decían lo que debía hacer? En los diálogos que XENOFONTE relata, tenidos con EUTIDEMO y ARISTODEMO, ¿no había hablado largo de los dioses, recomendando el agradecimiento a sus beneficios, afirmando que lo conocían todo, encargando que se les diese toda la adoración que fuese posible?

»Era ésta una creencia positiva en SÓCRATES. Un sér divino acostumbraba a «hablarle», advirtiéndole en ocasiones que estaba a punto de obrar inconvenientemente. Cuando oía la voz de su demonio, la oía con toda claridad, exacta en los detalles, sin duda alguna, y por nada del mundo dejaba de obedecerla, porque estaba convencido, por la experiencia, del carácter de infalibilidad que tenían sus órdenes. Al ir a la muerte, la voz se calló, y SÓCRATES fué a la muerte con seguridad.

43. *De vera religione*, 12.

»En XENOFONTE[44], SÓCRATES comienza por declarar que el demonio le ha prohibido pensar en preparar su defensa, y luego determina las razones por las que el dios ha podido considerar una muerte inocente preferible para él a una vida más larga. En PLATÓN[45], concluye, del silencio del demonio, durante su defensa, que la condena que iba a imponérsele era un bien para él.

»La voz divina de mi demonio familiar, que me hacía advertencias tantas veces, y que en las menores ocasiones no dejaba de separarme nunca de todo lo malo, hoy, que me sucede lo que veis, y lo que casi todos los hombres tienen como el mayor de los males, no me ha dicho nada, ni esta mañana cuando salí de casa, ni cuando he venido al tribunal, ni cuando he comenzado a hablaros. Sin embargo, me ha sucedido muchas veces que me ha interrumpido en medio de mis discursos, y hoy a nada se ha opuesto, haya dicho o hecho lo que quisiera. ¿Qué puede significar esto? Voy a decíroslo: es que hay señales de que lo que me sucede es un gran bien, y nos engañamos todos, sin duda, si creemos que la muerte es un mal. Una prueba de ello es que, si yo no hubiese de realizar hoy algún bien, el dios no hubiese dejado de advertírmelo, como acostumbra.

»Gravemente arguye SÁNCHEZ CALVO[46], tratando de aquel filósofo, tenido en tanta veneración, que «no cabe achacar a una conciencia, por ilustrada que quiera suponérsela, no sólo semejante despego de la vida, sino tal oportunidad, y la infalibilidad adivinatoria de las advertencias». Es éste precisamente el más importante carácter de lo maravilloso en el presente caso: la exacta conformidad entre la predicción revelada por la voz y el posterior suceso. Es lo que se nota en los episo-

44. *Memorabilia*, IV, VIII, 5.

45. *Apología*, 40, B.

46. *Filosofía de lo maravilloso positivo*, 117.

dios de CARMIDES y de TIMAREO, en el *Teages*[47], en los casos de CARILO y de CRITÓN, lo mismo que en los referidos por PLUTARCO también. La alucinación acusa siempre un estado enfermo de los nervios correspondientes a algunos de los sentidos, estado que transmite errores a la inteligencia.

»A SÓCRATES, sin embargo, no le comunica más que buenos consejos y verdades futuras. Expuesto desde la niñez a esta clase de error, no le debió jamás sino tiernos cuidados y finas atenciones. ¿Qué es esto? La adivinación viene cuando debe venir, y la vibración cerebral tiene lugar en el momento crítico, y deja oír palabras de consuelo: la enfermedad nerviosa es por cierto oportuna. ¿Quién no quisiera ser alucinado como SÓCRATES?

»En una época tan limitada y tan vulgar como la nuestra, quizá sean pocos los que sientan deseo semejante; pero ¿dejará de ser verdad por ello que existe un universo invisible en perpetua comunicación con el visible? Y, esto asentado, ¿habrá quien niegue la posibilidad, por lo menos del transporte del temperamento de un alma a otra, de la acción de un espíritu divino sobre el espíritu humano, acción y transporte realizados como se realiza el de un flúido sutil o de un extraño perfume? ¿Por ventura es ésta la primera vez que se compara la sustancia del alma con la del éter lumínico, o con el líquido invisible e imponderable que surge al contacto de los metales heterogéneos, cuando se intercala otro líquido?

»Pensar de otra manera, equivaldría a atenerse a esa psicología superficial, que consiste en concebir el espíritu como una cosa simple y de esencia inmutable. Pero el espíritu (y con esta afirmación concluyo) es un sér compuesto de miriadas de vidas y sensaciones, una existencia compleja y multiforme que lleva en sí infinidad de ideas cósmicas y divinas, y cuya misma

47. AZCÁRATE: *Obras de Platón*, XI, 80.

voluntad está movida por impulsos que transcienden de las relaciones ordinarias del espacio y del tiempo.»

Hasta aquí el sabio filósofo español. Nos hemos extendido tanto en la copia, porque el asunto de los «daimones» es muy complicado y se relaciona muy de cerca con «los Pueblos de los Elementos», de que nos habla Gabalis, siendo unos u otros un efectivo peligro para la evolución espiritual del hombre, porque, como dice BLAVATSKY, «todo reflejo de poderes superiores en el hombre tiene que ser temporal, y las más veces resulta dañoso a la postre, porque de seguir nos dejaría irresponsables y sin progreso», que es la lógica consecuencia de los consejos de magia negra que el texto comentado nos va muy pronto a dar. ¿Qué aprendería el discípulo, si el maestro estudiase por él o se lo diese todo resuelto? Toda tutela acaba siendo en daño del tutelado y en responsabilidad durísima para el tutor.

Además, que el terrible dilema de la vida, el duelo a muerte que, con los Poderes invisibles o Potestades del Aire, que diría SAN PABLO en su *Epístola a los Colosenses*, es el de dominar o el de ser dominado por aquellos *Daimones.* Ésta es la diferencia esencial entre el Adepto de la Magia, que llega a dominarlos, y el Médium espiritista, y, en general, todos los emocionalistas pasivos, que son dominados, como meros juguetes, por aquéllos. Por eso enseña de uno y otro nuestra Maestra:

El adepto puede estimular en animales y plantas la acción de las fuerzas biológicas, hasta más allá de los límites que, ordinariamente llamamos naturales, sin por ello contrariar a la Naturaleza, sino favorecerla con la intensificación del principio vital.

El adepto es capaz de alterar la condicionalidad sensoria y emotiva del cuerpo astral de quien no sea adepto; puede valerse, a su albedrío, de las entidades elementales o espíritus de la Naturaleza; pero de ningún modo le cabe dominar al espíritu de hombre alguno, ni encarnado ni desencarnado, porque todo espíritu es chispa divina, no sujeta a externas influencias.

Hay dos modalidades de clarividencia: psíquica y espiritual. La clarividencia de los modernos sujetos hipnotizados difiere de las antiguas pitonisas, tan sólo en los medios de producir el estado lúcido y de la mayor o menor agudeza de los sentidos astrales; pero ni unas ni otros llegan de mucho a la perfecta y omnisciente clarividencia espiritual, sino que sólo pueden vislumbrar la verdad a través del velo de la naturaleza física.

El principio mental, llamado *favâtma* por los yogis indos, es el medianero entre los elementos espirituales y materiales del hombre, pues por una parte domina, y por otra está sujeta al cerebro físico. La claridad y exactitud de las percepciones espirituales de la mente dependen, mientras está ligada al cuerpo material, de su grado de relación con el principio superior, y cuando esta relación le permite actuar independientemente de los principios inferiores y unida al superior, entonces percibe la verdad, sin mezcla de error alguno. Éste es el estado que los indos llaman *samâdhi*, o sea, la más elevada condición espiritual asequible para el hombre en la tierra.

Los vocablos sánscritos *prânayâma*, *pratyâhâra* y *dhârânâ* expresan otros tantos estados psíquicos.

En el de *dhârânâ* queda el cuerpo físico completamente cataléptico, y es subjetiva y clarividente la percepción del alma libre; pero como no deja de funcionar el principio senciente del cerebro físico, las percepciones mentales estarán entremezcladas con las percepciones objetivas del mecanismo cerebral, y por ello se le representarán la *memoria* y la *fantasía*, en vez de la visión perfecta. Pero el adepto sabe cómo suspender el funcionalismo mecánico del cerebro, y así son sus visiones claras, puras, verdaderas e inalterables. Al paso que el vidente, incapaz de anular las vibraciones astrales, sólo percibe imágenes, más o menos incompletas, por medio del cerebro, el clarividente sujeta a su voluntad todas sus potencias psíquicas y facultades físicas, y no puede tomar las sombras por realidades, porque su percepción es directamente espiritual, sin que el *Yo* superior o subjetivo esté eclipsado por el *yo* inferior u objetivo. Tal es la genuina clarividencia espiritual que, según dice PLATÓN, eleva el alma más allá de los dioses menores, hasta identificarla con el simple, puro, inmutable e inmaterial *Nous*. Tal es el estado que PLOTINO y APOLONIO llamaron de *unión con Dios*, los antiguos yoguis *Isvara* y los modernos *Samâdhi*. Sin embargo, la clarividencia espiritual es tan distinta de la videncia psíquica, como una estrella de una luciérnaga.

AMONIO SACAS, el TEODIDACTOS (enseñado por su Dios), dice que la *memoria* es la única potencia que directamente se opone al don de profecía y previsión.

El médium no puede subyugar voluntariamente sus cuerpos mental y físico, sino que necesita para ello la ajena intervención de una entidad desencarnada, de un hipnotizador terreno, o bien de algún medio que, artificiosamente, le ponga en trance, mientras que a los adeptos y fakires les basta para ello un breve rato de reconcentración y ensimismamiento.

Entre los medios artificiales de que se valían los antiguos para determinar el estado de trance, citaremos las columnas de bronce del templo de Salomón; las campanillas y granadas de oro de Aarón y sumos pontífices hebreos; las sonoras campanas que pendían alrededor de la estatua de Júpiter Capitolino; las tazas de bronce que se empleaban en los Misterios durante el *Kora*, y las copas de bronce, pendientes en círculo de un doble aro de 200 granadas, que servían de chapetas en el hueco de las columnas. Las sacerdotisas, que en el Norte de la antigua Germania actuaban bajo la dirección de los hierofantes, sólo podían profetizar entre el tumulto de las olas del mar, o mirando de hito en hito la rápida corriente de un río. Las sacerdotisas de Dodona se situaban, al mismo efecto, bajo el roble de Zeus, y quedaban hipnotizadas al murmullo de las hojas del árbol o del arroyuelo que regaba sus raíces.

Pero el adepto no necesita valerse de estos artificiosos medios, pues le basta con la simple acción de su *potencia volitiva.* Según el *Atharva-Veda*, la actualización de la potencia volitiva es la forma superior de la oración que entonces obtiene inmediata respuesta. Del grado de intensidad del anhelo depende su realización, y ésta, a su vez, de la pureza interior.

Las entidades que se valen de la materia astral del cuerpo del médium o de las auras de los circunstantes, son, por lo general, los elementarios o las entidades no purificadas todavía, porque los espíritus puros no *quieren* ni *pueden* manifestarse *objetivamente.* ¡Desgraciado del médium que cae en poder de las entidades astrales!

De la propia suerte que el médium en estado cataléptico proyecta espectralmente un brazo, una mano o una cabeza, es posible que proyecte todo su vehículo astral y aparezca el espectro de cuerpo entero. A veces esta proyección es efecto de la voluntad del Yo superior del médium, sin que de ello tenga conciencia el yo inferior; pero, generalmente, la voluntad del médium queda paralizada por la influencia de las entidades elementarias y elementales que se apoderan del cuerpo astral del médium y lo proyectan por efecto de una acción análoga a la del hipnotizador respecto del sujeto.

Tiene razón FAIRFIELD al afirmar que casi todos los médiums están aquejados de alguna enfermedad orgánica o desequilibrio psíquico, y en algunos casos transmiten estas dolencias a sus hijos. En cambio, se equivoca completamente al atribuir todos los fenómenos psíquicos a las morbosas condiciones fisiológicas del médium, pues los adeptos de la magia superior gozan constantemente de robusta salud mental y física, y precisamente sólo ellos son capaces de producir a su libre voluntad fenómenos psíquicos. El adepto tiene perfecta conciencia de su actuación y no está sujeto como los médiums a los cambios de temperatura de la sangre ni los síntomas morbosos ni exige condiciones previamente establecidas, sino que opera los fenómenos en todo tiempo y lugar, y en vez de sujetarse a influencias ajenas, rige y domina las fuerzas psíquicas con su férrea voluntad.

En el adepto actúan armónicamente cuerpo, alma y espíritu, al paso que en el médium el cuerpo es una masa de materia cataléptica y el alma y el espíritu se ausentan casi siempre mientras dura aquel estado para prestar sus vehículos inferiores a las entidades psíquicas. Los adeptos, no sólo pueden proyectar espectralmente a voluntad una *parte*, sino *todo* su cuerpo astral.

En cambio, el médium no actualiza *fuerza de voluntad* alguna, pues basta para la producción del fenómeno que antes de caer en trance sepa lo que de él esperan los investigadores. Cuando el Ego del médium no esté entorpecido por influencias ajenas, actuará fuera de la conciencia física con tanta seguridad como en los casos de sonambulismo, y sus percepciones objetivas y subjetivas serán de agudeza igual a las del sonámbulo, porque cuanto más sutil es el vehículo en que actúa el Ego, tanto más delicadas y agudas son sus percepciones.

Es fama que el órfico Epiménides estuvo dotado de santas y maravillosas facultades, entre ellas la de desprenderse de su cuerpo físico siempre y durante el tiempo que quería. Muchos otros filósofos antiguos tuvieron la misma facultad. Apolonio de Tyana podía dejar conscientemente su cuerpo físico en cualquier instante, y operaba fenómenos prodigiosos a la luz del día, como, por ejemplo, cuando en presencia del emperador Domiciano y de multitud de circunstantes se desvaneció de repente, para aparecer, al cabo de una hora, en la gruta de PUTEOLI. Tampoco necesitó de nadie el taumaturgo pitagórico EMPEDOCLES DE AGRIGENTO, para resucitar a una mujer, ni exigió condiciones preestablecidas para desviar una tromba de agua que amenazaba caer sobre la ciudad. Estos teurgos eran magos, y por esto podían obrar a voluntad semejantes prodigios a que no hubieran alcanzado si tan sólo fuesen médiums.

De la propia suerte, no le era necesario a SIMÓN EL MAGO ponerse en trance para elevarse por los aires en presencia de multitud de testigos, entre los que se hallaban los apóstoles. Como dice PARACELSO:

«No requieren estas obras conjuros, ni ceremonias, ni formación de círculos, ni quemas de incienso. Es tal la alteza del espíritu humano, que no acierta a expresarse con palabras. Si comprendiéramos debidamente hasta dónde alcanza su poder, nada nos sería imposible en la tierra. Inmutable y eterno es, como Dios, el espíritu del hombre. La imaginación se educa y robustece por la *confianza en nuestra voluntad*. La confianza debe confirmar la imaginación, porque establece la voluntad.»

Este poder sobre los «daimones» o «elementales» constituye la *Dhakshini-Vidhya* oriental propia del verdadero Adepto que antes ha hecho «el Gran Sacrificio» de su personalidad o *Dhakshini-Mukha*. El gran filósofo SCHOPENHAUER jamás dudó de estas cosas en su *Parerga* y *Paralipómenos* y relacionados íntimamente con todas estas cosas, están los absurdos cuentos de CHRISTOPHER, SCHEZER y KIRCHER (*Oedipus Aegyptiacus*), los *Dragones*, de PETRARCA, del cuadro de SIMÓN DE SIENNE en Nuestra Señora de Avignon, y cuantos «dragones» míticos examinamos en nuestra obra *El simbolismo de las religiones del Mundo*. Semejantes misterios son abiertos por la llave maestra de la Iniciación; pero también pueden ser momentáneamente entreabiertos por la ganzúa de los estupefacientes, tantos los de antiguo conocidos, como el *peyolt*, acerca del cual dice hoy una revista médica:

«La planta que maravilla los ojos y encanta los oídos la ha descubierto un farmacéutico francés. Es un pequeño cactus sin espinas, cuyas entrañas alcaloides provocan una vivísima excitación de la imaginación subconsciente, exteriorizada por una especie de embriaguez visual, que produce algo semejante al soñar despierto y transforma los sonidos en imágenes coloridas o iluminadas. Los indios *huichols*, de Méjico, consideran el *peyolt* –que así se llama esta planta– como cosa sagrada; mastican la vulva durante las fiestas rituales y se procuran así un éxtasis maravilloso.

»No se trata de una fantasía; la planta, con todas sus sorprendentes propiedades, existe; el sabio Dr. RUHIER ha extraído de ella la sustancia maravillosa solamente con fines científicos; el profesor EMILE PERROT teme que venga a aumentar los estragos de la cocaína, la morfina y la feronia, y, a demanda del primero, al abogado EDOUARD TERCINET pide al Tribunal de Comercio la prohibición de industrializar y comerciar con el fruto de los estudios del Dr. RUHIER.

»No se sabe aún si los efectos de la planta son muy tóxicos y pudieran ser parecidos a los del tabaco, aunque no beneficiosos para la salud. No siendo de la Tabacalera no matan de pronto.

»Sí, por fortuna para la Humanidad, fuese el *peyolt* inofensivo o, por lo menos, poco tóxico, ¿qué descubrimiento podría compararse con el de su magia? ¡Convertir los sonidos en imágenes brillantes, ahora que caminamos por las calles aturdidos por las invencibles bocinas de los automóviles! ¡Trocar en coloridos museos las reconvenciones de los jefes, la voz de la suegra, el llanto nocturno del bebé, la reclamación de una deuda, los discursos de Pradera y las felicitaciones de Pascua!

»Entre la poesía (la poesía antigua, no la desprovista de metro y cadencia), que convierte en imágenes los sonidos, nuestra vida podrá deslizarse completamente feliz. Caminar en éxtasis, rodeados de un silencio profundo, envueltos en oleadas de colores –como el nimbo de los santos y el halo de los luceros que brillan en la noche sin luna–; llevar en las pupilas toda la gama del arco iris y teñir con ella los estúpidos e insultantes bocinazos que nos acosan y persiguen; ver con los matices de RUBENS o de TICIANO las palabras de las mujeres, y soñar, como soñaría MURILLO, en vez de soportar el aguardentoso altavoz del vecino de aliado y el carraspeo antipático de la gramola del de arriba.

»Muchos progresos debe el siglo a la química, y no nos dejarán mentir los caballeros maduros sin una cana y las damas provectas de mejillas de rosas y labios de coral; pero como este del *peyolt* ninguno: con sólo naturalizar los glaxones, el gramófono y la *radio*, ese farmacéutico ha conquistado la inmortalidad.

»¡Poetas, escultores, pintores: dedicadle una estatua!»

Suena, en fin, en labios del buen Conde, una terrible revelación: «¡*Hay que hacer una gran Renunciación antes de recibir el don de Sabiduría; hay que renunciar al sexo, al reciproco e indeclinable lazo que liga a una mitad del género humano con la otra mitad, y que es la sacrosanta ley que nos ha traído a este mundo de miserias*!». Sobre esta durísima renuncia por los «Prudentes» o Sabios hermanos cabalistas del Conde, dice, por su parte, nuestra Maestra, en párrafo antes citado y que ahora completamos: «Obras como la del *Conde de Gabalis* tienen que ser analizadas esmeradamente, mostrando el verdadero carácter trascendente de sus veladas enseñanzas, pues de lo contrario, se les haría servir como ariete para derribar a aquellas otras que no toman el estilo humorístico para hablar de cosas misteriosas, sino sagradas del todo. Más verdades se dicen en la tal sátira, llena de hechos eminentemente ocultistas y reales de lo que la mayoría de las gentes, y especialmente los espiritistas, pueden figurarse. Se ha dicho que la Magia blanca salvadora difiere muy poco de las necromantes prácticas de la Hechicería, excepto en los efectos, consistiendo todo en si es buena o mala la intención. Muchas de las reglas y condiciones preliminares para entrar en las sociedades de Adeptos, ya de la *Derecha* ya de la *Izquierda*, son idénticas también en muchas cosas. Por eso dice Gabalis al autor: «Los *Sabios* jamás os admitirán en su sociedad si no renunciáis antes a una cosa que no puede permanecer en competencia con la Sabiduría: o sea, *a tener relación carnal con las mujeres*». Esto es condición *sine qua non* para los ocultistas prácticos, ya sean *rosacruces* o *yoguis*, pero también lo es para los *dugpas* y *tadús* del Bután; para los *wodús* y *nagales* de Nueva Orleans y de Méjico, pero con la cláusula adicional para estos últimos de mantener relaciones carnales con *dijins perversos*, *elementales* o *demonios*, llámense como se quiera, súcubos e íncubos, en prácticas de la más perfecta Magia Negra.

Esto nos lleva de la mano a lo que es objeto de la nota siguiente, o sea, al comercio carnal con las entidades invisibles que en mala hora preconiza Gabalis, e hipócritamente cree el abate VILLARS, tras el disfraz de sus pretendidas ironías de «espíritu fuerte».

CHARLA SEGUNDA

El buen Conde quiso darme toda la noche para que pudiera consagrarla a la oración, y al día siguiente, al amanecer, me comunicó por un volante que vendría a buscarme hacia las ocho de la mañana, para, si bien me parecía, dar un paseo juntos. Esperé y llegó, en efecto. Después de recíprocos cumplimientos, él me dijo:

–Vamos a cualquier sitio donde podamos estar completamente libres, sin que nadie interrumpa nuestra conversación.

–En tal caso, a Ruel, que me parece sitio bastante agradable y solitario –le dije.

–Vamos allá, pues –respondió.

Montamos en carroza. Durante el camino fuí observando a mi nuevo maestro. Jamás he visto en persona alguna un aire tal de satisfacción como el que brotaba de todos sus modales. Parecía tener el espíritu más tranquilo y más libre de lo que yo presumía debía tener un hechicero. Todo su aspecto era el de un hombre a quien su conciencia nada negro podría reprocharle, y, por mi parte, sentía la mayor impaciencia de verle entrar en materia, no alcanzando a comprender cómo un hombre que me parecía tan sensato y perfecto en todo, tuviese el espíritu tan plagado de visiones, según ya el día anterior había podido juzgar. El me habló, magistralmente, de política, y quedó encantado al oírme que había yo leído a PLATÓN.

–Tendréis necesidad de todo eso algún día –me dijo–. Mucho más de lo que buenamente os figuráis, y, si hoy logramos ponernos de acuerdo, no es imposible que algún día pongáis en práctica las máximas de tan sublime sabio.

Llegamos a Ruel y nos encaminamos hacia su jardín, cuyas bellezas no se dignó siquiera admirar el Conde, encaminándose en derechura hacia el laberinto y, viendo que nos encontrábamos tan solos como podía desear, me dijo, levantando los ojos al cielo:

–Yo ruego a la eterna Sabiduría que me inspira, que me permita no ocultaros nada de sus verdades inefables. Cuán feliz os podréis considerar, hijo mío, si Ella se digna despertar en vuestra alma las disposiciones que estos altos misterios exigen en vos. Vais a aprender, en efecto, a dominar a la Naturaleza entera. Dios sólo será vuestro Maestro, y únicamente los Sabios serán vuestros iguales. Las Inteligencias supremas tendrán a gala obedeceros en vuestros menores deseos. Los Demonios no se atreverán a presentarse allí donde vos estéis, y vuestra voz los hará temblar en las simas del abismo. Todos los habitantes, en fin, del Mundo invisible, que moran en los cuatro elementos naturales, se sentirán dichosos siendo los Ministros de vuestros caprichos. Yo os adoro, ¡oh, gran Dios!, viendo que habéis coronado al hombre con una tal gloria, estableciéndole como Soberano de todas las obras de su Mano creadora. ¿Sentís despertar en vos, hijo mío –agregó, volviéndose hacia mí–, esa ambición heroica que es la prenda segura de los Hijos de la Sabiduría? ¿Os atrevéis a desear ardientemente no servir sino a Dios sólo y de rechazar, sobre todo, aquello que no es Dios? ¿Habéis alcanzado a comprender, por ventura, la cosa tan excelsa que es el Hombre? ¿No sentís ya el enojo de veros esclavo, pudiendo y debiendo ser el Señor...? Si, pues, sentís despertar en vos tan nobles pensamientos, según no permite el dudarlo vuestro horóscopo, reflexionad maduramente acerca de si tendréis el valor y la fuerza suficientes para renunciar por siempre a cuantas cosas puedan constituir un obstáculo al logro de la elevación para la cual estáis destinado de nacimiento.

El Conde, una vez dicho esto, se detuvo; miróme fijamente cual si esperase una respuesta, o, más bien, cual si quisiera leer en mi corazón. Por mi parte, si ansioso esperaba el comienzo de su discurso, mucho más ansiosamente desesperaba por sus últimas palabras. La palabra *renunciar* me aterraba, pues empezaba a temer que fuese a proponerme renunciar al Bautismo o al Paraíso. Así, me sentía perplejo, no sabiendo cómo salir de semejante atolladero.

–¿Renunciar, decís, señor? Pero ¿a qué cosa es a la que hay que renunciar previamente? –le contesté al fin.

–Ciertamente que hay que hacer una gran renunciación. Es preciso de todo punto comenzar por ello, cosa a la que no sé si os atreveréis, porque yo sé bien que la Sabiduría no mora en un cuerpo sujeto al pecado, como no penetra tampoco en un alma dominada por la malicia o el error. Los sabios, entendedlo bien, jamás os admitirán en su excelsa compañía, si no renunciáis de buenas a primeras a una cosa que es absolutamente incompatible con la Sabiduría. *Es necesario* –agregó, bajando la voz y hablándome al oído–, *es de todo punto preciso renunciar a todo comercio carnal con las mujeres...*

Ante tan peregrina proposición, solté la carcajada.

–Os habéis preocupado, señor –exclamé–, por bien poca cosa. Yo esperaba de vos más bien que me propusieseis alguna otra inaudita renunciación. Pero, puesto que es sólo a las mujeres a las que hay que renunciar, la cosa ya está hecha muy de tiempo ha. Soy suficientemente casto, a Dios gracias. Sin embargo, señor, como SALOMÓN fué bastante más sabio de lo que nunca yo pudiera soñar con ser, a pesar de lo cual su sabiduría no le impidió dejarse corromper por las mujeres, dignaos decirme, si os place, qué expediente o procedimiento empleáis vosotros, los Prudentes, para prescindir del sexo opuesto, y qué inconveniente puede haber para que en el Paraíso de los filósofos tenga una Eva cada Adán.

–Me exigís harto grandes cosas –replicó, como consultando consigo mismo la respuesta–, y pues que vos os desprendéis de la mujer sin esfuerzo, os diré una de las razones que han obligado a los Sabios para exigir tamaña condición a sus Discípulos, y conoceréis, por consecuencia, en qué supina ignorancia viven todos cuantos no son de nuestro número [5].

[5] Henos llegados en esta nota al punto fundamental, al momento *crítico* de la obra de VILLARS, y también de nuestra conformidad como teósofos con algunos puntos de ella, y *nuestra completa disconformidad y oposición* con ella, en otros.

El estado de esclavitud sexual en que el hombre, como la mujer, se encuentran durante su vida en la Tierra, es cosa que no puede menos de maravillar al filósofo. Sacudir semejante esclavitud, por otra parte bendita, pues que al sexo debemos la salud y la vida, es, seguramente, el problema de los problemas, y por desentenderse de ello o entenderlo mal los legisladores, se producen los infinitos males que gravitan sobre el mundo, guerras quizá, inclusive.

El *trilema* del sexo es claro: al sexo, o se le obedece, o se le trasciende, o se le pervierte, según hemos dicho en nuestra obra *La Dama del Ensueño;* pero casi todos los que pretenden trascender su imperativo categórico, en lugar de trascenderle, suelen pervertirle. En este último caso se encuentran cuantos, tomando al pie de la letra el simbolismo de la llamada «clave sexual del Misterio», le aceptan en su muerto sentido de «unión sexual mágica» con entidades «astrales» o de los Elementos, como pretende y cree VILLARS, aunque poniéndolo hipócritamente en labios del buen Conde de Gabalis.

Venimos a este mundo por causa del sexo, y nuestra titánica Prueba en aquél gira toda en torno de éste. Si seguimos la vía fisiológica trazada por la Naturaleza e interpretada mejor que por legislación alguna por la aria primitiva del Código del Manú, del amor pasamos al matrimonio, y de éste a los hijos y a todos los cuidados y luchas del Drama de la Vida, que el vulgo encierra en la poética frase de «criar los hijos». Si seguimos en ello, en cambio, la vía patológica, o hemos de buscar «la dulce y amarga fruta del cercado ajeno», con grandísimos peligros morales y sociales, o dar triste óbolo a la lacra social de la prostitución, que luego, hipócritamente, queremos con el «abolicionismo» combatir, o constituir «hogares anormales», que son mera falsificación de los legítimos, que la ley ampara en honor a los consortes y a sus frutos, o vivir al día en medio de aquel «mariposaje» de que hablan los sansimonianos, o, sin contar, quizá, bien con nuestras fuerzas, nos lanzamos a la grave aventura de los acaso incumplibles ascetismos, ora el de los «celibatos oficiales», sobre los que tanto había que decir, ora el de un celibato cual el que se dice es exigido como condición indispensable de la «superación» que aquellas magias, negra y blanca, procuran.

Harto más racional y sabia, según Natura, es la doctrina brahmánica, que sólo considera completo al hombre trino, constituido por sí, por su mujer y por su hijo, y que exige, como condición precisa para no consideramos fracasados en esta existencia terrestre, el haber plantado un árbol (símbolo de la producción que hemos de dar a la sociedad); engendrado un hijo (símbolo de la reproducción con la que hemos de contribuir también a la social continuidad de la especie sobre la Tierra), y escribir un libro (es decir, tener y luchar por defender una doctrina trascendente, por encima de la vulgaridad animal de nuestros terrestres vivires). La *renuncia*, pues, que plantea como algo indispensable el Conde de Gabalis antes de continuar en sus revelaciones, no es sino la supresión de ese nudo de la vida humana, constituido por el sexo en nuestras edades *centrales*, anticipando anormalmente la edad senil en que un hombre virtuoso, por fuerza ha de verse libre ya de la cadena del sexo, para poder preparar filosóficamente «su tránsito», con aquel ascetismo moral y físico que la retirada del brahmán al bosque después de cumplidos aquellos deberes sociales o físicos, supone. ¿Qué prisa hay por anticipar unos años la recogida de un fruto de ascetismo que habremos de saborear en edad avanzada, si a ella llegamos como premio a nuestras virtudes?

Pero no el fruto de la aberración psíquica, el verdadero «placer solitario» que entraña el «comercio» con los habitantes de los Elementos que preconiza Gabalis, como pronto veremos.

Vayan por delante, pues, estos nuestros aforismos sobre el sexo, que diéramos en otro trabajo:

I. – La primera concepción trascendente que podemos adquirir del Cosmos como un todo orgánico, se cifra en el problema filosófico del Sexo. Todo en el Universo es luminoso o tenebroso, activo o pasivo, es decir, «masculino» y «femenino», y de aquí estos dos sendos géneros de los seres y cosas en todas las lenguas sabias. Las tinieblas de la «luz sexual» o *luz astral* que PARACELSO diría, son el género neutro.

II. – La simbólica «Caída de los Ángeles» de las teogonías, fué la caída de la Humanidad en el sexo. Primitivamente, los hombres eran asexuados, según las viejas Teogonías, como asexuadas son las plantas llamadas criptógamas, y bisexuados o andróginos como los dioses y la mayoría de las plantas luego. Llegaron entonces los hombres, dice PLATÓN, en el *Banquete*, a tal grado de saber y poderío, que los dioses, envidiosos, los dividieron en sexos, cuyas recíprocas mitades se buscan siempre, sin unificarse nunca. Desde entonces, la Naturaleza parece burlarse de nosotros, impía, pues que de la unión de los sexos opuestos no nace la identificación o mixtificación anhelada, sino *el Ternario*, el hijo, con arreglo a la picaresca poesía de VÍCTOR HUGO, que en el *lied* de *Rosamunda*, instrumentado por RENÉ CHANSAREL, canta:

Il était une fois
Un jardin, et j'y vis madame Rosemonde;
L'air était plein d'oiseaux les plus charmants du monde.
Quelle ombre dan s les bois!

Il était une fois
Un source, et j'y vins boire avec Rosemonde;
Des naïades passaient, et je voyais dans l'ombre
Des perles à leurs doigts.

Il était une fois
Un baiser qu'en tremblant je pris à Rosemonde,
–Tiens, regarde, ils sont deux –dit une nymphe blonde.
–Non –dit autre–, *ils sont trois!*

Natural es, pues, si el sexo es *caída*, que la superación filosófica, después de obedecido, sea la liberación, aunque no en el sentido necromante que apunta Gabalis.

III. – Pero en esta misma *caída* en el sexo, que es nuestra crucifixión en la vida, se cifra también nuestra redención y glorificación futura al abandonar nuestra «pecadora» carne con la muerte, por aquello de que el punto de la rueda que más bajo cae, es luego el que más alto se levanta cuando, al marchar, describe su epicicloide evolutiva. Tal vez por ello dijo Jesús que en el Reino del Padre, los últimos serán los primeros, y que allí no viviríamos como tales hombres o mujeres, sino como Ángeles del Cielo, o sea por encima del sexo, y San Pablo añadió que estos mismos seres humanos, hoy así caídos, llegarían a ser los jueces y señores hasta de los ángeles del cielo, al tenor de aquel «imperio universal de los Sabios sobre todas las cosas y seres de la Naturaleza» a que alude Gabalis.

IV. – No conocemos hoy los vulgares o no iniciados medios legítimos de escapar al sexo, dentro de la Humanidad. Los que le obedecen fisiológicamente, sin impurificarle poniendo al servicio del sexo animal los divinos dones de la imaginación creadora, son los hombres propiamente dichos. Los que, mediante leyes de buena magia –no los execrables y hechiceriles medios propuestos en *El Conde de Gabalis*–, leyes hoy desconocidas, o conocidas por muy pocos, lograron trascenderle victoriosos, son los superhombres, héroes, jinas o «conquistadores» de las viejas teogonías, y ex hombres o infrarracionales, cuantos le pervierten o prostituyen. Proverbial es, por eso, la maldad del eunuco; del que tiene hipertrofiada la glándula del timo como los criminales natos, y, en general, todos los de sexo aberrado de los que extensamente se ocupa hoy la ciencia de las secreciones internas o endocrinas[48].

48. Véase G. Marañón: *Los Estados Intersexuales en la Especie Humana*. Morata; Madrid, 1929. A. Lipschütz: *Las Secreciones Internas de las Glándulas Sexuales*. Morata; Madrid, 1928. J. Bauer: *Fisiología, Patología y Clínica de las Secreciones Internas*. Morata; Madrid, 1929. J.J. Barcia Goyanes: *La Vida, el Sexo y La Herencia*. Morata; Madrid, 1928. F. López Ureña: *El Misterio de la Vida*. Morata; Madrid, 1929. J. Noguera: *Moral, Eugenesia y Derecho*. Morata; Madrid, 1929. V. Aza: *Feminismo y Sexo*. Morata; Madrid, 1928. M. Ruiz-Funes: *Endocrinología y Criminalidad*. Morata; Madrid, 1929. E. Coutts: *El Deseo de Matar y el Instinto Sexual*. Morata; Madrid, 1929. E. Feyjóo: *Los Hombres de Vidrio*. Morata; Madrid, 1929. I.P. Pavlov: *Los Reflejos Condicionados*. Morata; Madrid, 1929. R. Nóvoa Santos: *El Instinto de la Muerte*. Morata; Madrid, 1927. J. Torrubiano Ripoll: Teología y Eugenesia. Morata; Madrid, 1929.

V. – ¿Magia buena en el sexo? Ello equivaldría a pretender conservar, por un lado, todos los rasgos de animalidad que el sexo entraña: por otro, todas nuestras humanas gallardías simbolizadas en el divino mito de Prometeo, y querer, además, alzarnos hasta los mismos dioses. Cabe, sí, en la ley de la Evolución, aquel dualismo humano-animal, causa de todas nuestras torturas de caídos: el dualismo cruel de la animalidad, que vamos abandonando, y la verdadera o pura Humanidad que al par vamos conquistando poco a poco. ¿Cómo intentar el agregar a semejante dualismo una tercera evolución superhumana sin que el primitivo animal, la *Bestia Ladradora* de la leyenda del *Baladro, de Merlín*, haya muerto previamente en nosotros? Pretenderlo, como se pretende por las «ciencias secretas» y las uniones «sabias» con los entes de los Elementos, del *Conde de Gabalis*, es querer abrir la celeste Puerta del Misterio con traidora ganzúa. Tales «ciencias» son por ello, hemos dicho en otro lugar, la moneda falsa del verdadero Ocultismo asexual y redentor, o sea de esa Ciencia de ciencias trascendidas, cifrada, ante todo, en nuestro más sublime perfeccionamiento moral sexual, Ciencia que así ha de matar en nosotros a aquella simbólica *Bestia*, antes de que el superhombre, el «Niño-Dios», nazca en el pesebre de nuestra animal miseria.

VI. – El elemento propulsor de nuestros dichos tres estados evolutivos, es la imaginación creadora. Ella, por necesidad orgánica, nos inicia fisiológicamente en el anhelo sexual mediante hermosísimos ensueños premonitorios; ella, cuando es debilitada y corrompida por malos ejemplos, pésimas lecturas eróticas y otras múltiples patologías psíquicas, precipita a muchos hacia las más horribles aberraciones sexuales, entre éstas a «la de la inmortalización de sílfides, ninfas, salamandras o gnómidas» preconizadas viciosamente por el Conde de Gabalis. Trascendida, en fin, y vigorizada por una creciente fuerza de voluntad, aquella Imaginación creadora es la clave de la verdadera Magia, de esa Ciencia de la Virtud y esa Virtud de la Ciencia, que, al tenor del dicho de Pitágoras, Platón y Jesús, acaba por hacer de nuevo al hombre un verdadero *dios*, como los de las Teogonías. Por eso la radical latina de *virtus*, virtud, viene del *vir*, varón, y del *vis*, fuerza, ya que, en efecto, no se conoce fuerza mayor que la de ella sobre la Tierra.

VII. – El amor físico entre los sexos, refleja al místico Amor Ideal y sin Sexo, como refleja el lago a las estrellas del cielo; bien, cuando las ondas del tal lago no están agitadas por el tempestuoso oleaje de las pasiones, sino gozando de una serena tranquilidad fisiológica; mal, cuando esa antes tersa superficie se ve alterada bajo los impetuosos vientos pasional es que una aberrada imaginación provoca. Por eso estudiar la imaginación equivale a estudiar la raíz humana del sexo y de sus aberraciones. Por eso, también, se ha dicho, con gran acierto, que los artistas y los libertinos desnudan con la mirada, y por eso, en fin, en el animal, desprovisto casi de imaginación, sólo siente el celo amoroso cuando la misma Imaginación de la Naturaleza, la eterna *Hada-Primavera*, le impulsa a ello. En el hombre, pues, imaginación creadora y sexo son esencialmente antitéticos, los dos polos de la alta sexualidad y de la baja sexualidad, y por eso sus anhelos de espiritualidad y sus pasiones sexuales riñen, a lo largo de la vida, la terrible lucha que intuyó Espronceda cuando dijo:

> «En este mundo, para estar en calma,
> o sobra la materia o sobra el alma»,

y por eso, en fin, el maestro Pitágoras decía a sus discípulos: «No os entreguéis al sexo sino cuando os sintáis inferiores a vosotros mismos –cosa absolutamente opuesta a los delirios ‹inmortalizadores de Sílfides›, del Conde de Gabalis–; es decir, cuando el Velo de Maya o de Isis, creado por la pasión sexual, clame por sus fueros evolutivos reproductores». Acaso pudo también añadir el Adepto de Crotona: «No enaltezcáis jamás a tamaña ley animal del sexo empleando en ello –cual Gabalis– ese divino don de la Imaginación Creadora, porque realizaréis con ello el más perfecto acto de Magia Negra, haciendo que la principesca facultad humana imaginativa sirva a nuestra condición animal inferior, y no a la inversa, como aquellos insensatos jinetes de *El mundo al revés*, que llevaban el caballo a cuestas».

VIII. – Este es el crimen de toda la miserable ¿literatura? –la del *Conde de Gabalis* inclusive– enaltecedora, cuando no pervertidora, como esta última, de una función santa, de la que, como de las demás funciones naturales del organismo, no debiera hablarse nunca, exornándola con toda clase de galas, imaginativas o artísticas, como aquel artífice que cincela y modela con maestría el frontispicio de un sepulcro ostentoso donde los restos de nuestra animalidad se pudren.

IX. – El Sexo, como el Estado, como las religiones vulgares o exotéricas, como los profesionales todos: médicos, abogados, comerciantes, políticos, etc., es un *mal necesario.* De aquí la frase pitagórica antedicha.

X. – Por lo mismo que el sexo es una realidad –y realidad bien triste por lo atormentadora–, el supremo arte humano, insistimos, sería no hablar, ni por asomo, del sexo, sino en los tratados de Medicina, Sociología y sus afines. Además, el que siempre piensa en el sexo, al perderle kármicamente, corre gran peligro de pervertirle. Colóquense en el platillo de una simbólica balanza ciertas obras atribuidas a SALOMÓN y todas las de los griegos y romanos decadentistas. Síganse echando encima las de la literatura ulterior, con honrosas excepciones, empezando por el *Decamerón* de BOCCACCIO, los *Diálogos* del ARETINO, *la Celestina*, etc., etc.; para acabar echando en el platillo tantas obras alabadas –sólo merced a su estilo y su crudo realismo– por literatos y Academias. Echense, en fin, en el platillo opuesto las obras literarias verdaderamente supersexuales e idealistas... ¡La posición del fiel de la balanza marcará lo horrible, lo alarmante de nuestra sexual caída!

XI. – Quien se deleita en pensamientos sexuales; quien, grosero, habla siempre de cosas íntimas del sexo, como quien, por aberración imaginativa, se entrega patológicamente o con exceso al sexo, corre gran peligro de acabar perdiéndole.

XII. – *Lujuria*, en su etimológico sentido, no es el acto fisiológico sexual, pues que *lujuria* viene de «juego» y de «lujo», es decir, de las morbosas excitaciones que el lujo y la ociosidad provocan en la imaginación de entrambos sexos: en la de la mujer, cuando, para más agradar, se atavía con exceso; en el hombre, cuando, engalanada, la contempla, contra aquel precepto salomónico que reza: «¡Aparta tus ojos de la mujer ataviada para que no caigas en la tentación!», o aquel otro del Evangelio: «quien mira con ojos de delectación a la mujer de otro, ya cometió adulterio con ella en su corazón». De aquí también la eterna castidad del *desnudo* estatuario en la Venus de MILO, de GUIDO, de FALERO o de MÉDICIS en el Apolo de BELVEDERE, etc. La imaginación, anormalizada por los afeites y atavíos y demás medios con que se la excita, engaña siempre con lo que deja adivinar, y no muestra, por aquello que se ha dicho de que la privación es causa del apetito. El famoso suplicio de Tántalo no nació de lo que se cree, sino del lujo, y un ilustre escritor decía, a propósito de ello: «Si la mujer mantiene el culto presuntuoso y egoísta de su propia belleza, no puede ocuparse sino de esto. Madame de Castiglioni, que se adoraba a sí propia como Narciso, pasó la mayor parte de su vida meditando en cómo perfeccionaría más aún las facciones de su rostro y las líneas de su cuerpo». «La historia de las mujeres que se hicieron célebres por su hermosura demuestra harto claro que esta misma hermosura las sometió a una verdadera y molestísima esclavitud, que ni por asomo puede compararse con las más cómodas, no menos atractivas y actuales exigencias para conseguir agradar –añade, al comentario, SALOMÉ NÚÑEZ TOPETE–, y a toda belleza femenina, belleza proclamada, le corresponde la limitada misión de considerarse algo así como un espectáculo. Mientras que una elegante es doblemente fácil que sea, al mismo tiempo, una intelectual, una activa, una incansable, una desinteresada, una gran mujer, en fin, que no se acomodaría nunca a que se la dijese: «tu cabeza es hermosa, pero sin seso»... Resígnense, pues, las «bellísimas» a esta quiebra universal del tipo ideal de antaño: aquellas damas, célebres únicamente por su rostro. Los mismos pintores no buscan ya los modelos «muy bellos», sino los «muy interesantes», y otro sutil literato expresa a todas que, si bien es imposible adquirir la hermosura del rostro, en cambio no lo es el hermosear el porte, la indumentaria, el trato, la conversación, la fuerza observadora, la fina voluntad, en suma, la belleza femenina está casi derrotada por las aspiraciones de bastantes mujeres modernas y por la indiferencia de numerosos hombres, más modernos aún».

XIII. – El sexo, en Matemáticas, está representado por las cantidades positivas y negativas –las imaginarias son *el lujo*–; en Mecánica, por la materia y la fuerza inteligente que la informa y fecunda; en física, por los flúidos eléctricos opuestos; en Química, por los metaloides y los metales, los electrones y los iones; en Biología, por los hidrógenos y los oxidrilos, en los que el agua se descompone, y también por el anfiaster, que determina la cariocinesis de la célula; en fisiología, por el espermatozoide y el óvulo; en Astronomía, por los soles dobles, pares conjugados, cual lo está también la Luna con la Tierra y los planetas con el Sol; en las luchas de la Historia, por los vencedores militares y los vencidos, más cultos que ellos casi siempre, y que suelen acabar por dominarlos... En todo cuanto nos rodea, en fin, el sexo está simbolizado en lo activo y lo pasivo; el arado y la tierra; la llave y su cerradura; la aguja y la tela; el tornillo y la tuerca; lo envolvente y lo envuelto; el árbol y el suelo que lo sustenta, etc., etc.

XIV. – El sexo, en todos los seres vivos, es una organización yuxtapuesta, perfectamente parasitaria del organismo, sobre el que radica, para asegurar con él y con su contrario la continuidad de la especie. El espermatozoide y el óvulo, característicos en una u otra forma a todos los seres organizados, no son sino el límite supremo al que llegan las sucesivas fragmentaciones o cariocinesis de la célula que ya no puede segmentarse más, esterilizada o imposibilitada como lo está ya para una segmentación ulterior por la índole química de sus respectivos jugos protoplásmicos. Mirados, pues, desde el punto de vista cariocinético, entrambos representan a *la Muerte*, y, sin embargo, por eso mismo también, al conjugarse, generan, por sus propias virtualidades, *la Vida.* Todo ello, acaso, fué simbolizado en el mito egipcio del *anfiaster* de Isis-Osiris, y las cromosomas nucleares son la verdadera *serpiente* Tifón que, si bien divide al *anfiaster*, es también cortada en pedazos o *muerta* por el fenómeno cariocinético del *anfiaster* mismo.

XV. – Amor y Muerte –el *Morsamor*, de VALERA–, parecen sinónimos conjugados, *pero el Amor es más fuerte que la Muerte*, porque *es la Vida.*

XVI. – El estado de civilización de un pueblo, y su cultura, no se mide por nada mejor que por la altura moral e intelectual de sus mujeres, y por el modo también cómo las consideran los hombres.

XVII. – El hombre hace a la mujer, y la mujer, al hombre. Dime a quién amas y cómo amas, y te diré quién eres.

XVIII. – El problema de los clericalismos, falsos misticismos, frivolidades y egoísmo femenino, no es sino el justo karma o retribución de los abandonos del hombre y de la falta de convivencia de los dos sexos, dentro del pie de igualdad más perfecta, ya que antes son «seres humanos» uno y otra, que hombre y mujer, respectivamente. La iglesia hace al casino y el casino a la iglesia, dicha sea esta última, no en el sentido religioso, sino en el de recinto, en que tantas tristes y abandonadas damas buscan, no devoción, sino pasatiempo.

XIX. – Corren gran peligro de perder o pervertir el sexo los que siempre están pensando en él o hablan constantemente de sus avasalladores placeres. Por eso la mala literatura llamada «pornográfica» va directamente contra el sexo mismo, bajo pretextos de un arte naturalista, que nada tiene de Arte, ni de Verdad tampoco.

XX. – Si admitiésemos el cristianísimo aserto de *La sonata a Kreutzer*, de Tolstoy, relativo a que los deberes de fidelidad son idénticos en la mujer que en el hombre, cambiaríamos por completo las caducas bases de nuestra sociedad actual. Pero en esto tienen la palabra los biólogos, al par que los moralistas. Sin embargo, las grandezas de la monogamia y del hogar tradicional ario, sancionado en el primitivo Código del Manú o *Manava-Dharma-Shastra*, parecen constituir el más alto ideal humano –no la tendencia animal contraria que llamó «mariposaje» un conspicuo precursor del comunismo contemporáneo–, y sabio alemán ha habido que ha escrito ocho gruesos volúmenes para llegar a esta misma conclusión, porque, de todos los males del sexo, no brota más planta de redención que ese hogar fecundo, enaltecido por todas las religiones por lo mismo que es ara de todos los redentores sacrificios, no obstante lo cual estas mismas han producido desgraciadamente en su seno, más de una vez, lo que gráficamente podríamos llamar «el microbio destructor del hogar mismo».

XXI. – Como la clave sexual es, se dice, la más inferior del Misterio que nos rodea, todo lo del sexo tiene algo siempre de *iniciación*. Pero la Naturaleza no conoce sino dos modos de obrar para iniciamos a los seres humanos: la evolutiva y la revolucionaria; la fisiológica y la patológica. Por eso las víctimas más aparatosamente fracasadas en el proceloso mar del sexo suelen ser las que, antes y después de la pubertad, han recibido la influencia letal de esas doctrinas que creen resolver el problema del sexo extendiendo, como dice Freud, un velo de misterio que le hace precisamente más seductor y apetitoso. No. Al niño y niña, desde la más tierna edad, no se les debe mentir en ello ni en nada. El educador cumple su misión con darles siempre la verdad seca, suave, sin galas ni incentivos, en la certidumbre de que las verdades sexuales, dadas con levantada decencia, resbalarán sobre las mentes infantiles aun no preparadas, como resbala el agua por la roca. Más de una vez se ha criticado con este motivo al confesonario porque suele invertir los términos del problema al *preguntar sobre el sexo* precisamente cuando, como educador que es, al decir de sus partidarios, debería limitarse a *contestar* tan sólo en la sabia forma de amorosa lealtad que el niño y el adolescente tienen derecho, el más perfecto, a exigirnos... «¿Quién de vuestros hijos os pedirá pan y le daréis solamente una piedra?», que el Evangelio ha dicho.

XXII. –El Amor es lo desconocido. Por eso la Divinidad, que es supremo Amor, es también lo supremo Incognoscible... ¡Bendito sea, pues, todo cuanto restituya al sexo sus legítimos fueros, y maldito cuanto le aparte, bajo cualquier engaño, de la senda natural, hoy para él trazada, y que es tan opuesta a la apuntada por Gabalis, como el Amor lo pueda ser del Odio!

Los aforismos precedentes es lo que nuestro escaso saber nos enseña respecto del Gran Problema, en contra de cuantas «aberraciones» o «desviaciones» opone la desdichada Humanidad siguiendo o no siguiendo al bueno de Gabalis, y que creemos de perfecta actualidad en nuestros días, que parecen los negros días del *Kali-Yuga* ario, al que alude KRISHNA en su célebre diálogo con Maitreya en el *Vishnú Purana*, diciendo:

«Habrá entonces en la Tierra monarcas de ruin espíritu, genio violento, perversos y mendaces, que harán dar muerte –¡recuérdese el reciente espectáculo de la Gran Guerra!– a las mujeres, a los niños y a todos los animales domésticos. Ellos arrebatarán la propiedad a sus súbditos y a todos; *se dirigirán a las esposas de otros...* pero su poder se verá limitado; sus vidas serán cortas y sus deseos insaciables... Gentes de varios países, mezclándose con ellos, seguirán su funesto ejemplo, y el pueblo perecerá, pues que los *mlechchhas* o ‹bárbaros› serán los señores y los *arios* o ‹puros› los avasallados... La riqueza y la verdadera piedad disminuirán de día en día, hasta que el mundo llegue a depravarse por completo, porque entonces, tan sólo la propiedad conferirá el rango; la riqueza resultará ser la única fuente de devoción y mérito; la pasión, el único y transitorio lazo entre los sexos; la falsedad y falta de honradez, el único medio de éxito en las luchas de la vida y por la subsistencia; la debilidad, causa de supeditación en lugar de merecer protecciones... Entonces la amenaza y la presunción sustituirán a la verdadera sabiduría; sólo quien derroche se verá estimado; la riqueza dará reputación de virtud; las vestiduras y demás exterioridades, la única consideración de dignidad... Los elegidos, no pudiendo soportar más corveas y humillaciones, *se refugiarán en los valles...* y de este modo, en la triste edad del negro

Kali-Yuga, la decadencia continuará más y más en el mundo, hasta que la raza humana entera se aproxime a su destrucción... Cuando el fin de la edad Kali esté próximo, descenderá sobre la Tierra una parte de aquel Sér divino que existe de su propia naturaleza espiritual, un *Kalki-Avatara* dotado de las ocho facultades supremas, y las mentes de los hombres por él despertados serán tan diáfanas como el cristal, constituyendo la semilla de otra raza que seguirá las leyes de la edad Krita o de la Pureza –la perdida Edad de Oro– que así volverá a reinar...

Cuándo estéis ya incorporado a las filas de los Hijos de los Filósofos y vuestros ojos se hayan fortalecido con el uso de la santísima Medicina o Elixir de Vida, descubriréis desde el primer instante que los elementos de la Naturaleza están habitados todos por criaturas muy perfectas y cuyo conocimiento y comercio con ellas ha sido, desgraciadamente, impedido por el pecado de Adán a esta su desdichadísima posteridad. El inmenso espacio que media entre la Tierra y los Cielos, tiene habitantes harto más nobles que las aves y los moscardones; esos tan vastos mares, cuentan con moradores bien superiores a las ballenas o los delfines; las profundidades de la Tierra, no están creadas para los topos solamente, y el elemento del fuego, más noble que los otros tres, no ha sido hecho para permanecer inútil y vacío.

El aire está poblado de una innumerable multitud de gentes de figura humana, un poco terribles en apariencia; pero docilísimos, grandes aficionados a las ciencias, sutiles, solícitos en extremo para con los Sabios y enemigos de los ignorantes cuanto de los fanfarrones. Sus esposas y sus hijas son de una belleza extremada, tal y como se pinta a las amazonas.

–¿Cómo, señor? –exclamé–. ¿Es que quiere convencerme de que esos trasgos y duendes del más allá están casados?

–No os escandalicéis, hijo mío, por tan poca cosa. Creedme. Todo cuanto os digo es positivamente verdadero. Ello constituye la base de la antigua Cábala, y vos lo comprobaréis bien pronto con vuestros propios ojos. Pero recibid con docilidad de espíritu la luz que Dios os envía por mi mediación. Olvidad cuanto podáis haber oído hasta aquí sobre estas materias en las escuelas de los ignorantes hacia los cuales sentiréis un día el mayor desdén, cuando os hayáis convencido por propia experiencia y os veáis obligado a reconocer que estabais llenos de prejuicios sobre tan sublimes asuntos.

Escuchad, pues, hasta el fin, y sabed que los mares y los ríos están habitados, lo mismo que la atmósfera. Los antiguos Sabios han denominado Ondinas o Ninfas a esta especie de pueblos. Ellos engendran pocos varones, pero las hembras son muy numerosas entre ellos, y su belleza es tan excelsa, que las hijas más hermosas de los hombres resultan feas a su lado.

La tierra está llena casi hasta su centro de Gnomos, gentes de pequeña estatura, fieles guardianes de los tesoros, de las venas de metales preciosos y de la pedrería.

Ellos son ingeniosos, amigos del hombre y fáciles de manejar.

Ellos suministran a los Hijos de la Sabiduría cuánto dinero les es necesario, y no piden más premio por sus servicios que la gloria de ser mandados por aquéllos. Las gnómidas, sus mujeres, son pequeñitas, pero harto agradables de ver, y sus vestidos curiosísimos.

En cuanto a las Salamandras, habitantes inflamados de la región del fuego, son serviciales con los filósofos; pero ellos no buscan con excesivo interés su compañía, y sus hijas y esposas se dejan ver muy raramente.

–Tienen para ello sobrada razón –interrumpí–, y yo les dispenso de que se me aparezcan.

–¿Por qué? –preguntó el Conde.

–Porque, ¿qué sacaría, señor, de conversar con unas tan feas bestias como las Salamandras, machos o hembras?

–Estáis equivocadísimo –replicó el Conde–. Esta es una falsa idea de pintores y escultores ignorantes. Las Salamandras hembras son bellas, las más bellas de todas, pues que están formadas de un elemento purísimo. De ello no os voy ahora a hablar ni a hacer sucinta relación de tal pueblo, porque le habréis de contemplar vos mismo, muy a vuestro sabor. Veréis sus vestidos, viviendas y costumbres; su policía y sus leyes admirables. Quedaréis encantado de la belleza de su espíritu, más aún que de la de sus cuerpos. Pero al mismo tiempo no podréis menos de lamentaros al verlos, cuando se os diga que todos ellos se sienten desdichadísimos, porque su alma es mortal, no inmortal como la nuestra, y que carecen, por tanto, de la esperanza de gozar eternamente de la presencia del Sér Supremo, a quien, sin embargo, conocen y adoran religiosamente. Ellos mismos os informarán de que, estando compuestos por las porciones más puras del elemento que habitan, y no teniendo en sus cuerpos cualidades contrarias, pues que están hechos de solo fuego, no mueren, sino al cabo de muchos siglos. Pero ¿qué son los siglos mismos comparados con la eternidad? Al fin les es forzoso retornar a la nada, de donde salieron, y semejante pensamiento les aflige tanto, que debemos hacer todo lo posible por su consolación [6].

[6] En el pasaje de referencia se da la enseñanza de la Cábala medieval respecto a estar poblados los Elementos por bellísimas entidades, que nuestra actual ceguera psíquica –«pérdida del tercer ojo de la Intuición u ojo del Cíclope», hoy atrofia-

do en la glándula pineal– nos impide percibir, aunque no por ello estemos libres de sus psíquicas influencias. «El pecado de Adán», o sea la caída de la Humanidad en el Sexo, es lo que efectivamente nos impide ver a tales Entidades. Ya lo simbolizó admirablemente WAGNER cuando, en *El ocaso de los dioses*, al preguntar Hagen a Sigfredo, antes de asesinarle por la espalda, si era cierto que entendía el lenguaje de las «Aves», Sigfredo respondió: «Desde que conocí el lenguaje de las Mujeres olvidé el de las Aves».

Pero ¿existen tales Pueblos invisibles?

«El hombre es presuntuoso, en proporción de su ignorancia –dice el sabio Mejnour a Glyndon en el *Zanoni* de Sir E. BULWER LYTTON–. Durante muchos siglos, en los mundos innumerables que centellean en el espacio, a manera de burbujas, en un océano sin límites, no vió más que luces... que la Providencia se había complacido en encender, con el único objeto de que la noche fuera más agradable al hombre... La Astronomía ha desvanecido esta ilusión de la vanidad humana, y el hombre confiesa ahora, aunque con repugnancia, que los astros son otros tantos mundos más grandes y más admirables que el suyo... Por doquier, la ciencia, en este plan inmenso, descubre nuevas vidas... Procediendo, pues, por rigurosa analogía, si no hay ni una sola hoja, ni una simple gota de agua que no sea, como la estrella más lejana, un mundo habitable y palpitante; más aún, si el hombre mismo es un mundo para otros cuerpos vivientes, y miriadas y millones de seres anidan en la corriente de su sangre, y habitan en el organismo humano, del propio modo que el hombre habita la Tierra, el sentido común (si nuestros sabios oficiales lo tuviesen) bastaría para enseñar que el ambiente sutil, infinito, al cual llamamos espacio, el medio ilimitado e impalpable que separa a la Tierra de la Luna y de los otros astros, está igualmente cuajado de entidades vivientes, relacionadas con dicho medio y adaptadas a él. ¿No es, acaso, un absurdo evidente, el suponer que una simple hoja rebosa vida, y que, sin embargo, la vida no existe en las inmensidades del espacio? La ley del Gran Sistema no permite el menor vacío, ni siquiera el de un átomo; no conoce tampoco ningún lugar en donde no aliente algún ser dotado de vida... Admitido esto, ¿puedes tú concebir entonces que el espacio, que es de suyo infinito, sea la única cosa vacía, la única cosa inanimada y menos útil al plan uniforme de la vida universal... que la poblada hoja o que la gota de agua en donde pulula un enjambre de seres vivientes? El microscopio te muestra los parásitos que habitan en la hoja; pero no se ha inventado todavía ningún telescopio, de tal potencia, que permita descubrir los seres más nobles y perfectos que pueblan los ilimitados espacios aéreos. Y, sin embargo, entre estos seres y el hombre, existe una misteriosa y terrible afinidad... Mas, para penetrar este velo, es preciso, ante todo, que el alma, con la cual atiendes, esté previamente penetrada de un vivo entusiasmo y purificada de todo mundano deseo... Preparada de esta suerte el alma, puede la ciencia acudir en su auxilio; la vista misma se hace más sutil; la sensibilidad, más exquisita; el ingenio, más penetrante y vivo, y el mismo elemento aéreo o etéreo, puede hacerse más palpable y diáfano, mediante ciertos secretos de la química más sublime. Esto, después de todo, no es *magia*, en el sentido que se figuran los escépticos, o sea un efecto de la ciencia que obra contra la Naturaleza, sino la que establece como su primer principio, que únicamente por medio de la verdadera Ciencia es como la Naturaleza puede ser dominada. Ahora bien: existen en el espacio millones de seres, *no precisamente espirituales*, porque todos ellos tienen, como los animáculos imperceptibles a simple vista, ciertas formas de materia, si bien esta materia es tan delicada, tenue y vaporosa, que viene a ser, a manera de una película, un vello que envuelve al espíritu... Y, con todo, estas razas difieren, a la verdad, completamente entre sí... unas de ellas, poseen un saber extraordinario; otras, tienen una horrible malignidad; unas son hostiles, como enemigos irreconciliables del hombre; otras benéficas, como mensajeros entre la Tierra y el Cielo... Entre los habitantes de los umbrales, hay uno, sobre todo, que excede en malignidad y en odio a los demás de su raza; uno cuya mirada arredra a los más intrépidos, y cuyo poder sobre el espíritu aumenta precisamente en proporción del miedo que él nos alcanza a inspirar.»

En términos de la ciencia positiva más escrupulosa, nada podemos oponer a tales posibilidades. Nuestra ciencia sólo conoce hoy un cierto número de vibraciones del éter, por encima, y por bajo de las cuales, nada puede hoy apreciar con los sentidos ni los aparatos. Una entidad que tenga en su «cuerpo» un índice de refracción, idéntico al del medio sólido, líquido, gaseoso o radiante en que viva, es, científicamente, invisible, aunque sea real; un sér que pase por el campo de nuestra visión, con velocidad de más de una décima de segundo, es también invisible; un sér, cuyo ángulo de visión marque menos de un segundo de arco, resulta invisible asimismo. Los propios niños, en sus primeras edades, ven menos de lo que se cree, sobre todo a distancia, cual si fuesen miopes.

Además, ¿qué cosa más lógica la de que la Evolución que ha creado «cuerpos» como los orgánicos, con los cuatro «elementos» o estados físicos, haya sido precedida por otras «de un solo elemento»?

«Los seres más inferiores en la escala evolutiva, dice BLAVATSKY, son aquellas criaturas invisibles llamadas ‹Elementarios› o ‹pueblos de los Elementos›, por los cabalistas. Hay tres clases distintas de estos seres. Los más elevados en inteligencia y sutileza, son los denominados ‹espíritus terrestres›, larvas, sombras o ‹cascarones› de cuantos, habiendo vivido en la Tierra, rechazaron toda luz espiritual; permanecieron y murieron profundamente sumergidos en el cieno de la materia, y de cuyas almas, el Espíritu inmortal se ha ido separando gradualmente. La segunda clase se compone de los antetipos invisibles de los hombres, que están todavía *por nacer...* La tercera clase es la de los ‹elementales›, propiamente dichos, que jamás llegan a convertirse en seres humanos, pero que ocupan, por decirlo así, un peldaño especial en la escala de los seres, y, comparados con los demás, pueden ser llamados propiamente ‹espíritus de la Naturaleza› o agentes cósmicos de la misma, estando cada uno de ellos confinado en su elemento propio, sin traspasar jamás el límite con los otros elementos. Éstos son los que TERTULIANO llamó *Príncipes de los poderes del aire.*»

«Con el auxilio directo de aquellos malvados demonios, dice PORFIRIO en su tratado *Sobre los demonios buenos y los malos*, es como se llevan a cabo las hechicerías... Estas últimas son el resultado de las operaciones de aquéllos, y los hombres que causan daño a sus semejantes, por medio de hechizos, rinden, en general, grandes honores a dichos demonios malvados y, especialmente, a su jefe. Estos espíritus pasan el tiempo engañándonos con multitud de prodigios estúpidos y falaces ilusiones. Su ambición es ser considerados como dioses, y su caudillo pretende que se le reconozca como el supremo dios». Éstos son, añade H.P. BLAVATSKY, los *diakka* a quienes «descubriera» en un rincón oscuro del *Summer land* o «Tierra de verano», el vidente espiritista norteamericano A.J. DAVIS, y de quienes dice: «Un *diakka* es un sér que experimenta loco placer en representar altisonantes papeles de toda especie; en hacer trampas; en personificar los más opuestos caracteres; un sér para quien las oraciones y las expresiones groseras tienen idéntico valor; apasionadísimo por las narraciones líricas y las patéticas descripciones...; moralmente, es un sér imperfecto, carente de todo sentimiento de justicia, de filantropía y de tiernos afectos. No tiene ni la menor idea de lo que los hombres llaman sentimientos de gratitud; lo mismo es para él el amor que el odio; su divisa, espantosa y terrible, se reduce a *Uno Mismo*, y el fin de toda su vida es una sublime anhelación».

En vista de esta última descripción de los demonios obsesores del hombre, y que son los agentes de los llamados «fenómenos espiritistas», se nos ocurre decir por todo comentario, ante el espectáculo de tremenda aberración moral que hoy domina en el mundo: ¡Cuánto diakka, cuánto demonio obsesor tremola victorioso en las psiquis contemporáneas! Verdaderamente que se ha cumplido ya aquella profecía del diálogo de Krishna y Maitreya que anteriormente transcribimos.

«Los elementos, añade aquella autora en otro lugar, son los ‹Progenitores› de nuestros sentidos físicos, especialmente el Fuego, el Agua y el Aire, que resultan ligados de un modo oculto con ellos. Estos sentidos pertenecen a una evolución o ‹creación› anterior, llamada *Pratisarga* en los *Puranas* (creación Secundaria, antes de la del Hombre). El ‹Fuego líquido› procede del ‹indefinido Fuego Oculto›, dice un axioma ocultista...». «En cuanto a los *Espíritus elementarios*, ellos son, propiamente hablando, las almas desencarnadas de los individuos depravados que han perdido, antes de su muerte, su divino Espíritu, y ya no pueden aspirar a la inmortalidad».

«Después de la muerte les llega a los malvados el momento crítico: Si durante su vida resulta infructuoso el postrero y desesperado esfuerzo que hace el yo interno o espiritual para reunirse con el rayo débilmente luminoso de su Padre divino; si se consiente que la espesa capa de materia impida más y más el paso de este rayo, el alma, una vez libre de las trabas del cuerpo, obedece a sus atracciones terrenas y es magnéticamente arrastrada y retenida dentro de las densas nieblas de la atmósfera material. El alma empieza entonces a hundirse más y más, hasta que se encuentra, una vez recobrada la conciencia de sí misma, en aquel lugar que los antiguos llamaban el *Hades*. La aniquilación de tales almas, no es jamás instantánea, puede quizá durar siglos, porque la naturaleza nunca procede por saltos bruscos, y estando el alma astral formada de elementos, la ley de la evolución necesita tiempo para ello. Entonces es cuando empieza a cumplirse la tremenda ley de compensación o karma: el *Yin-yuan* de los buddhistas. Dicha clase de espíritus es conocida con el nombre de <elementarios terrestres>, para distinguirlos de otras clases ya mencionadas. En Oriente se les llama <los Hermanos de la Sombra>. Astutos, ruines, vengativos, y no perdiendo ocasión de mortificar a la humanidad para desquitarse de sus sufrimientos, se convierten, antes de su final aniquilación, en vampiros, larvas, gulas o demonios. Ellos son los actores más eminentes del gran teatro espiritista de las <materializaciones>, cuyos fenómenos llevan ellos a cabo con el auxilio de las más inteligentes entre aquellas otras <criaturas elementales> genuinas, las cuales vagan en torno de ellos, sintiendo un vivo placer en darles buena acogida en sus propias esferas. HENRY KUNRATH, el gran cabalista alemán, en una lámina de su *Amphitheatri Sapientiae Aeternae*, dejó representadas las cuatro clases de tales <espíritus elementarios humanos>. Una vez pasados los umbrales del santuario de la iniciación y desde el momento en que el adepto ha levantado el <Velo de Isis>, la misteriosa y celosa divinidad femenina, nada tiene que temer, pero hasta entonces son para él un constante e inminente peligro. Se cree que las dichas clases de <elementales no humanos> tienen uno tan sólo de los atributos del hombre. No poseen ni espíritu inmortal ni cuerpos tangibles, sino únicamente formas astrales, que, en un grado mayor o menor, participan del elemento al cual pertenecen y también del éter cósmico. Algunos de ellos son concretos, definidos; pero, a pesar de ello, carecen de individualidad separada, actuando, por decirlo así, en bandada o colectivamente. Otros, pertenecientes a ciertos elementos y especies, cambian de forma, como verdaderos proteos, con arreglo a una ley física que los cabalistas explican. El más sólido de sus cuerpos es, por lo regular, bastante inmaterial para escapar a la percepción de nuestra vista física, pero no tan insubstancial o sutil que no pueda ser reconocido por visión interna o clarividente. No sólo pueden ellos existir y moverse en el éter, sino que pueden manejarlo y dirigirlo para la producción de ciertos efectos físicos con tanta facilidad, como nosotros podemos comprimir el aire y el agua con igual propósito, mediante aparatos neumáticos o hidráulicos. En semejantes operaciones son fácilmente ayudados por aquellos <elementarios humanos>; más todavía, ellos pueden condensar el éter hasta el punto de formar para sí propios, gracias a sus proteicos poderes, cuerpos tangibles, los cuales escogen a su gusto, tomando como modelos los retratos que encuentran estampados en la memoria de las personas presentes. No es necesario para ello que el espectador esté pensando en aquel momento en lo así representado y cuya imagen pueda hasta haberse borrado del recuerdo muchos años antes, ya que la mente recibe impresiones indelebles hasta de las personas que hemos conocido incidentalmente o visto una sola vez en la vida, cual una placa fotográfica, en los breves instantes de exposición atesora de un modo permanente la imagen de la fotografiado. Según la doctrina de Proclo, las más elevadas regiones, desde la superficie terrestre hasta la Luna, pertenecen a los dioses o espíritus planetarios, de conformidad con sus clases y jerarquías. Los más encumbrados de ellos son los doce *uper-uranioi*, o dioses supercelestiales, que tienen bajo sus órdenes a legiones enteras de demonios inferiores. Siguen después en rango los *egkosmioi*, o dioses intercósmicos, cada uno de los cuales ejerce dominio sobre un gran número de demonios, a los que comunican su poder, cambiándolo de uno a otro, a voluntad. Estos últimos elementales son evidentemente las fuerzas de la naturaleza, personificadas en su mutua correlación, estando estas gentes inferiores representadas por dicha clase tercera o sea por los «elementales» de que acabamos de hablar». Estos son los «pueblos de los elementos», de Gabalis.

En un artículo del *Theosophist* se describen dichos seres pertenecientes a esta evolución anterior de la Tierra y que, lo creamos o no, nos tocan tan de cerca, constituyendo la evolución a la que llaman los hindúes «creación urwasrrota» –literalmente «la de los cuerpos de fuego y agua»–, entidades, informes unas, como el elemento en que se agitan; otras con forma propia, y otras, en fin, las más inferiores, también sin forma propia, pero pudiendo asumir proteicamente las que les presten las condiciones que les rodean, sobre todo la «moldeadora» imaginación del hombre, aserto este último que no podrán rechazar los positivistas si reflexionan en que toda obra artística nuestra ha sido moldeada previamente en la imaginación creadora de su autor –mundo «astral» o «emotivo», mundo del Arte– quien luego la hace encarnar o plasmarse en el lienzo, en el mármol, etc. *El Libro de los Muertos*, egipcio; la *Tabla Cutha*, caldea, y la misma *Cosmogonía* de Beroso, desnaturalizada por Eusebio de Cesárea, se refieren ampliamente a los dichos seres que han precedido can su evolución, hace miles de siglos, a la de los hombres sobre la Tierra. Son ellos también los 330 millones de especies «devas» unas buenas y otras malas, cantadas en los *Vedas* hindúes y luego desnaturalizadas en *Puranas* y *Brahmanas*, que son también, entre los gnósticos y ofitas, las fracasadas creaciones de PIGMALIÓN (Adán-Galatea) y de BAHAK-ZIVO, que no logran dar espíritu humano a su criatura y hasta, en cierto modo, los imperfectas «reyes de Edom» bíblicos, que fueron sustituidos por la humanidad sexuada, a la que nosotros pertenecemos, por habernos formado los angélicos *Elohim* o *Helio-jinas.* Son, a su vez, estas Entidades solares colectivamente resumidas en el Jehovah o *Iod-he-van-he* macho y hembra y quienes unas, las más inferiores, hicieron del limo terrestre el cuerpo del hombre; otras infundieron en él Aliento o Espíritu de Vida, y los terceros, excelsos renunciadores, le dieron su Espíritu Inmortal y una Chispa de su mente, encarnando en ellos, que es por lo que SAN PABLO (*Corintios*, XV, 17) dijo que el primer hombre o inferior es de la Tierra, y el segundo o superior, el Señor del Cielo. La misma «Guerra de Troya», aparte de su sentido histórico, es el simbolismo astronómico y físico al par de la eterna lucha que el mundo inferior o *Submundo* de aquellas criaturas invisibles que evolutivamente nos precedieron en la Tierra y hoy nos rodean en los cuatro Elementos, mantienen con nosotros, sus naturales señores, mientras bajo sus «tentaciones», «obsesiones» y «posesiones» no sucumbimos a su imperio como arriba indicó ya nuestra Maestra. En esta lucha nos ayudan, protectores, aquellos otros elevados Seres del *Supramundo.*

Los místicos e iluminados de todos los tiempos han «visto», de un modo u otro, a tales entidades, cuyo «contacto psíquico» indefinible experimentamos también los hombres menos sensitivos, aunque no lo seamos, ora en el ambiente repulsivo del lupanar, el hospital, la cárcel o la taberna, ora en el plácido ambiente del campo en los dulces días del invierno, en las deliciosas mañanas y tardes de la primavera, en las serenas noches de luna del verano, cuando, lejos del bullicio y la astralidad de la urbe, nos ponemos en más íntimo contacto con la Naturaleza. La «traducción» que de ello hacemos luego a nuestro lenguaje e idiosincrasias, resulta más o menos desnaturalizada, según la pobreza de nuestras apreciaciones y el peso de nuestras preocupaciones mismas.

SWEDENBORG, por ejemplo, como singular iluminado o vidente, vió, dice, en la «primera tierra de los mundos invisibles». habitantes vestidos como los campesinos de Europa, y en la cuarta, mujeres aderezadas como pastoras en un baile de máscaras. Hasta el famoso astrónomo HUYGENS se hallaba influido por la idea de seres análogos en otros mundos del espacio, «con las mismas figuras, vestidos, inteligencia, artes, ciencias, viviendas y costumbres». Y el Señor C.W. LEADBEATER, célebre teósofo, cuyos puntos de vista no siempre hemos compartido, nos describe los seres que dice haber visto en Slievenamú, montaña sagrada de Irlanda, en estos términos:

«En la cúspide del monte sagrado están los «Ángeles Verdes», que hace diez mil años constituyen la guardia de uno de los centros de fuerza viva que liga el pasado de la tierra mística de Erín con el porvenir. Sobrepasan bastante la talla del hombre; estas formas gigantes, coloreadas como las nacientes hojas de los árboles en primavera, lucientes con una indescriptible suavidad de luz, pasean sobre el mundo su maravillosa mirada, luminosos como los astros, llenos de la paz que irradian los que viven en el Eterno, y esperan, con la calma segura del conocimiento, los momentos o los tiempos que serán cumplidos.

»Al contemplar tal espectáculo, se da uno cuenta plenamente del poder e importancia de las cosas ocultas.»

Estos ángeles, añade el autor de la cita, no usan lenguaje hablado; se expresan por medio de sonidos y por la música. Algunas veces se comunican entre ellos por medio de colores, proyectando sus pensamientos en sinfonías coloreadas y en formas que hacen que los mundos superiores sean maravillosamente embellecidos por su presencia.

Hácese mención también de las hadas, esta clase de seres invisibles «que algún día entrarán en el orden de evolución angélica, y que representan, de momento, con relación a los ángeles, una situación parecida a la del reino animal, con respecto a los hombres.

«Muchas descripciones de Espíritus de la Naturaleza fueron expuestas por M. SERGENT en el *The Herald of the Star*, y han sido reproducidas. Citaremos una de ellas, donde la visión ha tenido efecto en un campo de Lancashire, dice el Sr. BELTRÁN en *Le Lotus Bleu:*

»Han podido ellos ser vistos en torno de una gigantesca haya, y por entre sus ramas y hojas, un cierto número de hombres enanos; con frecuencia saltaban del árbol al suelo, y volvían a encaramarse muy luego, como si fuesen a buscar alguna sustancia o a introducir algo en el interior de los pequeños retoños. Tienen de 10 a 15 centímetros de estatura, aunque esta talla puede variar mucho, pues son elásticos y expansibles. Se parecen en un todo a pequeños hombres; usan un sombrerito puntiagudo, un abrigo de cuello tan alto, que parece una capa que cae sobre sus espaldas, y debajo una larga chaquetilla, que les llega a las rodillas; su cara es roja, y sus ojos oblicuos, sin expresión humana. Uno de ellos intentaba conversar conmigo, mostrándome con orgullo el haya próxima, como queriendo decirme: «He aquí mi obra», y andaba a pequeños pasos, contoneándose con aire de perdonavidas. Resultaba muy gracioso verle... gesticulaba, haciendo esfuerzos, para comunicarme, de un modo evidente, la explicación de que la parte exterior del árbol era tal, por la influencia y cuidados suyos, en colaboración con sus congéneres... La variedad de vestiduras, a las que son muy aficionados, parece tener gran importancia entre ellos, y la mayor parte de las acciones que ejecutan, parecen ser instintivas y como alocada.»

En la *Theosophical Review*, bajo el título de «Cosas que he visto», MARÍA BLIGH BLOND relata hechos muy curiosos, sigue diciendo BERTRÁN: «Cuando era niña, cuenta aquélla, veía a menudo a las hadas que, como moscardones luminosos, revoloteaban en torno suyo en su aposento, consolándole en sus tristezas y saltando de aquí allá como ligeras mariposas. Otra noche creyó ver como un centauro frente a su cama: «Cuando me incorporé, mi cabeza, dice, penetró en su gigantesca forma, la cual se alejó un poco, pudiendo contemplarle a mi sabor. Era una creación poderosa, cuya parte animal refulgía, mostrando un dorso titánico, blanquísimo y alado... tenía un perfil soberbio, y la calma e intensidad de su vida, que no tenía nada de terrestre, eran estupendas; la mirada parecía atravesar todos los objetos y sumergirse a lo lejos en los espacios cuajados de estrellas. Parecía no poner la más leve atención en mi persona; no obstante, más tarde supe que aquella entidad que penetró y acostóse en mi cuarto con gesto de no percibirme, no estaba allí para su propia satisfacción. Si bien no vino con intento de guardarme, resultó que me había evitado un horrible peligro que me amenazaba sin que yo pudiese darme cuenta, pues mi vista estaba absorta mirándole a él. Orientado cara al Norte quedó así hasta que pasó el peligro, y desapareció veloz como el rayo tan pronto estuve salvada».

Véase, pues, por lo trascripto, que podría ser ampliado hasta lo infinito, cómo no necesitamos recurrir a los estáticos y los visionarios de entrambos sexos tan crudamente perseguidos antaño por la Inquisición, ni siquiera a nuestro buen Conde de Gabalis, para tener amplias informaciones modernas acerca de aquellos tan variados «pueblos de los elementos», con los que, felizmente, el sincero «aprendiz» que este comentario escribe forzado por las circunstancias, no quiere cuenta alguna jamás, los haya visto o no en alguna extraña circunstancia de su vida, y decimos «felizmente», porque tenemos por una gran desgracia, la facultad, no rara, de poderlos ver, *merced siempre a una imaginación más o menos anormalizada que, bien desarrolla lo que llamarse suele «visión interna» o «clarividencia», bien cambia, en forma no estudiada aún por la ciencia oficial, la tonalidad vibratorio normal de nuestra retina, haciéndolo anormalmente apta pata percibir las vibraciones inferiores a los trescientos billones o superiores a los setecientos veinte billones de longitud de onda que constituyen los límites de la visión ordinaria* (Delirios por enfermedad, por «paraísos artificiales», etc.). Ya lo dijo SCHILLER, el émulo de GOETHE, cuando por acaso se viera asistido del tal don: «¿Para qué, Señor Todopoderoso, me habéis dado el don de ver en la ciudad de los eternos ciegos? ¡llevaos pronto tan funesto don!».

Quien esto escribe, también ha visto gentes de éstas en circunstancias bien tristes para él, y confiesa *que no le interesan lo más mínimo*, como no interesó a LE VERRIER el ver por el anteojo al planeta Neptuno después de haberle descubierto por el cálculo. ¡Son tan fáciles y de tan poquísimo valor, en opinión nuestra, las llamadas clarividencia y clariaudiencia, que jamás hemos seguido la senda de los *illuminati*, llámense ellos SWEDENBORG en el pasado, o LEADBEATER en nuestros días! No es que los critiquemos, ¡allá ellos!, sino que preferimos ver en el *mundo mental* que está por cima –con la Ciencia y la Historia– que no en el *astral*, donde aquellos pululan. Nada más fácil, en efecto, que el verlos, llevando una vida pura, sin contacto sexual y absteniéndose de carnes, licores fermentados o destilados, café, tabaco, etc. Pero su solo contacto puede sernos muy perjudicial; la locura y el suicidio están muy cerca, sobre todo tratándose de ondinas y de sílfides.

Precisamente SAN PABLO, en las citas que hacemos en el capítulo VII de *El libro que mata a la Muerte o Libro de los jinas*, nos habla de los «Príncipes y Potestades del Aire» contra los que los ya iniciados tienen que luchar más aún que contra la carne y la sangre. En efecto, ni los griegos ni nosotros hemos comprendido bien el alcance ocultista del poema *Las Aves*, de ARISTÓFANES, seres «elementales» del aire interpuestos ¡ay! entre nosotros y los dioses, padres, pitris o rishis. Su perfidia no tiene límites: nos odian a muerte, nos engañan a diario, como en el conocido caso de aquella hipócrita Katie King, obsesora de Miss Florencia, la de Willian Crookes; nos seducen con las más encantadoras ilusiones «íncubas» o «súcubas»; nos hacen mentecatos o «menscaptos» (cogidos por la mente), «alienados» (o sea sometiéndonos a ajeno dominio, no al propio y sublime de nuestra suprema Triada) y «obsesionados» (o perturbados en el normal funcionamiento de nuestro raciocinio). ¿Veis cómo el viento y la lluvia acaban por derribar, con los siglos, el edificio más sólido?... Pues así ellos obran siempre con nosotros, hasta derribamos si pueden. Además, está en la Ley natural o Karma el que, hallándose la tierra, dicen en Oriente, en la cuarta Cadena, cuarto globo y cuarta Ronda de su evolución como astro, y apenas salida también de la cuarta Raza, o sea en tristísima materialidad Atlante que en el fondo aún nos caracteriza, ellos son hoy los señores naturales de este mísero planeta, que no es aún nuestro mundo, sino el suyo, y en el que, como dicen todos los grandes libros de las religiones, somos meros peregrinos en tierra extraña y hostil. Algo de lo que acaeciera a SOLÍS al poner el pie en tierras americanas: los charrúas, naturales poseedores de ellas, se le opusieron y dieron en tierra con él, aunque él, por su parte, cumpliese así su misión, llevando la civilización española a aquellos vírgenes países, a costa de su vida.

Tratándose de esto no sabemos cómo admirar la piadosa tutela de la Ley o del Karma al hacemos normalmente ciegos frente a sus perfidias. ¡Tantas veces retrocederíamos espantados ante sus ataques, si los viésemos! No lo olvidemos: Ulises y mil otros héroes triunfaron de sus Scilas y Caribdis, cerrando los ojos y tapándose los oídos, cual la heroína también de aquel cuento de *Las mil y una noches* que conquistó «el pájaro que habla, el árbol que canta y la fuente perenne del agua de oro», no haciendo caso de sus amenazas ni de sus halagos.

Repásese el capítulo VII, volumen I de *Isis sin velo*; hojéese el célebre tratado de D. CALMET (por no citar cien textos latinos más), y allí se verá mucho de lo que aquí, en obsequio de la brevedad, se omite. Si después se insiste en quererlos ver con ojos de juvenil inexperiencia, antes de poder dominarlos, no les alabaremos el gusto a los tales imprudentes. Véanse si no las Hagiologías antiguas –de las modernas, espurgadas por el materialismo jesuítico, no hay que hacer caso–, y allí, en la vida de los ascetas cristianos, muchos de ellos magos negros como los de la Tebaida, veránse, «a cargas», los elementales y elementarios tentadores; porque en punto a la premisa de dominarlos, coinciden las dos Magias, la blanca y la negra. Véanse también en la vida de los grandes hombres, empezando por la de Moisés y Jesús, a esos «ángeles-sílfidos» tentadores, que se les atravesaron en el sendero precisamente al comenzar su gran misión. El maestro WAGNER estuvo a punto de ser víctima de uno de ellos frente a las lagunas de Venecia, y entonces esos libros –poemas musicales iniciáticos– de *El anillo del Nibelungo*, *Tristán* y aun el deshilvanado, pero sublime, *Parsifal*, no se habían llegado a escribir, *que era de lo que se trataba...* ¿Qué otra cosa significa la lucha de Moisés con el «ángel» antes de comenzar su misión? ¡Clarividente!... Todo buen artista lo es. Por eso a los grandes poetas se les ha llamado «vates» o «adivinos». Todo científico de «verdad» lo es más o menos también; pero ellos tienen menos que temer que el resto de los mortales, porque ya atacan al «plano astral» y sus falacias peligrosas, de arriba a abajo por el Arte, por la Ciencia, por el conocimiento de la Historia, y, sobre todo, por su desarrollada Intuición y su poderosísima Imaginación Creadora; claves, en unión de la fuerza de la Voluntad, de la verdadera magia, según H.P. Blavatsky, y, aun así y todo, ¡qué de aberraciones, de locuras y hasta de suicidios no han avasallado a algunos de aquellos, precisamente por haberse atrevido a levantar a destiempo una punta del piadoso velo! Por supuesto, que renunciamos a hablar de esas Clarividencias esporádicas o con ganzúa –pero no menos ciertas– del morfinómano, el pervertido sexual, el alcohólico, etc.... ¿A qué esa prisa, en medio de la épica lucha cantada en el incomparable *Bhagavad-Gîta*, por ver lo que en el plazo máximo de cincuenta u ochenta años (que pasan en un soplo) hemos de ver al pasar desde ella a las deliciosas regiones del Devachán, Amenti o Cielo? Es como querer disfrutar en plenas negruras del invierno las galas de la primavera, la cual ha de venir en su tiempo, sin que nosotros las precipitemos impacientes...

Gustavo A. Bécquer vió más de una vez los elementales, sobre todo en Toledo y en el misterioso monasterio de Veruela, según relato en el capítulo «Los jinas en España» de mi *De gentes del otro mundo.* Acaso esté también ello relacionado con su anticipada muerte, porque fué uno de los muchos «malogrados» de que la historia de España se muestra tan pródiga. ¿Más bibliografía? No me atrevo a darla. El lector, si quiere, debe buscarla bajo su responsabilidad, que la haya cargas en los textos griegos y latinos, como la hay también en las minucias de la vida diaria, si bien se mira. ¿No te han tirado ellos, lector, los libros o el tintero o realizado algún otro estúpido estropicio, no obstante el celo del *domo-boy* casero, ése que «sólo se irrita un día al comenzar la primavera», y esto quizá también por un como asomo de sexo?

¿Que todo esto es una religión fantástica e indemostrable? No, en modo alguno; es, si queréis, una hipótesis más o menos bella, apoyada por todas las religiones de la Historia, y sin la cual la misma historia del Arte quedara incomprendida. Y aunque por religión fuese ello injustamente tomado, tendríamos derecho a decir con el gran físico TYNDALL:

El mundo tendrá siempre una religión de una u otra especie, aunque para ello tenga que recurrir al lupanar intelectual del Espiritismo. El clérigo no va más que a donde la fe le permite ir, no le falta el elemento positivo, esto es, el amor a la verdad, pero en él predomina el elemento negativo: el miedo al terror.

De hecho, añade BLAVATSKY, los mayores cobardes de nuestros días no deben ser buscados entre el clero, sino en el gremio de los científicos. Muchos sabios ateos abandonan los amorosos brazos del materialismo para lanzarse en los de un depreciado teismo. Además, en todo caso, ¿pueden HUXLEY, TYNDALL y demás sabios probar la imposibilidad de que el hombre alcance después de la muerte física un estado de existencia en el cual se vea rodeado de nuevas formas de vida vegetal y animal, resultantes de nuevas combinaciones de la entonces sublimada materia?

Nuestros padres, los Filósofos, hablando cara a cara con Dios, se llegaron hasta a quejar ante Él de la desdicha de todos esos pueblos, y Dios, cuya misericordia no tiene límites, hubo de revelar los que no era imposible del todo hallar un remedio para semejante mal. Él les inspiró que, del mismo modo que el hombre, por la alianza que la Humanidad tiene hecha con Dios, ha sido constituido en participante de su Divinidad, las Sílfides, Gnomos, Ninfas y Salamandras de ambos sexos, por la alianza que a su vez pueden contraer con el sér humano, les es dable hacerse también participantes de su inmortalidad. Así, una Ninfa o una Sílfide se torna inmortal, cuando ella es lo bastante afortunada para llegar a desposarse con uno de los Sabios, y un Gnomo o un Silfo, cesa de ser mortal desde el momento mismo en que él se desposa con una de nuestras hijas.

De aquí nació el error de los primeros siglos cristianos: de Tertuliano, de Justino Mártir, de Lactancio, Cipriano, Clemente de Alejandría, Atenágoras y demás escritores de aquel tiempo. Ellos habían aprendido que estos semi-hombres elementarios habían buscado el comercio carnal con las hijas de los hombres, e imaginaron, equivocadamente, por ello, que la Caída de los Ángeles no había sobrevenido, sino por el amor de que ellos se habían dejado herir hacia las dichas mujeres. Algunos Gnomos, por su parte, deseosos de tornarse inmortales, habían procurado granjearse las buenas gracias de nuestras hijas, aportándolas a montones las pedrerías y demás tesoros de los que ellos son naturales guardianes. Aquellos equivocados autores han creído, apoyándose en el *Libro de Enoch*, mal interpretado, que tal era la trampa que los enamorados Ángeles habían tendido a la castidad de nuestras mujeres. En los primeros tiempos, dichos Hijos del Cielo engendraron los Gigantes famosos, haciéndose amar por las hijas de los hombres; y los pésimos cabalistas Josefo y Filón de Biblos (quienes, como todos los judíos, son ignorantes), y antes de ellos, cuantos autores he nombrado, han afirmado, asimismo, con Orígenes y Macrobio, que los tales eran Ángeles, y no han sabido que los tales eran meros Silfos y otros pueblos de los elementos, los cuales, bajo el nombre de Hijos de Elohim, fueron diferenciados de los hijos de los hombres. Concordante con lo que el sabio SAN AGUSTÍN tuvo la modestia de no resolver acerca de las persecuciones de que los llamados Faunos o Sátiras hacían objeto a las africanas de su tiempo, queda aclarado, por cuanto acabo de decir, el vivo deseo que todos los habitantes de los elementos tienen de aliarse sexual mente con los humanos, como único medio salvador de lograr la inmortalidad de que aquéllos carecen.

¡Ah! Nuestros Sabios están bien lejos de imputar al amor hacia las mujeres la caída de los primeros Ángeles, no menos que de someter excesivamente a los hombres a la potestad del Demonio, para atribuirle cuantas aventuras de Ninfas o de Sílfides llenan las páginas de los historiadores. Jamás hubo nada de criminal ni de reprensible en todo esto. Se trataba de Sílfides que así procuraban proporcionarse la inmortalidad. Sus inocentes esfuerzos y labor, lejos de escandalizamos a los Filósofos, nos han parecido tan justos, que hemos resuelto todos, de común acuerdo, renunciar por completo a las mujeres, para no consagramos más que a inmortalizar a las Ninfas y a las Sílfides [7].

[7] En los párrafos del texto a que se refiere esta nota, se desliza pérfidamente la más inmoral y más necromante de las teorías, haciendo execrable en este punto, pese a su elegante literatura, el siempre peligroso libro del abate VILLARS.

Contra lo que el texto apunta, los Padres de la Iglesia tienen en esto razón: el *pueblo elegido*, o sea los hombres puros de las primeras edades, llamados por antonomasia en la *Biblia* «los Hijos de Dios» y los «castos Kumaras» en los *Vedas*, cayeron, al fin, prendados de «las Hijas de los Hombres» o razas humanas de inferior o casi nula mentalidad y espiritualidad, engendrando «gigantes», cuyas fuerzas físicas eran el eco lejano de la perdida fuerza espiritual de aquellos sus padres. Pretender, pues, Gabalis hacer de los pueblos de los «Elementos» seres así superiores al hombre ordinario, cuando ya hemos visto en la nota anterior que constituyen ellos una evolución en todos conceptos inferior a la evolución humana, es volver del revés la cosa, simplemente.

Y las consecuencias del necromante error son tan claras como funestas. Por de pronto –como dice BLAVATSKY– ciertos mediums de su tiempo, especialmente en Francia y Norteamérica, se preciaban de tener por maridos o esposas, respectivamente, a los «espíritus» que les suministraban las mejores comunicaciones. «Conocemos personalmente, dice, a tales mediums, hombres y mujeres, y no serán los de Holanda los que negarán el hecho, dado cierto caso reciente entre sus colegas y correligionarios que escaparon de la locura y de la muerte haciéndose teósofos. Siguiendo nuestros consejos, fué como pudieron librarse finalmente de sus «íncubos» y «súcubos» consortes».

¡Otorgar la inmortalidad mediante el Sexo!, ¿cabe mayor delirio, y absurdo más dañoso?... El Sexo determina la continuidad de la vida física; pero al ser el polo opuesto de la Espiritualidad trascendente, lo que determina no es la Inmortalidad, sino la Muerte del Individuo en aras de la Especie.

Así como TERTULIANO decía que el Diablo era el despreciable «mono» imitador de Dios, el desgraciado Abate Villars ha pretendido operar con las supuestas «uniones» de seres Elementales con seres Humanos, una verdadera y peligrosísima mixtificación psíquica del Sexo... ¿Villars sólo? ¡No, sino cuantos buscan el camino oblicuo en cosa tan santa, cuya única «perpendicular» o «fiel de justicia» es el matrimonio, el matrimonio santificado por la ley, o si se quiere conceder algo a la miseria humana..., el matrimonio sin santificar; el vicio erigido en más o menos esporádico matrimonio!

No hay mejor camino para la monstruosidad sexual que el así abierto por las prédicas malditas del *Conde de Gabalis*, puesto que, ¡digámoslo de una vez con sinceridad científica, previo perdón de los castos oídos de nuestros lectores!, ello abre de par en par la puerta de los vicios solitarios; esos vicios, lacra máxima de la Humanidad, tan frecuentes en todos aquellos lugares donde la nativa divinidad humana se ve más capitidisminuida o humillada: la cárcel, el hospital, el aislamiento marítimo u otros «aislamientos más o menos gregarios», que no nos atrevemos a señalar con el dedo para no caer bajo sanciones de nuestra, en este punto, equivocada legislación penal. Las inevitables timideces de la primera pubertad, cuanto las impotencias seniles en viejos de imaginación sensualizada, también proporcionan un buen contingente a los «inmortalizadores» de sílfides, ondinas y salamandras..., mediante los *erotismos imaginativos*. Otro contingente, no pequeño ¡ay! en nuestros días, le suministran aquellos operadores mediumnísticos a que se refiere BLAVATSKY, y de los que también nosotros hemos conocido algo muy lamentable en personas dignísimas, al borde así de su perdición...

Gentes hemos tratado de estas últimas que, ante la pérdida intempestiva de un consorte amado, se han vuelto absolutamente locas, creyendo, en sus delirios eróticos, que aún continuaban, a través de la barrera entre ellos interpuesta por la Muerte, la vida sexual. Uno de éstos, a quien conocimos en América, no nos dejaba vivir preguntándonos acerca de tan absurdas posibilidades y hasta llegó a escribir y publicar en italiano y en castellano, en grueso tomo en 4.°, de 700 páginas, ¡el más delirante de los libros de impotente locura sexual! Otro, médico muy notable, vivió bajo el peso de la obsesión elementaria, a título conyugal, durante más de un año, al cabo del cual salvó la razón y la vida, volviéndose a casar, *more hebraica*, con la hermana de la esposa muerta. Un tercero caminaba ya hacia el homosexualismo a pasos agigantados, con las ridículas «prácticas imitativas» a las que tan aficionados son en sus convivencias con sus congéneres estos desgraciados enfermos, que es sabido se entretienen locamente en celebrar entre sí simulacros de bautizos, bodas, etc. De todas estas cosas, ¡cuánto más podrían decir médicos y confesores, saltando, en honor de la Verdad, de la Ciencia y de la salud humana, por encima de los secretos de confesión o profesionales! No pagaremos nunca a FREUD y a sus continuadores el haber traído al terreno de la investigación semejantes problemas, despreciando ridículas mogigaterías ancestrales, hijas, quizá, de esto mismo que se condena y esparciendo sobre ellas la luz meridiana de la investigación sociológico-científica.

Sí. Los «pueblos de los Elementos» existen, desgraciadamente, aunque no los veamos... por que no queremos. Ellos se comunican *constantemente* con nosotros por medio de la Imaginación, que es, pese a nuestros actuales prejuicios científico materialistas, la Realidad superior, de la cual, la que llamamos realidad tangible, es mera maya, ilusión, sombra, plano-sección o proyectiva –una manzana pintada por TENIERS en cualquiera de sus *panneaux*, es más *real* que la manzana que tomase por modelo, y que luego destruyese al comérsela–. Ellos, a guisa de únicos y efectivos «demonios», pretenden hacernos caer a su inferior Esfera, por los mil medios llamados «tentaciones». Tentaciones que, según sabia doctrina de RIPALDA, nos son dadas «para nuestro ejercicio y mayor corona», y, especialmente, mediante aquella segunda caída sexual del vicio solitario, operador de sus «inmortalizaciones», unos grados más aún hacia abajo del constituido en sí por la caída corriente en el sexo. Unos grados más en la fatal pendiente hacia la dantesca «Ciudad del Dite» o «Infierno de infiernos» –infierno sólo quiere decir «lugar inferior» en la recta etimología latina de *infera*–. Aquella pendiente de perdición fatal en la que peligra la misma individualidad del alma humana y contra la que ya nos previniera el clásico PSELLUS, diciéndonos: «¡No desciendas, hijo mío, que la escala de descenso tiene siete peldaños, al fin de los cuales está el ciclo fatal de la Necesidad!»... ¡La necesidad o Karma de desandar ese glorioso camino que hemos realizado evolutivamente en evones sin cuento, hasta llegar a hombres; camino que también tiene retorno o retroceso, hasta volver a la animalidad, que es la verdadera Muerte Eterna producida por «el pecado contra el Santo Espíritu» a los ojos de los teólogos y teósofos mejor documentados!

Y aunque tales «pueblos inmortalizables de los Elementos» no existiesen, siempre quedará en pie el problema de los vicios solitarios así planteados y de la morbosidad eróticoimaginativa que suponen ellos en su autor y en cuantos le sigan.

–¡Oh, Dios mío! –grité– ¿Qué es lo que escucho? ¿Hasta dónde se despeña la Fil...?

–¡Sí, hijo mío! –interrumpió el Conde vivamente–. ¡Admiraos de hasta dónde llega la felicidad filosófica! A cambio de las mujeres, cuyos pobres atractivos se marchitan en pocos días, siendo seguidos de fealdades horribles, los Sabios poseen así bellezas que jamás envejecen, y a quienes tienen además la gloria de tornar inmortales. Juzgad cuál será el amor y la gratitud de estas esposas invisibles, y con cuánto ardor se consagrarán constantemente ellas a tratar de ser agradables al caritativo Filósofo que se consagre a inmortalizarlas.

–¡Ah, señor! –exclamé–; yo renuncio por segunda vez...

–Sí, hijo mío –prosiguió el Conde, sin darme tiempo para acabar la frase–; renunciad a los inútiles y despreciables placeres que pueden encontrarse con las mujeres. La más hermosa de ellas resulta horrible al lado de la peor Sílfide. Además, el hastío jamás sigue a nuestros prudentes abrazos. ¡Cuán miserables son los ignorantes que así se incapacitan por su ceguera para gustar de las supremas voluptuosidades de los Filósofos! [8]

[8] La felicidad prometida por Gabalis a «los hijos de la Sabiduría» en sus *astrales* desposorios, no es nueva, sino «terrestre» variante de las que las religiones positivas de todos los tiempos han prometido, más o menos, a sus adeptos. En nuestro *Wagner, mitólogo y ocultista*, hemos tratado extensamente de las walkyrias nórticas aguardando, en el Walhala, o cielo escandinavo análogo al Hedone de los griegos ya que no al Paraíso de la Voluptuosidad de los caldeos, el momento de recibir en sus brazos amantes al guerrero muerto en el combate, y a cuya alma daban así la inmortalidad. Si el mito walkyrico no tiene su gemelo en el de «las once mil vírgenes», cristiano, tiénele, al menos, en la promesa del Corán, «el libro de la Verdad evidente» a sus fieles, de que, tras la heroica lucha por su ideal religioso, el guerrero muerto habrá de gozar las caricias inmortales de mujeres siempre vírgenes, de inmarcesible belleza nínfea, estilo Gabalis, belleza harto superior a la transitoria, a la efímera de las mujeres de la carne aquí, que a todo esto, y más, conduce el tomar groseramente el augusto símbolo de la unión «hipostática» del Alma humana con el Divino espíritu que la cobija.

Nadie, que sepamos, ha tratado esta lamentabilísima confusión como nuestra Maestra BLAVATSKY, que en varios lugares de sus obras dice:

«La Magia es coetánea de la Tercera Raza Raíz, cuyos individuos procrearon al principio por *Kriyashakti*, o sea por la Voluntad y la Meditación o Yoga –algo así como se produce ese «hijo espiritual» que se llama libro–, acabando luego, en imitación al mundo animal inferior, por engendrar como al presente... En el antiguo Egipto, la mujer debía ser <la señora del señor>, y su verdadera dominadora –matriarcalismo primitivo–, y el marido se comprometía <a obedecer a su esposa> para la producción de resultados alquímicos, pues que los alquimistas –la <Alquimia espiritual y originaria> que no es sino aquella Yoga hindú– necesitaban, al efecto, de la ayuda *espiritual* de la mujer. Perol ¡ay del alquimista que tomara este auxilio en su muerto sentido de unión sexual –que es lo pretendido por Gabalis–, pues semejante sacrilegio le arrastraría a la Magia negra, y sería inevitable su fracaso! Los verdaderos alquimistas de la antigüedad se ayudaban con mujeres *viejas*, y si, por ventura, alguno de ellos fuese casado, trataba a su esposa como hermana algunos meses antes de proceder a la operación alquímica y mientras la realizaba.»

Y más adelante, hablando de las *Helenas* de todos los Iniciados, la de Troya, la de Apolonio de Tyana, la Evangélica, la de Fausto, etcétera, añadió:

«La fuente de la verdadera Magia está en el Espíritu y en el Pensamiento, y no en la Pasión ni en la Materia, tanto en el plano puramente divino cuanto en el terrestre. Los que conocen la verdadera historia de Simón Mago, pueden escoger entre las dos versiones de Magia blanca y Magia negra que se dan respecto de la unión de Simón con su Helena, por él llamada su *Epinoia* o Pensamiento. Los que, como los cristianos, tenían interés en desacreditar a su peligroso émulo, dijeron que Helena era una hermosa mujer de carne y hueso, a quien Simón había encontrado en un lupanar de Tiro, y que, según opinan sus biógrafos, era la reencarnación de la Helena griega, causante de la Guerra de Troya. ¿Cómo podía, pues, ser el Pensamiento divino nada menos? En el *Filosofumena* se atribuye a Simón Mago la afirmación de que en los ángeles inferiores o *terceros aeones* ofitas y gnósticos había todavía elementos de mal, a causa de su materialidad, y que el hombre, como procedente de ellos, adolecía del mismo vicio de origen... Los principales ritos de la Magia negra se basan sobre la repugnante interpretación literal de mitos, tan nobles como el ideado por Simón para simbolizar sus enseñanzas secretas. Quienes lo comprendieron rectamente, supieron que Helena significaba el enlace de *Nous* o el Espíritu (el *Atma-Buddhi*, de los orientales), con *Manas*, la Mente o Pensamiento, es decir, la unión mediante la cual la Voluntad y el Pensamiento se identificaban, surgiendo de su consorcio todo género de divinos poderes mágicos por ser éste el único y eterno *Masculino-Femenino* que sostiene al Cosmos... De aquí que las Helenas dichas no simbolicen jamás sino la unión o potencia masculino-femenina del hombre interno, y de la cual la otra orgánica no es sino lejano eco o reflejo...»

En los misterios de la *Hebdómada*, en fin, aquellas entidades de Gabalis son las encargadas de despertar las dormidas pasiones en el pecho del candidato, cuando se prepara para la iniciación; las ocultas potencias también del *Akasha*, o Eter hindú, cuyo mundo es la propia atmósfera que nos rodea. El verdadero nombre védico de ellas es el de *Maruts*, los hijos de Diti y de Rudra –y de aquí el nombre de *Dite*, asignado a la última mansión infernal dantesca–. Ellas son legiones, y aparecen en su papel de tentadoras, doquiera hay un iniciado a quien tentar. Tales fueron, entre otras mil de las leyendas religiosas, las *Asparas*, tentadoras persas; las *Gopis*, que tratan de seducir al joven Krishna; las *Nyoumbas*, que asaltan al Buddha, etc., etcétera.

Otra forma, en fin, de la terrible aberración psíquico-sexual es la de las llamadas «almas gemelas», que en hombres de alta y de baja mentalidad ha producido tantos estragos, y de la que viene a constituir otro libro necromante, peor acaso que el de Gabalis, la célebre obra españolamejicana largamente titulada así: *El Dosamantismo, como religión científica que es, en oposición al ocultismo semita, que es una Liga de internacional anarquismo, o sea la síntesis religioso-científica del Maestro Jesús Ceballos Dosamantes*, y sobre la cual hemos trazado el argumento de una ópera: *La Xana*, sin estrenar aún, amén de varios capítulos del libro *El tesoro de los lagos de Somiedo* (final de la parte 3.ª y principio de la 4.ª).

–Miserable Conde de Gabalis –interrumpí, con vivo acento mezclado de compasión y de cólera–. ¿Me dejaréis acabar de decir de una vez, que renuncio solemnemente a semejante insensata Sabiduría; que encuentro ridícula, en el grado más alto, a esa visionaria Filosofía; que detesto y abomino de esos absurdos abrazos con fantasmas, y que temo por vos, no se apresure alguna de vuestras pretendidas Sílfides a sumergiros en los profundos infiernos, en medio de vuestros amorosos transportes, y tiemblo que un tan sensato y honesto hombre, como sois vos, no se aperciba al fin de la locura que supone aquel quimérico celo de inmortalización, y no haga penitencia por crimen tan gravísimo?

–¡Oh, oh! –respondió el Conde retrocediendo tres pasos y mirándome colérico–. ¡Maldito seáis, indócil espíritu!

Os aseguro que me espantó su actitud, y más aún cuando, alejándose de mí, sacó de su bolsillo un papel, en el que entreví de lejos multitud de caracteres simbólico jeroglíficos, que, a distancia, no alcanzaba a discernir. El Conde examinaba atentamente aquellas mágicas figuras, apesadumbrándose y hablando consigo mismo. Hasta creí adivinar que él evocaba algunos espíritus invisibles para mi castigo, por lo que llegué a arrepentirme un momento de mi celo desconsiderado.

–Si escapo con bien de esta aventura –me decía yo entre dientes–, jamás cabalista alguno alcanzará a dañarme–. Y, al par, no apartaba la vista del indignado Conde, que me parecía algo así como un juez que de un instante a otro iba a condenarme a muerte.

Pero me tranquilicé al ver que el semblante del Conde se iba serenando, y que éste sonriente, terminaba, por volver hacia mí, diciéndome:

–Es inútil dar golpes contra el aguijón. Sois, mal que os pese, un «vaso de Elección» y el Cielo os ha destinado a ser el Cabalista mayor de vuestro siglo. He aquí vuestro horóscopo, que no puede fallar. Si ello no resulta ahora y por mi mediación, resultará más tarde, cuando le plazca a vuestro Saturno retrógrado [9].

[9] La frase de «Saturno retrógrado, equivale, en lenguaje astrológico, a la de «Saturno, próximo a su oposición con el Sol», pues que, semanas antes y después de hallarse aquél en oposición con éste (cual la Luna en el plenilunio), es cuando Marte, Júpiter y Saturno retrogradan; es decir, caminan en sentido contrario a su marcha ordinaria de Occidente a Oriente en el cielo. Gabalis, como buen astrólogo, reconoce que, en

tal sazón, Saturno es «más poderoso», «más opuesto al Sol ya la vitalidad física vulgar del Sol emanada», por lo que aquél se aplaca en sus iras, convencido de que tal «signo de natividad» no puede fallar, tarde o temprano.

Nosotros tenemos por un error grosero el pensar que la posición de un planeta afecte *directamente* a la vida de un hombre, sino más bien que astros y hombres se rigen por una ley común que los liga entre sí, en forma apuntada en otro lugar con ideas que aquí nos es imposible desenvolver.

Concédese de nuevo en el texto al horóscopo o «natividad» de las personas un papel preponderante y fatalista contra el mismo principio fundamental astrológico de que «los astros inclinan, pero no obligan». El hombre, en verdad, es el artífice de su propio destino, y los fatalismos, más o menos inexorables que gravitan sobre él, pueden y deben ser vencidos todos con nuestro heroico esfuerzo. El *Karma* es el peso del pasado, pero también es la Ley, y pues San Pablo dijo «cuando conocí el Pecado, conocí la Ley», la Virtud en el hombre es eminentemente creadora de ulteriores y felicísimos destinos. La Naturaleza, sí, está constantemente influenciada por los astros; mejor dicho, es «los astros mismos»; pero el hombre es el Rey de la Naturaleza precisamente cuando conoce y cumple sus leyes, y un Obrero o Cosmocrator de la Naturaleza también cuando, con su esfuerzo progresivo, ayuda a la Evolución de la misma. Tal es, y no otra, la verdadera Astrología.

Desde luego astros y hombres están ligados por el Número que a unos y otros preside: así el ciclo de traslación o «año» de Mercurio, equivale a una estación para la Tierra y, de consiguiente, para el Hombre. El año de Venus, dura lo que dura próximamente el período de la humana gestación, o sea nueve meses; el año de Marte es, poco más o menos, el *bienio* de esos árboles llamados en Extremadura «veceros», como el olivo, porque dan fruto abundante o escaso alternativamente. El año de Júpiter, equivalente a doce de los nuestros, marca, en líneas generales, que luego se encargan de alterar los climas, el período de la pubertad, por manera que la niña que pasa a mujer lo hace precisamente cuando Júpiter torna al mismo sitio de su órbita en que se hallara cuando aquélla nació. El año de Saturno, que es 29 veces mayor que el terrestre, marca, con su dicho período, la apoteosis vital del hombre, que así llega a sus plenos vigores cuando Saturno retorna a su punto de nacimiento, y, al segundo retorno del astro al sitio o signo del nacimiento del hombre, el que antaño nació «bajo su influencia», es ya un perfecto sexagenario, que, probablemente, no sobrevivirá a la tercera vuelta del astro al sitio de la *natividad*, como es raro el que, antes de su muerte, puede llegar a volver a ver a Urano, cuyo año equivale a 84 de los nuestros, en el punto, constelación o signo de su natalicio. La vida de los famosos y longevos patriarcas bíblicos, rara vez llegaba a medir dos ciclos o alias de Neptuno, equivalentes cada uno a 164 años terrestres. ¿Qué más influencia, en fin, que la del Sol y la de la Luna sobre el mar, produciendo con «su secreta y amorosa atracción» el fenómeno de las mareas, que tanto juega en las labores marítimas, y la de la misma Luna sobre la mujer, regulando el flujo catamenial de esta última, base, no sólo de su sexo, sino de su psiquis toda? ¿Qué mayor influencia astrológica que la del Sol, determinando con su altura mayor o menor sobre el horizonte, los climas y, por ellos, los caracteres respectivos de los hombres que en ellos nacen; determinando también con sus períodos inmensos, tales como la precesión de los equinoccios (25.920 años), el cambio del perihelio (104.000 años) y el de excentricidad, los trastornos geológicos que constituyen la historia de la Tierra, y en fin, determinando con los máximos y mínimos de sus manchas (período de unos once o veintidós años), las crisis de lluvias o de sequías aquí abajo, y también las revoluciones y las guerras...? Aunque ello constituya un abuso, del que su admirable autor, generoso, nos dispensará, séanos permitido aquí transcribir *como demostración astrológica efectiva* bien distante de las charlatanerías que por Astrología pasaran en la ignorancia del medievo, el notabilísimo artículo de JULIO SENADOR GÓMEZ, titulado *Los ríos del mar.* En él, en efecto, se nos enseña lo que sigue:

«La producción del mundo entero trabaja siempre intimidada por la amenaza de la crisis económica, cuyos estragos han venido a reemplazar modernamente a dos de las antiguas pestes y hambres.

»Para precaverse contra ellos se crearon en varias naciones entidades técnicas, como el Comité de estudios económicos de la Universidad de Harvard, que predijo, en efecto, con bastante exactitud, los pánicos de 1920 y 1923, y la Comisión francesa de las crisis, que inició los estudios de Meteorología económica, por la evidente influencia de los fenómenos naturales sobre los fenómenos sociales.

»ANDRÉ SIEGFRIED, en su libro *La Inglaterra de hoy*, hacía ya notar la singularidad de que bastantes negociantes de la City consultan diariamente las indicaciones del pluviómetro en la India con más afán que las oscilaciones de la Bolsa de Londres.

»Es porque un monzón pobre en lluvias arruina millones de cultivadores indios; pero, por contragolpe, inmoviliza muchas fábricas del Lancashire y lanza al paro miles de trabajadores, que plantean al Gobierno un difícil problema de orden público.

»A razones análogas se debe que la «ola de frío» sobrevenida inopinadamente a principios del corriente mes despertara en todas partes una gran expectación, no sólo por lo que internacionalmente interesa la cuantía y calidad del rendimiento agrario, sino también por la futura significación del hecho en sí. ¿A qué podrían deberse tales extravagancias atmosféricas? ¿Serían quizá indicio de un nuevo régimen climatológico? Y en caso afirmativo, ¿qué cambios sociales o qué calamidades o qué imprevistas normas de existencia nos impondría el porvenir?

»A fines de Junio cayeron nevadas copiosas en Viena, en Lubliana y en algunos valles yugoeslavos, según comunicaba el día 1 del corriente a la Prensa de Madrid la Agencia Radio, cuyas referencias atribuían el descenso general de la temperatura ‹al enorme número de témpanos de hielo en el Gulf Stream, que enfrían la atmósfera y originan vientos fríos que soplan en dirección a Europa›.

»Me parece que aquí había un error. El hielo duraría poco sobre aguas a 27 del centígrado.

»Los témpanos, arrastrados por la corriente fría que costea el Labrador, no suelen rebasar el paralelo 45, y como caso raro se menciona la presencia del bloque contra el que en 1912 fué a estrellarse el *Titanic* a los 42 de latitud.

»En el hemisferio austral la corriente de Falkland los empuja hasta el grado 38, aunque han llegado a veces hasta el cabo de Buena Esperanza. Más allá se funden; de manera que hace falta buscar por otro lado.

»El año 1927 se observó la particularidad de que el invierno fué tan largo y duro en las costas europeas como corto y benigno en las del Canadá, cuando ordinariamente ocurre lo contrario.

»La corriente glacial procedente de las costas groenlandesas produce inviernos terribles en el territorio canadiense y hiela sus puertos orientales, paralizando el tráfico durante largas temporadas.

»El Gobierno proyectaba nada menos que desviarla de sus costas y lanzarla mar adentro para librarse del bloqueo intermitente. Inglaterra interpuso su veto por temor a que tal desviación acarrease otra complementaria en la corriente del golfo, cuyo apartamiento de nuestro litoral equivaldría para Europa a la mayor catástrofe ocurrida en el transcurso de los siglos. Un ejemplo lo demostrará mejor.

»El pueblo más septentrional de nuestro Continente es Hammersfest, situado en el grado 70. Mantiene 3.000 habitantes en una estrecha faja bañada por el mar. A 500 metros de la línea de contacto con las aguas el suelo se alza bruscamente unos 50 metros, y a partir de aquel mismo paraje, en que el terreno queda sustraído a la inmediata acción de la corriente, comienza el desierto polar, absolutamente inhabitable.

»También se conocen ejemplos de cambios espontáneos en la dirección de las corrientes.

»A principios de Enero de 1896 existía entre Islandia y las tierras de Jan Mayen un banco de hielo de 300 kilómetros de anchura. En Julio se había fundido por completo. La energía de fusión, que el Dr. PETTERSEN calculaba en 400.000 caballos de vapor, se empleó en desviar de su dirección usual la marcha del agua fría. Así la corriente de Islandia, que debía inclinarse al Sudoeste por la rotación diurna, comenzó a caminar hacia el Sudeste, en dirección a las islas Feroe.

»La costa oriental de Groenlandia, hoy día impenetrable, conserva restos de ciudades populosas en la época de Eric *el Rojo*, mientras la actual Escandinavia yacía bajo un manto de hielo, que sólo ha podido desaparecer por cambio en el itinerario de las aguas tibias.

»Doy por supuesto que todos mis lectores conocen el inmenso río Azul, que partiendo del golfo de Méjico llega a las costas de Europa, y sostiene el vigor de las naciones occidentales, difundiendo en ellas la fertilidad y la riqueza, como si en sus aguas caldeadas arrastrase disueltas todas las energías creadoras del sol ecuatorial.

»A cada latido de esa enorme arteria corresponde en el seno de las agrupaciones humanas algún reflejo de índole social, económica o política.

»Ya veremos otro día que, por causa de nuestra sujeción, inevitable a esas oscuras influencias, la mayor parte de lo realmente esencial en nuestras sociedades no depende de leyes ni gobiernos y que la civilización de que nos envanecemos se encuentra siempre en equilibrio inestable, porque las creaciones más grandiosas del esfuerzo colectivo apenas representan lo que un grano de arena frente a la omnipotencia de las fuerzas naturales, para las que tan fácil es crear emporios de prosperidad como arrasar imperios formidables, con sólo elevar o rebajar algunos grados el promedio de su temperatura.

»Los ríos son caminos; pero <caminos que andan>.

»Funcionan como instrumentos de progreso, porque es imposible el aumento de civilización sin aumento de consumo, y el río no sólo transporta productos, sino que aporta elementos esenciales para la producción.

»Vale más cuando es marítimo que cuando es terrestre, porque <la civilización no llega más que hasta donde llega la marea>.

»La corriente del golfo que atraviesa el Atlántico a razón de unos 50 kilómetros diarios, es un río dos mil veces mayor que el colosal Mississipí, y es, además, el principal mecanismo de distribución del calor sobre el planeta.

»De sus efluvios ha nacido la cultura europea, y la menor alteración en su volumen, en su rumbo, en su espesor, en su velocidad o en su temperatura, significa un acontecimiento trascendental para nosotros, porque todo problema económico, político o social tiene por causa remota algún hecho geográfico.

»El 7 de Agosto del año pasado publicaba el *Evening Standard*, de Londres, la noticia de un cambio en la trayectoria de la corriente, observado sucesivamente por los capitanes de dos buques trasatlánticos. En seguida los centros científicos reanudaron sus estudios sobre esta cuestión, para, en su caso, prevenirse contra las repercusiones del fenómeno.

»El calor almacenado en la corriente es el obstáculo que impide el avance de las masas de hielo polar. Si acaso el agua viene algo más fría o se aleja de su límite ordinario, gana terreno la *banquise* en dirección al Ecuador y sobrevienen los inviernos rigurosos, largos y escasos en precipitaciones atmosféricas.

»Estos inviernos dan lugar a las crisis económicas, porque la construcción se interrumpe en todas partes; las industrias concurrentes a ella, que son la mayoría, se paralizan; las cosechas disminuyen o se pierden; falta el trabajo, falta el pan, y como los pueblos son tan imbéciles, achacan el desastre a los Gobiernos, y caen Gobiernos como moscas, porque ni en el régimen de democracias, ni en el de oligarquías es posible gobernar contra la hostilidad unánime de la opinión pública.

»Por el contrario, cuando un desplazamiento de la corriente hacia el Norte hace retroceder a la *banquise*, retroceden sincrónicamente hacia las cumbres los heleros de los Alpes, y entonces hay inviernos cortos, húmedos y suaves; buenas cosechas, actividad industrial, trabajo, pan y satisfacción en la gente.

»Los más absurdos Gobiernos arraigan y se consolidan sin esfuerzo alguno en tales circunstancias; de lo que parece deducirse que bien podrían subsistir las sociedades humanas sin ninguna clase de Gobierno, ni bueno ni malo, y no pasaría más de lo que pasa.

»La base principal del cálculo meteorológico es la medida del espesor y la temperatura de la capa de agua tibia que flota sobre el agua fría de los mares libres cercanos a los Polos.

»En el hemisferio Sur la influencia de la rapidez con que se funden los bordes de la *banquise* es mucho mayor, porque hay más cantidad de hielos. Las grandes hambres indias de 1892 y 1898 coincidieron con grandes fusiones del casquete austral, y no sería ilógico atreverse a predecir con casi un año de anticipación las probables hambres indias y las probables crisis de Inglaterra, midiendo en los mares antárticos la extensión y el espesor del agua tibia flotante, porque de su total volumen depende la cantidad de lluvia que pueden llevar los vientos monzones al Asia meridional.

»En el hemisferio Norte daría análogas indicaciones el agua superficial de las costas de Noruega.

»Refiere MICHELET que los heleros de los Alpes avanzaron en las tristes épocas de 1815 y 1816, ayudando a desbaratar el Imperio, y que asimismo en 1849, promovieron la caída de la República en Francia por el encarecimiento enorme de los víveres.

»En cambio, retrocedieron desde 1853 a 1865, favoreciendo la consolidación del golpe de Estado del tercer Napoleón, que por eso pudo sostenerse sobre el trono cerca de veinte años.

»Los gobernantes, sin embargo, no suelen calcular sus probabilidades de permanencia en el Poder por las oscilaciones de la temperatura alpina, sino por las oscilaciones de la Bolsa.

»Termómetro temible –añadía MICHELET, refiriéndose al Mont Blanc–, sobre el que el mundo moral y el político deberían siempre tener fijos los ojos. Las alteraciones atmosféricas causadas por esos fenómenos de inmensa y profunda trascendencia cambian, al propio tiempo que la vida alimenticia, el pensamiento, el humor y la vida nerviosa. En la excelsa frente del Mont Blanc, más o menos cargada de hielos, están escritos la suerte futura de Europa, los tiempos de lucha y de paz y hasta los grandes cataclismos que arrasan imperios y derriban dinastías.

»La altura del Mont Blanc crece por acumulación o mengua por fusión de nieves perpetuas en relación con las alteraciones de la gran corriente.

»En ésta se registran variaciones diurnas, estacionales y anuales; pero aún no se han podido recoger datos bastantes para formular una ley de periodicidad. En cambio, se sabe hace mucho que con un descenso de sólo cuatro grados en la temperatura media volvería la Europa central a cubrirse de hielos, como en la época glaciar, y el helero del Ródano avanzaría hasta Lyon, sepultando media Francia.

»Ahora que entre Europa y América parece iniciarse una guerra de tarifas, que bien pudiera ser antecedente de otra a mano armada, conviene mencionar, siquiera como particularidad curiosa, la existencia de un terrible instrumento de combate que el azar ha dejado al arbitrio de los norteamericanos.

»La corriente del golfo desemboca en el Atlántico por el canal de la Florida, cuya máxima anchura es de 80 kilómetros.

»No una opinión vulgar, sino la del sabio A. Berget, profesor del Instituto Oceanográfico de París, ha previsto en la página 213 de su libro *Les problemes de l'Océan*, la posibilidad material de una supresión de la gran corriente por obstrucción voluntaria del canal de la Florida; empresa inmensa –dice–; pero no irrealizable en la hipótesis de una larga guerra entre el viejo y el nuevo continente.

»La civilización europea dejaría entonces de existir, como barrida por una catástrofe cósmica semejante a las de la época terciaria. Los puertos se congelarían casi instantáneamente, aprisionando hasta las barcas pescadoras. Los ríos dejarían de correr. El agua manantial se convertiría en piedra. Toda vegetación desaparecería en las vertientes. El hielo penetraría en oleadas sólidas a través de las llanuras, triturando cuanto hallase al paso. La población perecería de hambre en masa, y sobre el clásico emporio de prosperidad, de inteligencia, de vigor, de actividad, de grandiosidad y de belleza artística surgirían planicies análogas a las del Spitzberg o la Laponia al mortífero soplo del invierno polar, que inexorablemente avanzaría con su cortejo de horrores.»

¿Qué más *astrología?* Y eso que, en punto a las relaciones entre astros y hombres, nuestra Ciencia está en mantillas y aun dista mucho en lo futuro ese sublime día en que la Ciencia se convenza con las religiones (profanadoras éstas, ¡ay!, de tan divinas verdades) de que *todo baja del Cielo*, pues que la Tierra no es sino el más mísero de los astros, y que si la Astronomía antigua y moderna nos ha dado los relojes, la medida de los tiempos, los medios para guiarnos en las navegaciones marítimas y aéreas por donde ninguna terrestre cosa nos puede guiar, el análisis espectral, etc., etc., la Astrología futura, que no es sino la *Biología de los astros*, nos dará mañana los medios para mejor orientamos también en los Océanos del Espíritu, como antaño enseñaran los Sabios caldeos, al damos la *Religión de la Naturaleza*, que dice BLAVATSKY, religión única de la que todas las demás conocidas han derivado sus *dogmas* (mitos o envolventes de verdades científicas perdidas), para acabar materializándola... ¡Entonces llegará ese feliz día, presentido por CLAUDE BERNARD, en el que el científico, el filósofo y el poeta hablen el mismo lenguaje y se entiendan todos con él, no como ahora, en que discrepan por no comprenderse recíprocamente!

–¡Ah! Si algún día –repuse– he de llegar a ser uno de los Sabios, no será sino por el intermediario del señor Conde de Gabalis; más, hablando francamente, ello nunca me empujará hacia la galantería Filosófica que me exigís.

–Acaso –respondió el Conde– ¿vais a ser tan pésimo Físico, que no os persuadáis de la existencia de aquellos pueblos de los elementos?

–No lo sé –opuse–. Pero me parece que ellos no serán sino unos trasgos despreciables y odiosos.

–¿Y daréis más crédito a vuestra nodriza, que tal absurdo os enseñara, que a la razón natural del brazo con PLATÓN, PITÁGORAS, CELSO, PSELLUS, PROCLO, PORFIRIO, YÁMBLICO, PLOTINO, TRIMEGISTO, NOLLIUS, DORNÉE, FLUDD; que al inconmensurable FELIPE AURÉOLA THEOPHRASTO BOMBAST DE HOHENHEIN, por otro nombre PARACELSO y que a todos nuestros Compañeros?

–Os creería, señor, a vos más que a todos esos grandes hombres, pero, querido señor Conde, ¿no podríais hacer un arreglo con vuestros compañeros para dispensarme de verme obligado a derretirme en ternuras con esas Señoritas elementarias?

–¡Ay! –replicó Gabalis–. Sois libre, sin duda, para no hacerlo si no os place. Sabed, no obstante, que han sido muy pocos los Sabios que han podido acorazarse contra los encantos de aquellas irresistibles amantes. A pesar de ello, también ha habido alguno que, reservándose en absoluto para mayores designios, como alcanzaréis también a saber con el tiempo, no ha querido dar su óbolo de amor a las Ninfas.

–Yo seré, pues, del número de estos últimos, y así no tendré que poner en práctica las nefandas ceremonias que, según oí decir a un Prelado, es preciso realizar antes de entablar físico comercio con tales Genios de los elementos.

–Ese infeliz Prelado no sabía lo que se decía –replicó el Conde–, pues ya veréis a su tiempo y sazón que los tales no son Genios. Además, que nunca Sabio alguno usó de ceremonias ni de otra superstición alguna para familiarizarse con aquéllos ni con los demás invisibles.

Los Cabalistas jamás actuaron sino mediante el empleo de los medios que proporciona Naturaleza, y si alguna vez os tropezáis en sus libros con palabras misteriosas, caracteres raros, inciensos y evocaciones, ello no es sino para ocultar a los ignorantes los altos principios de la física. ¡Admirad en ello una vez más la maravillosa sencillez de ella en todas sus operaciones! A poco que miréis advertiréis en tamaño simplicismo una armonía, un concierto tan pasmoso, justo y perfecto, que habréis de reconocer, mal que os pese, la miseria de vuestras desdichadas concepciones. Todo cuanto os digo lo enseñamos los filósofos a nuestros discípulos queridos a quienes así adentramos en el camino que conduce al Santuario de santuarios de la Madre Naturaleza, al par que nos desvivimos por las gentes del mundo elementario, merced a la santa compasión que, por su desgracia de ser inmortales, sentimos hacia ellos.

Las Salamandras, como ya habréis podido colegir, están formadas por las partes más sutiles de la esfera del fuego y condensadas y organizadas por la acción fecunda de este elemento supremo del que habré de hablaros algún día y que es el primer principio de todas las actividades de la Naturaleza. Las Sílfides, por su parte, están integradas por los más puros átomos del Aire; las Ninfas u Ondinas por las partes más delicadas del elemento Agua, y por las más selectas del elemento Tierra, los Gnomos.

En el principio de las cosas existía bastante equiparidad entre Adán y aquellas tan perfectas criaturas, porque Adán estaba a su vez formado por todo cuanto había de más escogido y puro en los cuatro Elementos, abarcando, por tanto, el conjunto de las perfecciones características a cada uno de aquellos Pueblos, de los que así era el Rey y el natural Señor. Pero tan luego como su lamentable pecado hubo de precipitarle en las escorias de esos mismos Elementos, como ya os explicaré, la armonía aquella, tan hermosa, fué destruida, y desde entonces, siendo ya impuro y grosero, no puede ponerse en parangón con aquellas Substancias tan puras y sutiles. ¿Qué remedio podía hallarse contra tamaño mal? ¿Cómo tornar a remontar la fatal pendiente de la caída y recobrar la soberanía perdida?... ¡Oh, sabia Naturaleza, y cuán poco estudiada estás aún por los mortales! Después de lo que os llevo dicho, ¿no alcanzáis vos a comprender por qué modo tan sencillo puede reconquistar el hombre aquel supremo bien que antaño perdiera?

–Perdón, señor. Me reconozco demasiado ignorante para resolver acerca de simplicidades semejantes...

–Una razón más para que os debáis esforzar en llegar a ser del número de los Sabios.

–Si queremos –añadió– recuperar el antiguo imperio sobre las Salamandras nos es preciso purificar y exaltar el elemento fuego y tonificar la tensión de esta cuerda relajada de nuestra alma. Para lograrlo no hay sino concentrar el fuego del mundo mediante espejos cóncavos en un globo de vidrio y tal fué siempre el artificio que los Maestros antiguos guardaron en religioso secreto y que THEOPHRASTO redescubrió. Fórmose así dentro del globo de vidrio una especie de polvo solar, el cual, purificándose por sí mismo de la mezcla con los otros Elementos y estando preparado según el Arte espargírico, alcanza en poco tiempo una vigorosa virtualidad, apta para exaltar el fuego que late dormido en nosotros, constituyéndonos una adecuada naturaleza ígnea. Desde este instante los habitantes de la esfera del fuego quedan transformados en nuestros fieles servidores, encantados al ver así restablecida la mutua armonía ancestral, alzándonos hasta ellos, y nos vuelven a guardar toda la amistad que tienen para con sus hermanos; todo el religioso respeto que es debido, según Natura, a la Imagen y al Lugarteniente del Creador, y todos sus cuidados palidecen ante el ardiente anhelo de verse al fin inmortalizados por nosotros. Verdad es, sin embargo, que, como ellas, la Salamandras de uno u otro sexo, son más sutiles y excelsas que los seres de los otros Elementos, viven mucho más tiempo que éstos y no sienten tanta premura como ellos de ser inmortalizadas por los filósofos. Vos mismo, hijo mío, os podríais agenciar alguna de aquellas ígneas Salamandras femeninas, si la aversión injustificada que decís sentir hasta hoy hacia ellas llegara un día a cesar y no volveríais a abrigar los pueriles temores que actualmente os asaltan sin motivo.

No acontece lo mismo con las Sílfides, Gnomos y Ninfas. Como ellos viven menos tiempo, anhelan más que aquéllas la unión con los humanos, así que la familiaridad con ellos es más fácil de conseguir. No hay sino cerrar una vasija llena de aire, de agua o de tierra, respectivamente, exponiéndola a los rayos del Sol durante un mes o más, para separar según arte el correspondiente Elemento, cosa harto fácil tratándose del agua o de la tierra. Y es asombroso el ver qué imán de simpática atracción es cada uno de los elementos así obtenidos para atraer a las Ninfas, Sílfides o Gnomos. No hay sino tomar una parva porción de aquellas substancias todos los días durante algunos meses, para alcanzar a ver en los aires la alada república de Silfos y Sílfides; en las aguas a las Ninfas y sus compañeros; en la tierra a los Gnomos y las Gnómidas, guardadores de sus riquezas fabulosas. Así, sin caracteres mágicos, sin ceremonias rituales, sin palabras de bárbaras resonancias, etc., llega uno a constituirse en señor absoluto de aquellos innumerables Pueblos, los cuales están bien lejos de exigir culto alguno hacia ellos por parte de los Sabios, en quienes no pueden ver sino a sus legítimos soberanos. De este admirable modo la Naturaleza enseña a sus criaturas a reparar los Elementos por los Elementos. Así se restablece la antaño perturbada armonía y el hombre recobra su natural imperio, perdido por el pecado, sin Demonio, ni arte ilícita alguna. Ved, pues, mi amable hijo, que los Sabios Filósofos son más inocentes y buenos de lo que os creéis. ¡Nada me decís!...

–Simplemente os admiro, señor –respondíle–, y empiezo a creer que acabaréis haciéndome alquimista destilador...

–¡Ah, de ningún modo! –exclamó–. No es a esa faena frívola a la que vuestro horóscopo os destina. Es más, os prohíbo terminantemente que perdáis el tiempo en semejante entretenimiento. Ya os he dicho que los Sabios no muestran estas cosas de la Alquimia más que a aquellos a quienes no quieren admitir en su hueste filosófica. Vos podréis gozar de estas y otras ventajas, todas infinitamente más privilegiadas, gloriosas y agradables, por procedimientos más directamente filosóficos. Yo no os he descrito las múltiples cosas dichas, sino para hacer os ver la inocencia de semejante Filosofía [10].

[10] Cítase en el texto al gran PARACELSO, del que FRANCE dice fué víctima de la venganza de una salamandra. De este sabio, descubridor de elementos químicos, médico, filósofo y naturalista, consigna un autor:

«Allá, en el año 1493, nació en Suiza un hombre extraordinario, cuya vida y actuación han sido muy discutidas por la Historia; fué FELIPE AURÉOLA THEOFRASTO BOMBAST DE HOHENHEIN, conocido por todos con el nombre de PARACELSO.

»Algunos, con criterio simplista y ligero, lo juzgan como a un osado charlatán que engañó a sus contemporáneos con pretendidas curaciones sin ninguna base científica. Pero no es extraño que un hombre como PARACELSO, cuya figura se alzaba muchos codos por sobre la mediocridad de su época, haya sido el blanco del dicterio y de la torpe calumnia. Muchos ejemplos análogos registra la Historia de todos los tiempos.

»A los dieciséis años ingresó en la Universidad de Bale, donde enriquece sus conocimientos humanistas. El célebre abate TRITHENIUS SPENHEIM, considerado como uno de los más grandes adeptos en magia, alquimia y astrología, fué su protector, y bajo su dirección se inició en los estudios ocultistas. En este medio PARACELSO desarrolló los extraños poderes latentes que dormían en él y que sólo esperaban un leve impulso para surgir de su interior.

»Trabajó después en el laboratorio del alquimista SIGSMOND, reputado como maestro en las artes espargíricas, quien, al darse cuenta de las altas facultades de su discípulo, no vaciló en revelarle sus más preciosos secretos.

»Viene luego un período de viajes y arriesgadas correrías.

»PARACELSO visita algunos países del Oriente, donde recoge muchas verdades perdidas que vienen aumentar el ya ingente caudal de sus conocimientos. Según H.P. BLAVATSKY, él fué uno de los primeros occidentales en recibir la verdadera *iniciación*, donde le fué confiada la famosa *palabra perdida* de que nos hablan las tradiciones arcaicas.

»Haciendo referencia a sus vastos conocimientos de las leyes naturales, dice nuestra ocultista: «Es en el libro amplio y luminoso de la madre Naturaleza, escrito por la mano de Dios mismo, donde yo estudié. Mis gratuitos impugnadores arguyen que no he entrado en el Templo del Saber por la *verdadera puerta*. Pero ¿cuál es entonces la verdadera puerta? ¿Es por acaso la de las Universidades, o es la de la Naturaleza misma? He entrado por la puerta de la Naturaleza, que es luz fulgurante, no lámpara de alquimista».

»Escribió gran número de obras valiosas sobre Medicina, Alquimia, Historia Natural y Magia. H.P. BLAVATSKY lo llama el padre de la ciencia moderna, y no vacila en atribuirle el descubrimiento del hidrógeno y de las propiedades magnéticas. Poseía conocimientos extraordinarios de los planos sutiles de la Naturaleza. Conoció, como ninguno de su época, los misteriosos arcanos de los reinos elementales.»

En cuanto a sus métodos curativos, TEOFRASTO PARACELSO los empleó en todas las formas que hoy conocemos; usó los minerales, los vegetales; recomendó los sistemas naturales, el aire, el sol, el agua, hoy tan favorecidos por los médicos de avanzada, y más aún, hizo maravillosas curaciones, empleando la terapéutica telepática y el magnetismo como agentes de eficacia suprema. En fin, este discutido filósofo abarcó un campo inmenso de conocimientos físicos y suprafísicos, revolucionando a la ciencia empírica y estrecha de su tiempo. Lógicamente se comprende que tal innovador atrevido fuera el blanco de las más virulentas diatribas de parte de sabios e ignorantes, entre ellos su traidor discípulo OPPORINO, de quien acaso nació la fábula de que el alma de su poder mágico era un espadón, regalo de un verdugo, y que siempre llevara consigo. Los médicos de su tiempo le hicieron objeto de sus persecuciones por sus métodos naturistas.

«Tan firme es, en fin, la creencia popular en los poderes mágicos de PARACELSO, que aun hoy día, entre los sencillos campesinos de la Alsacia, se conserva la tradición de que no está muerto, sino que dormita en su tumba de Estrasburgo. Hasta se susurra en la intimidad de ellos que el césped que su tumba cubre se levanta a cada respiración de su dolorido pecho, y que se oyen los profundos gemidos de aquel gran filósofo del fuego cuando despierta el recuerdo de las crueles injurias que sufrió por la causa de la verdad de manos de sus despiadados calumniadores» (SCHOPHEIM: *Tradiciones*).

La verdadera doctrina de PARACELSO, pues, contra lo que dice Gabalis, era la misma de Oriente. Los arios no tienen Diablo –fantasía semítica nacida de la corrupción del mito egipcio de *Thiphon* o del parsi de *Arimanes*–; pero admiten una evolución anterior, e inferior, no superior, a la actual, constituida por esas criaturas elementales que tan bellas y superiores son para los delirios eróticos del buen Conde: criaturas en realidad monstruosas en lo físico, algunas, y en lo moral, todas, y que vienen siendo perpetuadas en el Arte desde los tiempos egipcios, hasta las crudezas de la arquitectura románica. No hay para la doctrina oriental, pues, sino un submundo constituido por aquéllas, y un supramundo, al que el hombre, mediante la rectitud de su vida, debe aspirar para después de su muerte. En las religiones, en cambio, como el cristianismo o el mahometismo, no hay sino el submundo de los demonios y el supramundo de los ángeles y los justos, y las «criaturas elementales» entran a formar parte de aquel submundo demoníaco, doctrina que no se diferencia de la oriental más que en rebajar aún más, si cabe, la condición de ellas, pero con la paradoja de considerar a los demonios, especialmente a su jefe, como un Rival y un Colaborador de Dios, al tenor de aquel famoso Credo que un ironista pone en labios del creyente más sincero, al que hace decir:

> «Creo en el Diablo, Padre todopoderoso del Mal: destructor de todas las cosas; perturbador de los Cielos y la Tierra;
> Creo en el Anticristo, su único Hijo, y nuestro perseguidor;
> Que fué concebido por el Espíritu Maligno;
> Y nació de una Virgen sacrílega y loca;

Fué glorificado por la Humanidad, reinó sobre la misma;
Y subió al trono del Omnipotente;
Haciéndose sitio a un lado y desde donde insulta a los vivos
y a los muertos.
Creo en el Espíritu del Mal;
En la Sinagoga de Satán;
En la coalición de los malvados;
En la perdición del cuerpo,
Y en la Muerte o Infierno perdurable. *Amén.*»

No obstante, ilustres padres de la Iglesia han visto el problema más filosóficamente. «SAN AGUSTÍN, dice ANATOLE FRANCE en su *Rótisserie*, enseña que: cuando la Escritura nos exhorta a resistir a los demonios (o «elementales») ha de entenderse por estos últimos a nuestras pasiones y desordenados apetitos». Las «pequeñas vidas» o *microbios* que constituyen los átomos, moléculas y células de nuestro organismo *todas tienen alma*, como dice PARACELSO, y no hay sino ingerir en nuestra economía corpórea unas moléculas, por ejemplo, de alcohol, para que nuestra psiquis «arda cual bajo el soplo de una ígnea Salamandra» y... ésta nos conduzca al crimen o a la locura. ¿Qué más «elementales»; qué más raza astral de los Olibah y Aolibah cabalísticos, que la constituida por la actividad energética y perversamente inteligente de las moléculas nocivas de todos los excitantes, tales como el *hachisch*, el peyolt mexicano, los venenos y estupefacientes, que, precisamente por ello, por excitar la imaginación, nos ponen en condiciones de *ver* a las entidades aquellas, o por lo menos experimentar sus irremediables efectos de perdición? Cuente, pues, el que apela a los estupefacientes, «que se desposa con una Salamandra o una Sílfide», la cual habrá de darle el abrazo mortal que acarrea la locura o lleva al suicidio o al crimen. DEFOE dijo que, no queriendo ser culpados los hombres, atribuyen al Diablo sus propios crímenes, mas, nosotros pensamos que el único delito del hombre delincuente es el de debilitar por sus errores sus nativas resistencias orgánicas contra aquellos venenos y sus «almas envenenadoras», que, introducidas en su cuerpo, así le anormalizan... «*Celui-là, l'a tué; celui-lá, l'a plumé; celui-lá, l'a fricassé; celui-lá, l'a mangé: et le petit Riquiqui qui n'a rien du tout* –o sea el hombre-víctima– sufre las consecuencias luego de la abdicación que hizo de su Voluntad soberana, ante la seducción de los «artificiales paraísos» del vicio. «¡Sauce, sauce, sauce!», puede exclamar triunfal, terminando aquel simpático canto infantil francés a los dedos de la mano, o sea al Hombre, por su mano caracterizado, cuando, conocedor del «peligro elementario», le opone el dique de la Virtud y del Deber, en medio de una heroica Paciencia, al estilo de Job, desde que tiene uso de razón hasta que muere, porque no olvidemos que la iniciación en los Misterios eleusinos, etc., no era sino una dramática representación de tales escenas del mundo inferior en su lucha contra el hombre, lucha simbolizada en todos los héroes (Krishna, Hércules, Laoconte, Sigfredo, etc.), contra aquellas *Serpientes.*

Estas son las «dulces esposas» que Gabalis deparaba a su discípulo, porque debemos decir sin ambages, que las eróticas imaginaciones de ciertos frailes y laicos medievales hicieron una donosa invención en contra de la severa doctrina evangélica o coránica, y de los *nativos* «demonios» hicieron una donosa separación, creando, digámoslo así, aparte de «demonios malvados», unos «daimones buenos y amorosos»... ¡tan amorosos, que su abrazo es, como vimos, mortal para sus víctimas!

De aquí la peregrina teoría de que los demonios son opuestos a «la inmortalización por matrimonio» de los «elementales», siendo así, que estos últimos son los demonios mismos de las literaturas religiosas, es decir, los fomentadores de tan «solitario vicio», como es el disfrazado tras la «inmortalización» aquella. Y es tan lógico en sí este error, que un conspicuo escritor espiritista ha llegado a decir:

«Conviénese en que el hombre es el rey de la creación, precisamente por haber culminado las fases evolutivas: por reunir ya en sí la sensciencia de todo sér viviente, la inteligencia de los animales y la voluntad deliberativa, que es patrimonio exclusivamente suyo. Al formularse este juicio, no debían conocerse los Elementales, y si se conocían, se hizo de ellos una excepción a todas luces injustificada. Son seres que tienen razón Y lenguaje como el hombre; sienten, sufren, gozan, enferman y mueren como los animales; trabajan, duermen, comen, beben, construyen sus casas y vestidos y tienen ciencias y artes como los humanos, y hasta los hay de todos los grados del sentimiento: unos de índole benéfica y otros de índole maléfica. H.P. BLAVATSKY tenía uno a su servicio a quien le hizo dobladillar servilletas, y PARACELSO aconseja que «si alguno tiene un Gnomo por criado, séale fiel, porque cada uno tiene que ser obediente para con el otro»; de modo, que siendo talla naturaleza de estos seres, bien vale la pena de tenerla en cuenta al hacer la distinción jerárquica al principio aludida. Y no se alegue que el que carezcan de alma espiritual es motivo suficiente para que se prescinda de ellos en la distinción, porque, aparte del significativo hecho de que pueden adquirirla a poca costa –cohabitando con los hombres–, en el mismo rango se hallan los animales y vegetales, y ello no es óbice para que se les cite. Proponemos, por tanto, que se diga, que el hombre es el rey de la creación, por reunir en sí la sensciencia de todo sér viviente, el instinto de los animales, la inteligencia y determinismo de los Elementales, y la espiritualidad, que es patrimonio exclusivo suyo. Así, pues, pasemos a lo que nos importa. Opinamos como Paracelso. Puesto que, según se afirma, los Elementales son espíritus con los cuales nos comunicamos, debemos poner empeño en tenerlos propicios.

»Viviendo los Elementales en torno nuestro, pero en otro medio, en otro modo de ser; siendo ellos los pobladores del «mundo interno», mientras nosotros lo somos del «mundo externo», está claro que, para ponemos en relación, para establecer ese comercio a que antes nos hemos referido, una de dos: o ellos han de tomar transitoria o permanentemente nuestra forma de existencia, o nosotros hemos de tomar la suya. Si es cierto que «cada especie se mueve únicamente en el elemento a que pertenece, y ninguno de ellos puede salir de su elemento propio, que es para ellos como el aire es para nosotros, o el agua para los peces, y ninguno de ellos puede vivir en el elemento que pertenece a otra clase», necesariamente hemos de ser nosotros los que invadamos su elemento y nos acomodemos a su manera de ser. ¿Cómo? Esta es la incógnita; pero no es una incógnita tan inexcrutable que no podamos despejarla, cuando menos por inferencia. ¿Quién de nuestros lectores no ha sonado alguna vez estando completamente despierto, y en ese ensueño no ha visitado una encantadora ciudad de suntuosos edificios, de anchas y pulcras vías, con jardines, con bosques, con lagos, con cascadas..., siendo sus moradores, aunque opulentos, gentes buenas y sencillas, cariñosas, obsequiosas, complacientes... y enamoradizas inclusive, hasta el extremo de que alguna dama principal o algún encopetado caballero –según quién es el soñador–, le ha llevado al ara santa para unirse a él con los lazos de Himeneo? Pues si todos hemos soñado eso, o cosa parecida a eso, todos hemos estado en el mundo de los Elementales, todos nos hemos acomodado a su manera de existir, y todos hemos convivido con ellos. ¿Que el sueño no es otra cosa que producto de la fantasía? Convenido; y precisamente por convenir en ello, convenimos en que es una escapada al mundo de los Gnomos, de las Sílfides, de las Ninfas o de las Salamandras...»

¡Y tan escapada!, pero es muy diferente la vida fisiológica en el mundo «astral» que el sueño y los ensueños suponen, que esotra escapada patológico sexual, tan propia por ello de los estados sexuales críticos, tales como los albores o las postrimerías de la facultad genésica, y en los que, remedando la picaresca fábula griega de Dafnis y Cloe, aquellas «entidades» nos inician, por medio de sueños, en el secreto sexual, o bien pretenden «consolarnos» de un placer sexual que ya se aleja... Pero los médicos no ignoran la perturbación morbosa que tales «ensueños» y «solitarismos» acarrean luego contra la santa facultad procreadora.

En cuanto a los poetas y los adolescentes o los senescentes, siguen soñando con las visitas estilo «sílfides» de Gabalis, y ya aludió a ello nuestro festivo escritor Manuel del Palacio, en aquel satírico soneto que dice:

«–¿Quién eres, ángel, que ante mí apareces
como en nublado cielo blanca aurora
y al corazón que desengaños llora
paz y ventura y esperanza ofreces?
Yo te he visto en mis sueños muchas veces,
juguete de ilusión fascinadora,
y vive en mí tu imagen seductora,
y con tu puro aliento me extremeces.
¿Eres, quizá, la sílfide hechicera
que amada de las nubes y las brisas
llevarme quiere a su azul esfera?
¡Flores hollando vas por donde pisas!
¿Quién eres? –Soy, señor, la lavandera
y vengo a que me pague las camisas.»

Pero nosotros en estos «poéticos» asuntos estamos más de acuerdo tras estas bellas apariencias, con la espeluznante pintura que de un pérfido incubo nos hace el católico DESMOUSEAUX y con las representaciones que de ellos nos han dado multitud de pinturas y tallas religiosas.

Semejantes imágenes del ensueño erótico, que tan quebrantado e incapaz deja luego al organismo y que, repetido, es causa principalísima de la histeroepilepsia en muchos jóvenes de ambos sexos, son a veces también producidas por las mismas *kanni* «vírgenes malas», adoradas por ciertas castas inferiores de la India, hordas de espíritus seudohumanos, compuestas por hombres y mujeres, muertos no precisamente en olor de santidad, y a los que se pretende distraer de sus vampirismos, poniéndoles alimentos y bebidas cerca de sus tumbas, práctica esta última que, al ser tan común entre los pueblos antiguos, demuestra cuán general debieron ser entre ellos estos errores necromantes de grosera relación con los muertos... Ellos son, en fin, los *shadin* o vampiros de Maimonides; los goulas del desierto; los *phutam* y los *pey* (del sánscrito *pesasu*, espectro, aparición), terribles fantasmas errantes o «espíritus shivaitas» que engañan o atormentan a los vivos, a quienes así psíquicamente anormalizan, y quienes pueden ser evocados mediante todo género de derramamientos de sangre, etc., al modo de Ulises con Tiresias, y de aquí también los sacrificios de animales y hasta de hombres, que hoy nos horrorizan en la Historia y en los que mostraran su eterna maldad «los Hermanos de la Sombra».

«*Así obran los hermanos de la sombra –los asesinos de sus Almas, la horrible secta de los Dag-Dugpa–*, dice un viejo texto.

»En todos sus escritos, añade un autor teósofo, aplica la señora BLAVATSKY la palabra Dugpa a los hermanos de la sombra, magos negros, como los llamamos generalmente. Quizá la elección del nombre no ha sido afortunada, porque los dugpas no merecen todos los horrores que dijo de ellos.

»En el Tíbet, antes de introducirse el buddhismo en él, se daba mucho culto a los elementales y espíritus de la naturaleza, y se les ofrecía regularmente sacrificios de carácter propiciatorio. La religión era de un nivel muy bajo, como tienen que ser todas las de naturaleza propiciatoria. La Sra. BLAVATSKY dice: ‹Los Bhons y Dugpas y las diversas sectas de los *Red-caps* (casquetes rojos), se tienen por los más versados en hechicería. Habitan en el Occidente, en el pequeño Tíbet y en el Bhutan›. Aún vive, pues, la antigua religión.

»Lo mismo ha ocurrido en otras religiones. En el cristianismo, por ejemplo, como he dicho antes, aún dura Jehovah, deidad de tribu, celoso de otros dioses. Nada sabían los judíos de una Deidad Suprema hasta que los llevaron en cautividad a Asiria, y allí trataron de identificar al Supremo Dios, de que oyeron hablar entonces, con su dios de tribu, y hubo mucha confusión. Desgraciadamente, el cristianismo se enredó en esto, y aún aparece en el servicio inglés de la comunión. En la primera parte del servicio se leen los diez mandamientos de los judíos, donde se habla de un Dios celoso; pero luego, en el mismo servicio, nos encontramos con que a Dios se le llama ‹Dios de Dios, Luz de Luz, Verdadero Dios de Verdadero Dios›. La antigua idea de la propiciación pasó también al cristianismo en la curiosa concepción de la compra de Dios con la muerte de Su propio Hijo.

»En el Tíbet, adonde el buddhismo envió nada menos que tres misiones y la población en su mayor parte es buddhista de alguna clase, la antigua religión aparece una y otra vez, porque tiene un gran arraigo en el corazón de la gente. El mismo fenómeno se observa en los Apeninos italianos, donde la antigua religión etrusca, mucho más antigua que la romana, se deja ver todavía. En vano se le ha opuesto la Iglesia Católica. Otro ejemplo aparece en Ceilán. Allí la población es buddhista y hay algunos cristianos, descendientes de los convertidos por los portugueses; pero también, en los momentos de una necesidad real –una enfermedad o calamidad seria–, lo mismo los buddhistas que los cristianos, vuelven a su antiguo *culto del diablo.* Si se les pregunta por qué obran así, contestan: «Por supuesto que nosotros somos buddhistas o cristianos civilizados; pero, después de todo, puede haber también algo en la antigua fe y no hay daño en asegurar las cosas».

»La terminación *pa* significa simplemente *gente.* Y así, los secuaces del Maestro Kûtûhmi se llaman en el Tíbet Kut-Hum-pa. Los Bhon-pa son los secuaces de la religión aborigen. Los descendientes de los convertidos por la primera misión se llaman Nimma-pa. Esta primera incursión del buddhismo se corrompió rápidamente por la antigua fe. La secta de los kargyu representa a los convertidos por la segunda misión, que se envió al Tíbet algunos siglos después de la primera. Los Dugpa o Red-caps pertenecen a esta secta; y, por tanto, están a dos pasos de los Bhon-pa. También ésta se adulteró y dejó infiltrarse en ella a las antiguas creencias.

»Después vino la tercera y última reforma de Tsong-ka-pa. Los secuaces de ésta son los Gelug-pa o Yellow-caps (casquetes amarillos). A esta secta pertenece el Dalai Lama y el Teshu Lama y el actual Gobierno del país. A ella pertenecen también exteriormente nuestros dos Maestros. La gente de esta secta lleva en grandes ocasiones ropa amarilla, y, lo que es harto curioso, casquetes puntiagudos, parecidos a celadas.

»Aryasanga pertenecía a los Casquetes-Amarillos, y, por de contado, Alcione en su última encarnación, como discípulo de aquél. Quizá Alcione reforzó un tanto las expresiones de su maestro al hablar de los Red-caps. Llamarlos *asesinos de sus almas* es cosa que no se aviene fácilmente con el espíritu de la religión buddhista.

»La secta Dug-pa no es tan mala como se la ha pintado. Son buddhistas con el culto natural superpuesto. Sus enemigos dicen que este culto antiguo incluía sacrificios animales, y aun humanos en un tiempo... (Nosotros opinamos que son pésimos).

»Los casquetes amarillos son adversarios de éstos, porque luchan por purificar el buddhismo. Sus reglas son más rígidas y admiten mucho menos del culto natural, aunque ni ellos han sido capaces de desembarazarse de él enteramente, y es fácil que algún día se intente nueva reforma. De la secta Dug-pa se han unido algunos a los Yellow-caps, y aun han atraído la atención de nuestros Maestros, y, por tanto, no pueden ser del todo malos. Los Bhon-pa no son una clase muy avanzada o dignificada de magos negros, y llamarlos *hermanos de la sombra* es darles más mérito del que merecen aun desde su punto de vista. La verdadera doctrina del Buddha distingue entre los humanos caídos como va dicho, y así constituidos en demonios tentadores, de los simples elementales o «demonios que nacen y mueren», quienes, no pecando, pueden salvarse al fin, y en cuanto al Cristianismo en la *Historia de la Sagrada Pasión, sacada de los cuatro Evangelios* por el Padre Luis de la Palma, S.J. Se cita el salmo 108, versículo 6 y se añade: <¡Oh Judas..., escogiste el aire por morada, donde habitan los demonios...> »

Nos hemos extendido tanto en estas citas orientales (que podrían ser centuplicadas), porque, a bien decir, nada hay nuevo, ni «bajo el Sol», ni, menos, en Occidente, y los pocos jesuítas ilustrados que hay en estas cosas saben bien que no nos engañamos y que, como ellos, aunque desde campos diametralmente opuestos, sabemos respecto del culto necromante de Shiva unos y otros a qué atenernos.

–Gracias a Dios, Conde –repliqué–, ya no tengo tanto temor como antes, y, aunque no me determino todavía al acoplamiento que me proponéis con las hermosísimas Salamandras, no dejo de sentir cierta curiosidad por saber cómo habéis descubierto que mueren más pronto que éstas las Ninfas y las Sílfides.

–Ellas tal nos aseveran y además las vemos morir nosotros mismos.

–¿Cómo es que podéis verlas morir, si vuestro comercio carnal con ellas las hace inmortales?

–Ello sería así si el número de Sabios igualase al número de aquellas gentes, además que existen no pocas de entre ellas que prefieren morir a arriesgarse, haciéndose inmortales, a ser tan desdichadas como los Demonios lo son. El propio Diablo es quien les inspira tales sentimientos, porque no hay cosa que él no intente para impedir que aquellas infelices criaturas alcancen la inmortalidad por su alianza con nosotros. De suerte que yo considero, y vos consideraréis lo mismo, como una mala tentación y como una acción poco caritativa esta aversión que vos experimentáis.

En corroboración de todo esto que se refiere a la muerte de que me habláis, ¿qué es lo que obligó a decir al Oráculo de Apolo que todos cuantos hablaban por los Oráculos eran tan mortales como él, según nos testimonia Porfirio? ¿Y qué os figuráis que quiso decir aquella Voz que fué oída en todas las costas de Italia y que aterró a cuantos navegaban por sus aguas: ¡*El gran Pan ha muerto*!? Eran los pueblos del aire que así noticiaban a los pueblos de las aguas que el más viejo de los Silfos acababa de morir.

–Cuando fué oída semejante Voz –dije–, me parece que el mundo adoraba a Pan y a las Ninfas. ¿Pretenden, pues, esos Señores nuestros, cuyos comercios sexuales me preconizáis, hacerme que adore a falsos Dioses del Paganismo?

–Es cosa indudable, hijo mío, que los Sabios nunca se han abstenido de creer que el Demonio haya tenido jamás el poder bastante para hacerse adorar. Él es demasiado torpe y desdichado para haber tenido por sí tamaña autoridad y semejante placer; pero él ha podido persuadir a estos habitantes de los Elementos de que se muestran a los humanos y se hagan erigir Templos por ellos. Por causa del natural dominio que todos ellos tienen en el suyo respectivo, les es dable alterar los mares y la atmósfera; hacer temblar y hundirse a la tierra y prodigar los rayos del cielo a su capricho, de suerte que no necesitaron hacer gran esfuerzo para ser tomados como otras tantas Divinidades, durante el tiempo que el Soberano Sér descuidó la salud y la salvación de las naciones. Pero el Diablo no ha obtenido de su maliciosa treta todo el fruto que soñaba, porque de allá surgieron Pan, las Ninfas y los demás pueblos elementarios, encontrando los adecuados medios para trocar este comercio de culto devoto en delicioso comercio de amor, porque sabéis bien que, entre los antiguos, Pan era el Rey de todos estos dioses, a quienes ellos denominaban Dioses íncubos y que perseguían con ardor a las hijas de aquéllos. Muchos de tales paganos han escapado así al Demonio, y no arderán en los Infiernos como otros.

–No os comprendo, señor –repliqué.

–Es que tampoco cuidáis gran cosa de entenderme –continuó él con sardónica sonrisa–. He aquí lo que os pasa y lo que acontecería a todos vuestros doctores que ignoran por completo lo que es la bella Física. He aquí el gran Misterio de toda esta rama de la Filosofía concerniente a los Elementos, y que seguramente evidenciaréis, si tenéis un poco de estimación hacia vos mismo, venciendo esa repugnancia tan poco filosófica que hoy sentís. Procurad, pues, hijo mío, no divulgar ese gran Arcano revelándole a cualquier ignorante indigno y sabed que, así como las Sílfides adquieren un alma inmortal por la alianza que contraen con los hombres predestinados, los hombres que han perdido el derecho a gozar de la Gloria eterna, estos infortunados para los que la inmortalidad no es sino un funesto privilegio y por los que el Mesías no ha sido enviado...

–Entonces, ¿sois, pues, jansenistas, vosotros los cabalistas pomposos? –interrumpí.

–No sabemos lo que es eso, mi amigo –replicó con brusquedad el Conde–, y nosotros tenemos a menos el informarnos acerca de las diferencias que separan a las múltiples religiones de las que los ignorantes se sienten orgullosos. Nosotros nos atenemos a la antiquísima Religión de nuestros padres los Filósofos, en la cual es conveniente que os instruya un día. Entretanto, reanudando el hilo de nuestro tema, añadiré que esos hombres, para quienes la triste inmortalidad no sería sino un eterno infortunio, esos desdichadísimos pequeñuelos a quienes el soberano Padre Celestial ha dejado de lado, aún tienen un recurso supremo de transformase en mortales uniéndose con los pueblos elementarios. De esta suerte veis que los Sabios nada arriesgan respecto de la eternidad. Si ellos son del número de los predestinados, gozan de la dicha de llevar al Cielo, al escapar de la prisión material de su cuerpo, a la desposada, Sílfide o Ninfa que hayan inmortalizado, y si no son predestinados, el comercio amoroso con la Sílfide o Ninfa les libra de los horrores de la muerte segunda.

Así, el Demonio tuvo la rabia de ver escapar de sus garras a cuantos paganos se aliaron con aquéllas. Así, también, los Sabios y los amigos de los Sabios, a quienes Dios nos inspira para que podamos comunicar a otros alguno de los cuatro secretos elementarios que os acabo de revelar en cierto modo, se libran por el amor del peligro de la condenación eterna.

–En honor de la verdad, señor Conde –opuse, cuidando de no exasperarle y aprovechando el pretexto de hacerle observaciones para revelar mis verdaderos sentimientos, hasta que él me descubriese todos los secretos de la Cábala que, a juzgar por el botón de muestra que ya tenía, debían ser graciosísimos y notables–, en honor a la verdad, con vuestra enseñanza dejáis en alto lugar a la Sabiduría y tenéis harta razón para lo que decís de nuestros doctores. Creo también que igual acontecería con todos nuestros magistrados, y que si ellos alcanzasen a descubrir que puede escaparse de la garra infernal por semejante medio, como la ignorancia es inicua, tomarían el partido del Diablo contra tales tránsfugas de su imperio, estropeándoles la fórmula.

–Por eso precisamente es por lo que os he recomendado el Santo secreto. ¡Son muy chocantes vuestros jueces! Ellos suelen condenar la acción más inocente como un negro crimen. ¿Qué barbarie no supuso el haber condenado a la hoguera a esos dos sacerdotes a quienes el Príncipe de la Mirándola dijo haber conocido y que tuvo cada uno su Sílfide esposa por espacio de cuarenta años? ¡Cuán inhumano no fué también el hacer morir a Juana Hervillier que se había dedicado a inmortalizar a un gnomo durante treinta y seis años, y cuán ignorante fué Bodín al tratarla de hechicera, y tomar pretexto de esta aventura para dar pábulo con su autoridad a las quimeras populares relativas a los pretendidos hechiceros, escribiendo un libro tan impertinente, como razonable fuera el otro de su República. Pero... ¡es tarde, y yo no me he dado cuenta, con la conversación de que no habéis comido aún!

–Oyéndoos hablar, señor, me embobo de tal modo, que seguiría así, sin darme cuenta, hasta mañana.

–En cuanto a mí –contestóme sonriendo al par que se dirigía hacia la salida– bien claro se ve que ignoráis aun lo que es la Filosofía. Los Sabios no comen sino por el placer de comer, jamás por una necesidad orgánica efectiva.

–Yo tenía una idea del todo contraria respecto de la Sabiduría –repliqué–, y creía que el Sabio no debería comer por gusto, sino por necesidad.

–¡Estáis a ciegas! –contestó el Conde–. ¿Qué tiempo, pensáis, puede estar el Sabio sin comer?

–¿Quién va a saberlo a ciencia cierta? Moisés y Elías se pasaron cuarenta días ayunando, por lo que supongo que vuestros Sabios alcanzarán a estar sin comer algunos días menos.

–¡Bravo esfuerzo supondría ello! –dijo sonriendo–. El hombre más sabio que ha habido, el Divino y casi adorable PARACELSO asegura que él ha visto a muchos Sabios pasarse sin comer nada veinte años. Él mismo, antes de haber ascendido al pináculo de la Sabiduría, y que hace le consideremos como a nuestro Monarca, se preció de vivir durante muchos años no tomando más que la medida de medio escrúpulo de sustancia solar, y si vos mismo queréis hacer vivir a alguien sin comer, no tenéis sino preparar la sustancia térrea, según os he dicho la preparan los Sabios ayudados por los gnomos. Semejante pasta terrestre, aplicada sobre el ombligo y renovada así que esté seca, permite se pueda prescindir sin molestia alguna de toda comida o bebida, a tenor de lo que el verídico PARACELSO dice haber practicado durante seis meses.

De hecho, el uso de la Medicina Católico cabalística o universal Elixir de Vida, nos liberta de toda clase de necesidades importunas, a las que la Naturaleza tiene esclavizados a los ignorantes. Por eso, como ya os dije, nosotros sólo comemos cuando nos place, y toda la parte superflua de las viandas que consumimos, se desvanece por transpiración insensible de los poros, por lo que jamás abdicamos de nuestra seriedad ni dignidad de hombres verdaderos.

Al decir esto último, el Conde calló, viendo que nuestra gente se acercaba. Con ella pasamos a la aldeíta de Ruel para tomar una breve refacción al uso de los Héroes de la Filosofía.

–Razonáis muy sensatamente, señor –le hube de decir al Conde encantado de ver con cuánto buen sentido se expresó durante nuestra comida, lo que me hizo confiar en que tendría al fin cura su chifladura originalísima–. Dios quiera que...

–Plutarco –interrupiéndome, continuó Gabalis– tan bien ponderado de suyo, nos enternece con su diálogo, en el que nos revela el por qué han cesado los Oráculos en nuestros días. El se hace objetar cosas bien convincentes que luego deja absolutamente sin resolver. ¿Qué respuesta dió él a quienes le objetaron que, si el transporte extático de la Sibila se debía a la acción de ciertos vapores terrestres de su antro, lo natural era que cuantos circunstantes se acercasen al Trípode sibilino deberían sentir el mismo frenesí mántico, el cual no se explica por qué afectaba solamente, sin embargo, a aquella joven, la cual, además, había de ser virgen? ¿Y cómo semejante vaho estimulador del éxtasis podía articular la voz oracular por el vientre de la pitonisa? Porque si la exhalación aquella terrestre era un fenómeno natural, lo lógico sería que hubiese actuado de análogo modo sobre todos y en todos los tiempos, no sólo sobre la Sibila y en el preciso momento y no otro de la consulta. Además, ¿por qué la Tierra ha cesado de producir así divinos vapores proféticos en nuestros tiempos? ¿Es acaso menos Tierra que lo era entonces? ¿Recibe ella otras influencias hoy que antaño recibía; tiene otros mares y otros ríos? ¿Quién, en fin, ha obturado así sus poros y cambiado su naturaleza?

Por eso admiro a POMPONACIO, LUCILO y otros libertinos, al tornar la idea de PLUTARCO abandonando al par la explicación que pretende dar de ella. Él había hablado más sensatamente que CICERÓN y ARISTÓTELES, como no podía menos de esperarse de su buen juicio, y no sabiendo qué deducir respecto de los Oráculos, tras una enojosa perplejidad, reparó en que este vaho, que él creía salía de la Tierra, era un harto divino Espíritu, atribuyendo así a la Divinidad aquellas moniciones, aquellos iluminismos tan extraordinarios de las Sacerdotisas de Apolo. *Este vapor adivinador*, decía, *es un aliento y un espíritu tan santo como divino.* POMPONACIO, LUCILO y los ateos modernos no se avienen con este modo de pensar que presupone la existencia de la Divinidad. Semejantes exhalaciones terrestres, dicen ellos, son de la misma índole de los vapores que enajenan a los Atrabiliarios, los cuales hablan por ello hasta en lenguas que les son desconocidas. Pero FRENEL refuta bastante acertadamente a tamaños impíos, probando que la bilis, que es un humor picante del organismo, no puede determinar semejante poliglotismo que es uno de los efectos más maravillosos de la mente y una expresión artificial de nuestros pensamientos. No obstante, él ha resuelto sólo a medias la cosa, cuando suscribieron a la opinión de PSELLUS y de todos cuantos no han penetrado lo bastante en nuestra santa Filosofía. No sabiendo a qué achacar la causa de estos sorprendentes fenómenos, hace, al fin, como los frailes y las mujeres: echa la culpa al Demonio de todo ello.

–A qué debe ello, pues, atribuirse –le dije–. Hace ya demasiado rato que aguardo la revelación de ese magno secreto cabalístico.

–El propio PLUTARCO lo ha precisado bien –respondióme– y en ello estuvo acertadísimo. Este modo irregular de expresarse, no por los labios, sino por mediación de un órgano indecoroso como es el..., no resulta lo bastante digno de la Majestad divina, añade este sabio pagano. Lo que los Oráculos revelan, sobrepujando en tan alto grado las potencialidades del alma humana, ha prestado un inestimable servicio a la Filosofía, al así establecer la existencia de criaturas mortales intermediarias entre Dioses y hombres, a las cuales es a las que hay que atribuir todos cuantos fenómenos exceden de la debilidad humana y no alcanzan, por otro lado, a la grandeza de la Divinidad.

Semejante opinión es la de toda la antigua Filosofía. Los platónicos y los pitagóricos la habían tomado de los egipcios, y estos últimos de JOSEFO, *el Salvador* y de los hebreos que habitaban en Egipto antes del paso del mar Rojo. Los hebreos denominaban a estas entidades intermediarias entre el Ángel y el Hombre, *Sadaim*, y los griegos, trastrocando las sílabas de esta palabra hebrea y agregando una sola letra, *Daimonas.* Estos *Daimones* o Demonios son, para los antiguos Filósofos, una gente aérea, dominadora de los elementos, mortal, sujeta a la ley de la procreación y desconocida y menospreciada en este siglo por aquellos que cuidan poco de buscar la verdad en sus antiguas fuentes; es decir, en la Cábala y la Teología de los hebreos, quienes tenían la clave del Arte de comunicarse con esta nación aérea y de relacionarse con todos estos habitantes de la atmósfera.

–Ya estáis otra vez con vuestras Sílfides...

–Sí, hijo mío –continuó Gabalis–. El Theraphim de los judíos no era sino la ceremonia que era necesario observar para semejante comercio aéreo, y aquel buen Michas, que en el *Libro de los Jueces*, se queja al tribunal de que le han despojado de sus Dioses, no llora sino la pérdida de la estatuita o talismán que atraía a las Sílfides. Los Dioses que Raquel arrebató a su padre, no eran sino Theraphines. Ni Michas ni Labán fueron acusados de idolatría por ello, y Jacob no tuvo escrúpulo alguno en vivir con un idólatra ni desposarse con su hija. Todo ello no era sino el comercio habitual con las Sílfides, y sabemos por la tradición que la Sinagoga autorizaba semejante comercio y que el ídolo de la esposa de David no era sino el Theraphim, mediante el cual ella comunicaba con las gentes del mundo elementario, y vos comprenderéis que el Profeta amado por Dios no hubiera tolerado en su propio palacio idolatría alguna.

Estos pueblos de los Elementos, durante los siglos en que Dios se desentendió de la salvación del mundo en castigo de la primera culpa, se complacía en revelar a los hombres, por medio de los Oráculos, cuanto ellos alcanzaron así a saber de la Divinidad, exhortándolos por ellos a vivir honestamente, dándolos los más útiles y sabios consejos, como los que en gran número se leen en PLUTARCO y en tantos otros historiadores, y tan luego como Dios volvió a compadecerse del mundo, haciéndose Él mismo su Doctor, estos maestros menores se retiraron y de ahí provino el silencio de los Oráculos.

–Deduzco, pues, de todo vuestro discurso, señor –insinué–, que han existido, efectivamente, Oráculos; que las Sílfides eran quienes los pronunciaban y siguen hoy dándolos en el fondo de vuestros matraces y mágicos espejos.

–Las Salamandras, los Gnomos o las Ondinas, lo mismo que las Sílfides.

–Si es así, señor –opuse–, hay que convenir en que todos esos pueblos son harto deshonestas gentes.

–¿Por qué? –exclamó el Conde.

–Porque nada más truhanesco que todas esas respuestas ambiguas o de doble sentido que en los Oráculos solían dar aquéllos.

–¿Siempre? Ah, ¡no siempre! Aquella Sílfide que se apareció a cierto romano en Asia, prediciéndole que alcanzaría un día la dignidad de procónsul, ¿habló oscuramente acaso? ¿No aseveró TÁCITO que la cosa acaeció luego tal y como había sido predicha? La fatídica inscripción y las estatuas famosas en la Historia de España, que anunciaron al desdichado rey D. Rodrigo que su curiosidad y su incontinencia se verían castigadas por hombres vestidos y armados tal y como luego se vieron, y que los hombres de negra tez que se apoderaron de España, en la que alcanzaron a reinar tantos siglos, ¿no tuvo su perfecta y clara corroboración aquel año mismo, viniendo los moros de África a destronar a aquel rey afeminado? La historia de todo esto os es bien conocida, y veis bien que el Diablo, que después de la venida del Mesías ya no dispone de los imperios que antes, no ha podido ser el autor de tal Oráculo, y que ello, seguramente, ha sido que algún gran cabalista recibió de alguna Salamandra de las más sabias revelaciones semejantes, que él dió luego al mundo, porque como las Salamandras aman mucho la castidad, tienen buen cuidado de noticiar al mundo las desgracias que subsiguen por la pérdida de tan alta virtud.

–Pero, señor –exclamé–, ¿encontráis vos bien casto y digno del pudor cabalístico aquel heteróclito órgano del que los oráculos se servían para predicar moral?

–Ah, en cuanto a esta vez –opuso el Conde sonriendo–, andáis mal de la cabeza y no alcanzáis así a ver claramente la razón física que hace que la inflamada Salamandra se complazca, naturalmente, en los sitios más ígneos y así se vea atraída por...

–Comprendido, comprendido. Huelgan más explicaciones.

–En cuanto a la oscuridad de ciertos Oráculos – prosiguió el Conde–, de esos que llamáis trapacerías, ¿acaso las tinieblas no son la eterna vestidura de la verdad? El mismo Dios, ¿no se complace en ocultarse bajo su velo augusto? Y el Oráculo continuo que Él ha dejado a sus pequeñuelos en las Divinas Escrituras, ¿no es la envoltura de oscuridad adorable que confunde y extravía a los soberbios otro tanto que a los humildes ilumina?

Si no tenéis otra objeción mejor que oponerme, hijo mío, os aconsejo que no demoréis más el entrar en franco comercio con las gentes de los Elementos. Los encontraréis como son, unas gentes excelentísimas, sabias, misericordiosas, prudentes y muy temerosas de Dios. Soy de opinión que comencéis por las Salamandras, porque tenéis un Marte en el Medio Cielo de vuestro Horóscopo, lo cual significa que hay mucho del elemento fuego en vuestras acciones, y para el matrimonio creo debéis tomar una Sílfide, pues seréis más feliz con ella que con cualquiera de las otras criaturas, ya que Júpiter se halla a la entrada de vuestro Ascendente, al cual Venus contempla en Sextil. No olvidéis que Júpiter preside al elemento Aire y domina, por tanto, a las entidades atmosféricas. Sin embargo, es preciso, antes que consultéis con vuestro corazón, pues, como habréis de ver algún día, es por los astros interiores por los que el hombre sensato debe gobernarse, y los astros del Cielo exterior no sirven más que para hacerle conocer con más exactitud los aspectos astrofísicos de esos astros del Cielo interior que en su sér atesora toda criatura. Así, pues, a vos os toca decirme pronto cuál sea vuestra inclinación, a fin de que procedamos sobre la marcha a vuestro pacto con los pueblos elementarios que os parezcan mejores.

–Señor –respondí perplejo–, estos asuntos requieren cierta meditación previa.

–Acepto en lo que vale esta respuesta –me dijo, golpeándome cariñosamente en el hombro–. Consultad maduramente este asunto con vuestra conciencia, y sobre todo, con el llamado Ángel de la Guarda o del gran consejo. Id, pues, a poneros en oración, que yo volveré a visitaras a las dos de esta tarde misma.

Regresamos con esto a París. Durante el camino le hice hablar al Conde acerca de los ateos y los libertinos, y aseguro que jamás he oído a nadie cosas más excelsas y lógicas acerca de la existencia de Dios y contra la ceguera de aquellos que disipan su vida sin consagrarse por completo a un culto serio y continuo de Aquél a quien debemos la existencia y que nos la conserva providente. Al oírle así expresarse, nuevamente me sentí admirado ante el extraño carácter de aquel hombre, no pudiendo alcanzar a comprender cómo él era a la vez tan fuerte y tan débil; tan admirable y, asimismo, tan ridículo [11].

[11] Gabalis habla de la boga de los Oráculos en el pasado, y su desaparición o silencio después del Cristianismo. Pero los Oráculos no han cesado; sólo han cambiado de forma de expresión. De los templos del mundo antiguo, pasaron, en el medievo, a los libros de filósofos y cabalistas, y en los tiempos modernos han tomado la forma de «mediumnidad espiritista». Modelo de aquellos «libros oraculares», lo es el hoy rarísimo, que lleva el largo título de *Magia Philosophica, hoc est Francisci patrici summi philosophia Zoroaster el eius, Oracula Chaldaica Asclepii Dialogus et Philosophia magna Hermetis Trimegisti, Poemander, Sermo Sacer, Clavis, Sermo ad filium, Sermo ad Asclepium Minerva mundi el alis Miscellanea, Jam nunc primum ex Bibliotheca Ranzoviana e tenebris eruta et latine reddila* (Hamevzgi, anno 1593), con la «Effigies Domini Henrici Ranzovij producis Cimbrici, Aetat suae LXVIII», con sus emblemas de «Dies mortis alternae vitae natalis est» y «Sementis est mors nude vita pullulat» (El día de la muerte

es nacimiento para la vida eterna. La muerte es la semilla de donde brota la vida universal).

En cuanto a la época moderna, ¿qué otra cosa son los «veladores espiritistas», las «agujas-abecedario» y demás medios de pretendidas comunicaciones con el más allá, sino verdaderos terafines oraculares de los que nos habla Gabalis? Hasta se ha ganado en decencia, en cuanto al órgano o medio de expresión, y que ellos son tan Oráculos, lo demuestran el que como Oráculos son tenidas sus comunicaciones por gentes dignísimas en su mayor parte. Caballero he conocido que no daba un paso sin la previa consulta espiritista-oracular; magistrado hubo en el mismo Madrid –¡pobres litigantes!– que no daba un paso sin consultar con su doméstica pitonisa el texto de las sentencias en que había de ser ponente; y ministro liberal nuestro hubo, que provocó a Sagasta una crisis fulminante y cómica por causa de un «oráculo tabular». Más de un convento conocemos, en que los veladores, los mediums y demás elementos oraculares modernos se emplean sin cesar, como hubo de emplearse algo análogo en cierta Embajada alemana durante la Gran Guerra, para informes a los submarinos en su campaña cruel.

Desde Sambete, la primera sibila, que se dice «era hija de Noé y de un aéreo Silfo», hasta la última echadora de cartas o «artífice de velador», pasando, por supuesto, por la sibila cumeana, la de los libros de Numa, destruidos por Sila; la pitonisa de Endor, y demás sibilas que en el mundo han sido, el procedimiento ha sido siempre el mismo: entrega inerte y pasiva de la medium o pitonisa, a las terribles cuanto desconocidas «fuerzas de lo astral», o del desarreglo nervioso, si se quiere, y producción subsiguiente de notabilísimos fenómenos que la ciencia positiva, no pudiendo explicarlos, se reduce a negarlos del más lamentable modo. Y muchas veces, del modo más inopinado, las oraculares sesiones aquellas, al tenor de la frase del texto, «cambian el comercio de culto en comercio de amor», sobre todo si, previamente, ha mediado alguna libación, y no precisamente de pippala hindú, fuisto cabalista, ambrosía griega, soma bradmánica, néctar latino o hebreo jugo del maná, sino de algún «excitante» o «estupefaciente» que facilite la tarea oracular, poniendo los nervios al requerido y patológico tono vibratorio...

La cuestión «oracular» moderna está cada día más sobre el tapete. Hoy mismo, nuestro penalista JIMÉNEZ DE ASÚA, se ocupa, en extenso artículo, de los procesos de los Tribunales alemanes contra videntes que consagraban su actividad al descubrimiento de crímenes, procesos en los cuales se han practicado «pruebas de telepatía criminal»; se han depurado las responsabilidades criminales de hipnotizadores e hipnotizados; HORMING, HELVING y PILOZ han escrito monografías, y el criminalista cubano, FERNANDO ORTIZ, ha publicado su *Filosofía penal de los espiritistas.* En el proceso de Riedel-Guala, la señora Guenther Geffers, adivinadora de Insterburg, hubo de comprobar, con su actuación, la «videncia telepática oracular», y el procesado fué absuelto. Tras de ello, ASÚA concluye, que «los casos relatados por la bibliografía ocultista, menos sospechosa, son casos aislados, ocasionales y espontáneos. Los ocultistas más serios están contestes en que no existe una «videncia a la orden», y que los adivinadores que afirman ser clarividentes en todo momento o con mucha frecuencia, se hacen sospechosos de mendacidad, mucho más cuando, como en el caso de la señora Guenther Geffers, explotan profesionalmente sus sedicentes dotes adivinadoras. En suma: la «telepatía criminal» no ofrece aún la fe bastante para ser invocada ante los Tribunales de Justicia».

CHARLA TERCERA

ESTUVE esperando en casa al Conde de Gabalis, según habíamos convenido al separamos. Él llegó a la hora fijada, y, sonriente, me abordó en el acto:

–En resumidas cuentas, hijo mío –me dijo–, ¿por qué clase de pueblo invisible os ha inclinado el Señor y qué enlace preferís? ¿El de las Salamandras o el de las Gnómidas? ¿El de las Ninfas o el de las Sílfides?

–Todavía no me he resuelto acerca de semejante matrimonio, señor –le respondí.

–¿Por qué causa? –replicó.

–Hablando francamente, no puedo curarme de mi preocupación, que me representa constantemente a esos pretendidos habitantes de los Elementos como meros maniquíes y lugartenientes de los demonios.

–¡Oh, señor! –gritó el Conde–. ¡Disipad, Dios de la Luz, las tinieblas que la ignorancia y la perversa educación han esparcido en el alma de este gran Elegido que me habéis permitido conocer, y al que destináis para cosas tan excelsas! Y vos, hijo querido, no cerréis así el libre paso a la Verdad que se os entra por las puertas. Sed dócil, os lo suplico. Pero no, os dispenso también de serlo, que también es hacer ofensa a la Verdad el prepararle las vías. Ella sabe como nadie forzar las férreas puertas y penetrar donde le place, no obstante, cuantas resistencias la Mentira le presente. ¿Qué podéis oponer a ello? ¿Es que Dios no ha podido crear aquellas puras substancias de los Elementos tal y como incompletamente os las llevo diseñadas?

–Aún no me he parado a examinar –respondíle– acerca de semejante imposibilidad en sí misma y si un Elemento sólo ha podido suministrar la sangre, la carne y los huesos; si ha podido así existir un temperamento sin mezcla y de acciones sin contradicción; pero, aun suponiendo que Dios haya querido así hacerlo, ¿qué prueba sólida existe de que, en efecto, lo haya hecho?

–Vais a convenceros en el acto –replicó–, sin dar al asunto tantas vueltas. Voy ahora mismo a evocar y a hacer venir a los Silfos de Cardán, y de su propia boca vais a oír lo que ellos son y lo que yo acabo de enseñaros.

–¡No! ¡En modo alguno, señor! –exclamé bruscamente–. Diferid, por ahora, os lo ruego, semejante prueba hasta que yo esté bien persuadido de que tales gentes no son enemigas de Dios; porque hasta aquí, preferiría morir a hacer traición a mi conciencia de...

–He aquí la ignorancia y la falsa piedad de estos desdichadísimos tiempos –interrumpió el Conde, encolerizado–. ¿Por qué, en tal caso, no se borra del santoral al mayor de los anacoretas? ¿Por qué no son quemadas sus imágenes? Es gran desastre que así se insulten y se echen al viento sus cenizas venerables, como se hacía también con los desgraciados acusados de haber mantenido comercio con los demonios. ¿Se ha tratado alguna vez de exorcizar a las Sílfides, o se las ha considerado como entes humanos? ¿Qué es lo que tenéis que oponer a esto, señor escrupuloso? ¿Qué, todos vuestros doctores miserables? El Silfo que disertó acerca de la Naturaleza con aquel Patriarca, ¿era también, en opinión vuestra, un alcahuete del Demonio? ¿Fué, acaso, con un despreciable Trasto con quien este hombre incomparable disertó acerca del Evangelio? ¿Le acusaréis, asimismo, de haber profanado los misterios adorables, entreteniéndose en charlas con un Fantasma, enemigo de Dios? ATANASIO y JERÓNIMO, otros dos insignes santos, resultarían harto indignos del renombre de que gozan entre vuestros sabios, al escribir con tanta elocuencia el elogio de un hombre que trataba a los Diablos tan humanitariamente. Si ellos tomaban a este Silfo por un Diablo, sería necesario, o callar la aventura, o suprimir el pasaje en que aparece aquel patético apóstrofe que el Anacoreta, más celoso y más crédulo que vos, dirige contra la ciudad de Alejandría, y si ellos, asimismo, han tomado al Silfo como una criatura participante del inestimable beneficio de la Redención igualmente que los hombres, al tenor de lo por él terminantemente afirmado; y si dicha aparición es, en opinión suya, una gracia extraordinaria que Dios hacía al Santo a quien biografiaban, ¿consideráis razonable el pretender ser más sabio que ATANASIO y que JERÓNIMO y más santo también que el divino ANTONIO? ¿Qué hubieseis vos dicho de este hombre admirable, si hubieseis sido del número de los diez mil solitarios a quienes él relató la conversación que acababa de tener con el Silfo? Más sabio e informado vos que todos estos efectivos Ángeles terrestres, ¿hubieseis sido capaz de demostrar al santo Abad que semejante aventura era toda una pura ilusión, y habríais al par disuadido a su discípulo ATANASIO de hacer saber a toda la Tierra una historia fabulosa, tan poco conforme con la Religión como con la Filosofía y el sentido común. ¿No es cierto esto?

–Es cierto que habría tomado el partido, o de no decir nada en absoluto, o de decir muchísimo más.

–ATANASIO y JERÓNIMO no trataron de decir más, porque más no sabían, y, aunque lo hubieran sabido, cosa que no puede acontecer si no se es de los nuestros, ellos no se hubiesen permitido divulgar temerariamente los secretos de la Sabiduría.

–Mas, ¿por qué –añadí– este Silfo no propuso a SAN ANTONIO eso que a mí me habéis propuesto?

–¿Qué? –replicó el Conde, riendo–. ¿El matrimonio? ¡Ah! La cosa hubiera sido bien a propósito.

–Es verdad –continué– que, por las muestras, el santo hombre no habría aceptado el partido.

–Seguramente que no –dijo Gabalis–, porque habría sido tentar a Dios el desposarse a su edad y exigirle sucesión.

–¿Acaso el casarse con las Sílfides es con el fin de tener hijos?

–¿Quién duda que la finalidad de todo matrimonio se permite que sea otra que la de los hijos?

–Yo nunca pensé –dije– que se pretendiese fundar dinastías, sino que todo ello no llevaba otro objeto que el de inmortalizar a las Sílfides.

–¡Cuán equivocado estáis! –replicó aquél–. La caridad de los filósofos hace que ellos se propongan, en efecto, inmortalizarlas; pero la Naturaleza hace que ellos deseen al par verlas fecundas. Vos contemplaréis en los aires, cuando os plazca, múltiples familias filosóficas de éstas. ¡Mundo feliz sería así el mundo nuestro, si en él no hubiese más que estas clases de familias, y no las de los hijos del pecado!

–¿A quiénes denomináis «hijos del pecado»?

–Estos son, querido, todos cuantos niños nacen por la vía ordinaria; hijos concebidos por la voluntad de la carne, no por la voluntad de Dios; hijos de la cólera y la maldición, en una palabra: hijos del hombre y de la mujer. Os veo con deseos de interrumpirme y adivino lo que me pretendéis decir. Sí, hijo mío, sabed que jamás fué la voluntad del Señor que el hombre y la mujer tuviesen niños del modo que los tienen. El deseo del sapientísimo Arquitecto era harto más noble: su propósito excelso era bien diferente del de poblar el mundo tal y como él lo está. Si el miserable Adán no hubiese desobedecido groseramente al mandato que de Dios recibiera de no tocar a Eva, contentándose con el resto de los frutos del Jardín de la Voluptuosidad de las bellezas todas de Ninfas y de Sílfides, hoy no pasaría el mundo por la vergüenza de verse lleno de hombres tan imperfectos, que muy bien pueden pasar por verdaderos monstruos al lado de los aéreos hijos de los filósofos.

–¿Cómo, señor? –interrumpíle–. ¿Creéis, según voy viendo, que el crimen de Adán consistió en algo más que en comerse la manzana?

–Pero, hijo mío, ¿sois vos también del número de bobalicones que aún toman la historia de la manzana al pie de la letra? ¡Ah! Sabed que la lengua santa usa estas inocentes metáforas para alejar de nosotros las ideas poco honestas de una acción que ha acarreado todos los males del género humano. Así, cuando SALOMÓN decía «quiero trepar por la palmera y de ella coger los frutos», tenía harto otro apetito que el de comer simplemente dátiles. Dicha lengua, que los Ángeles consagraron, y de la que se sirven para cantar las alabanzas del Dios Vivo, carece de término claro para expresar las dos cosas que él, respectivamente, llama en sentido alegórico manzanas y dátiles. Pero el sabio, por su parte, desentraña tan castos simbolismos de expresión, y cuando el Sabio ve que ni el paladar ni la boca de Eva son los castigados por haber comido, sino que ésta es condenada a parir los hijos con dolor, ellos comprendieron demasiado bien que no había sido el sentido del gusto quien fué el criminal, y descubriendo, asimismo, cuál fuera este primer pecado por el buen cuidado que tuvieron aquellos dos primeros pecadores de ocultar o cubrir con hoja de parra ciertos sitios de sus respectivos cuerpos, concluyeron por deducir que no era la voluntad de Dios el que los hombres fuesen multiplicados por tan fea vía. ¡Oh, Adán, Adán; tú no debías engendrar sino hombres semejantes a ti; no dar el sér sino a Gigantes y a Héroes!

–¿Cómo, qué otro expediente –interrumpí– podía haber para el logro de estas últimas maravillosas generaciones?

–El de obedecer a Dios –respondió el Conde–. El de no tocar sino a las Ninfas, a las Gnómidas, a las Sílfides o a las Salamandras. Así, aquél no habría visto nacer sino Héroes, y el Universo hubiera resultado poblado sólo por gentes archimaravillosas, llenas de fuerza y de sabiduría. Dios así ha querido dar a comprender la diferencia enorme que hubiese habido entre semejante mundo de candor, y el culpable mundo que vemos, permitiendo que de tiempo en tiempo se vean hijos nacidos del modo sabio que Él proyectó.

–¿Hanse visto, pues, en el mundo alguna vez, señor –interrogué–, dichos hijos de los Elementos? Un licenciado de la Sorbona, al par que me citaba el otro día San Agustín, San Jerónimo y San Gregorio Nacianceno, se me burlaba de la creencia de que puedan resultar fecundos semejantes amores de los espíritus y nuestras mujeres, cuanto del comercio carnal que pueden establecer los hombres con ciertos demonios súcubos, a los cuales él denominaba *Hyphialtes.*

–Lactancio ha razonado mejor –contestó el Conde–, y el formidable Tomás de Aquino ha resuelto sabiamente que, no sólo pueden resultar fecundos semejantes comercios, sino que los niños que así nacen son de una naturaleza más generosa y más heroica. Vos leeréis, efectivamente, cuando os plazca, los levantados hechos de estos hombres pujantes y famosos que Moisés denomina «nacidos de la suerte» o predilectos de la fortuna. De ello tenemos las historias para desorientamos en el *Libro de las guerras del Señor*, citado en el capítulo vigesimotercero del *Libro de los Números.* Por este tenor podréis juzgar lo que el mundo resultaría si todos sus habitantes fueran, por ejemplo, como ZOROASTRO.

–¿ZOROASTRO? ¿El inventor de la Necromancia?

–El mismo, del que los ignorantes han escrito esta calumnia. ZOROASTRO tenía el altísimo honor de ser hijo del Salamandro Oromasis y de Vesta, la mujer de Noé. Él gobernó sapientísimamente durante mil doscientos años, como el monarca más grande del mundo, después de lo cual fué arrebatado por su padre Oromasis a la región de las Salamandras.

–Yo no me permitiré dudar –repliqué–, de que ZOROASTRO no esté con el Salamandro Oromasis en la región del Fuego, pero me libraría muy mucho de hacer a Noé el ultraje que vos le hacéis.

–El ultraje no es tal como os figuráis vos –contestó el Conde–. Todos estos Patriarcas de entonces tenían a gran honor ser los padres putativos de los hijos que los Hijos de Dios querían tener de sus respectivas esposas, pero ello acaso resulta todavía excesivamente fuerte para vos. Volviendo a Oromasis, él fué amado por Vesta, esposa de Noé, como ya os dije. Una vez muerta ésta, ella fué el genio tutelar de Roma, y el Fuego Sagrado que ordenó conservasen con tanto cuidado las vírgenes Vestales no era sino el encendido en honor del Salamandro, su amante. Además de ZOROASTRO, nació también de estos amores una hija de suprema sabiduría y rara belleza, que fué la divina Egeria, de quien Numa Pompilio, el segundo rey de Roma, recibió todas sus leyes. Ella obligó a Numa, a quien amaba, a que construyera un Templo en honor de Vesta, su madre, en el que se mantenía perpetuamente el Fuego Sagrado en honor de su padre Oromasis. He aquí toda la verdad de la Fábula que los Poetas y los Historiadores romanos han contado respecto de dicha ninfa Egeria. GUILLERMO POSTEL, el menos ignorante de cuantos han estudiado la Cábala en los libros ordinarios, ha sabido que Vesta era la mujer de Noé; pero ignoró que Egeria fuese la hija de esta Vesta, por no haber leído los Libros secretos de la antigua Cábala, que el príncipe de la Mirandola adquirió tan caramente un ejemplar. POSTEL, pues, ha confundido las cosas, creyendo que Egeria era solamente el buen Genio de la esposa de Noé. También nosotros los Filósofos hemos aprendido en este último libro que Egeria fué concebida sobre las aguas cuando Noé vagaba sobre las olas vengadoras que inundaban al Universo. El número de las mujeres estaba entonces reducido a aquel pequeño grupo de las que se salvaron en el Arca Cabalística, que este segundo padre del mundo había construido. Dicho excelso hombre, gimiendo amargamente al ver el espantoso castigo con que el Señor sancionaba los crímenes causados por el amor que Adán tenía por su Eva, viendo que Adán había perdido a toda su posteridad prefiriendo a Eva sobre las hijas de los Elementos y quitándosela a los Salamandros y Silfos, que hubieran sido amados por ella; Noé, repito, transformado en verdadero Sabio por el funesto ejemplo de Adán, consintió gustoso en que Vesta, su esposa, se entregase al Salamandro Oromasis, príncipe de las Potestades Igneas, y al par persuadió a sus tres hijos de que cediesen igualmente sus respectivas esposas a los Príncipes de los otros tres Elementos. El Universo fué así repoblado en muy poco tiempo por hombres heroicos, tan sabios, tan buenos, tan admirablemente prodigiosos, que la posteridad, deslumbrada por sus virtudes, les tomó como Divinidades. Sólo uno de los hijos de Noé, rebelde al consejo de su padre, no pudo resistir a los atractivos de su mujer, al modo de cómo Adán tampoco resistió a los encantos de Eva, pero como el pecado de Adán había ennegrecido todas las almas de sus descendientes, la poca complacencia que aquél tuvo con las Sílfides marcó indeleblemente a su negra posteridad. De aquí proviene, dicen nuestros Cabalistas, el horrible tinte de la piel de los etiopes y de todos esos pueblos asquerosos a quienes se les ha condenado a habitar la zona tórrida en castigo del ardor profano de su padre.

–He aquí unos datos bien originales –le dije al Conde, pasmado ante la rara chifladura de aquel hombre singular–. Veo bien que vuestra Cábala es una maravillosa panacea para esclarecer la antigüedad entera.

–Maravillosa, sí –contestó gravemente el Conde–, porque sin ella las Escrituras Santas, la Historia, la Fábula y la Naturaleza son otros tantos misterios indescifrables. ¿Creéis, por ejemplo, que el escarnio que hizo Cam a su padre fuese el que se deduce de tomar al pie de la letra el bíblico relato? No. Fué otra cosa bien diferente. Al salir, en efecto, Noé del Arca y viendo que Vesta, su esposa, no hacía sino embellecerse por el comercio con su amante Oromasis, se tornó cada vez más apasionado por ella, y Cam, temiendo que su padre fuese a poblar la Tierra con hijos tan negros como sus etíopes, aprovechó la ocasión en que el buen viejo estaba ebrio y le castró sin misericordia. ¿Reís?

–Sí, me río del indiscreto celo de Cam –le dije [12].

[12] He aquí una notable página de «Eugenesia psíquica», que deja muy atrás a las mejores de FREUD y de MARAÑÓN, y a la que, sin embargo, no se le puede negar un alto valor científico en la Historia de las religiones.

Dentro del anhelo de superación, que es la voz secreta de las Especies, por DARWIN, LAMARK y RUSELL-VALLACE, llamado «selección natural», «preponderancia del más fuerte», «lucha por la existencia y el mejoramiento», la Naturaleza, eminentemente progresiva o evolutiva, hace que cada sér trate de superarse por la unión sexual con un contrario sexuado que le supere, y ésta es la base de las modernas teorías «eugenésicas» de aquellos autores. Prodigiosos son, en efecto, los frutos logrados por botánicos y agricultores, cruzando individuos selectos de cada especie en demanda de un tipo superior; y de los criadores de razas animales elegidas, no hablemos; bástenos admirar la infinita multiplicidad de canes raros en esta o en la otra particularidad, que nos asombran en las Exposiciones.

Pero, dígase lo que se quiera, la Eugenesia fracasa fatalmente cuando se trata de aplicar *more animalia* al Hombre, el cual, si bien tiene todavía la carga o cruz de un cuerpo físico regido *en parte, y sólo en parte,* por leyes que les son comunes con animales y vegetales, es, por sus elementos superiores de Voluntad, Imaginación, Razón y Sentimiento, un verdadero «dios caído en las miserias de la carne», cosa que es, más o menos, la universal y, por tanto, venerable enseñanza de las religiones. Apoyados en ello, a veces sin darse plena cuenta, escritores meritísimos combaten la humana «eugenesia» que, tomando pretexto en las teorías expuestas por aquellos médicos, soñaran quizá, erradamente, con convertirla en coactiva, por parte del Poder público, a la manera de aquellos fornidos «guardias de Corps» que un monarca neurótico quiso cruzar con las más garridas aldeanas, para obtener tipos gigánteos de los ensoñados por Gabalis, tipos que lanzar luego, como irresistibles fieras, sobre enemigas naciones.

Semejante absurdo ¿ideal? puede crear «humanos enjambres»; verdaderos pueblos humanos, jamás, como en uno de sus selectos *Ideogramas,* ha dicho el gran ANTONIO ZOZAYA, citando a PERRINI, que en su obra *El Mundo* y *el Hombre,* dice: «Las abejas, modificando la papilla, transforman a una obrera en reina; pero solamente el hombre, con su inteligencia, convierte en finalidad la obra de la Naturaleza». Y, después de señalar el afán de los educadores de muchedumbres, de compararlas con las sociedades de animales (ESOPO, VIRGILIO, ROUSSEAU, FRANCISCO DE ASÍS, BUNCHARD, HUBE, LUBBOCK y LATRE) en demanda de un estatismo que acabe por anularlo poco que ya va quedando de santa autonomía individual, dice inspirado:

«Lo que no vieron ni BLANCHARD, ni SPENCER, ni LUBBOCK, fué que las sociedades animales son todo lo admirables que se quiera; pero que no han progresado en millares de años. Los enjambres virgilianos son exactamente los mismos que los que estudian actualmente los más insignes entomólogos. En nada se diferencia un hormiguero de hoy del de hace veinte o treinta siglos. Pero las colectividades humanas se han transformado, porque en las sociedades animales los individuos pueden, como dice PERRINI, transformar el polen en miel, pero no la inteligencia en finalidad. Entre ellos no puede haber un HERSCHELL que trace la constitución de los cielos, ni un LAPLACE que funde la Mecánica sideral, ni un LAVOISSIER que estatuya la Química, ni un HEGEL que prepare la Lógica, ni un WAT que aplique la fuerza del vapor, etc., etc. Las sociedades humanas podrán tomar ejemplo de las de las hormigas, cuando los hombres sean hormigas; se someterán a las inflexibles constituciones de las abejas, cuando los súbditos sean abejas. Mientras esto no ocurra y haya en el individuo un espíritu y una voluntad y un raciocinio, las sociedades humanas tendrán que progresar, respetando siempre la libertad de todos y de cada uno de los individuos, y modificando su estructura con arreglo a los trabajos que ellos particularmente realicen, no como insectos, sino como pensamientos alados. Hay mucha distancia de un zángano a NEWTON.

»Dejemos ya de hablar de rebaños y enjambres. Ni somos hermanos del lobo ni parientes lejanos del borrego. Somos seres capaces de progreso, en quienes no es posible anular la facultad de discurrir, de analizar, de construir mundos ideales, de determinarse a la acción para cumplir sus fines propios. Nuestros organismos han de acomodarse a esta condición de reunión de individuos conscientes. Bien está que imiten a los hormigueros y enjambres, en lo que se refiere al instinto y a la cooperación y auxilio mutuos; pero nunca se puede llegar a pretender anular lo que distingue al hombre de la obrera melificadora: la conciencia de su labor y de su destino sobre la Tierra y también el ansia insaciable de perfeccionamiento y de libertad.»

Y Enrique González Fiol, en preciosísimo artículo en *La Esfera*, titulado *El Derecho al Amor: Beethoven y otros genios e ingenios contra la Eugenesia*, emite estos luminosos conceptos:

«No obstante la brevedad de *Amor, Conveniencia y Eugenesia*, del Dr. Marañón, se podría hablar muchos días rebatiéndole afirmaciones, no sólo en nombre de la moral, que, por parecerles entelequia, a bastantes espíritus tiene sin cuidado, ni de la poesía de la vida, esencia imprescindible, sin la cual la realidad sería una desolación infernal, sino hasta en nombre de la sociedad, y desde luego y sobre todo –pues desde luego y sobre todo debe estar– en nombre de la sagrada integridad de la individualidad humana, para mermar y menoscabar la cual no pasa día sin inventar algo. Con achaque de conveniencia colectiva van surgiendo dictaduras, no sólo en distintos países; pero en distintos sectores de la sociedad ese ídolo que todo se lo exige al individuo a cambio de problemáticas ventajas y de seguras incomodidades y vejaciones.

»La Eugenesia, con toda su buena intención, es la más grave e insoportable tentativa contra lo intangible, contra lo más sagrado de la libertad del espíritu humano: contra el amor, contra el único derecho que debe ser indiscutible, puesto que para otra cosa no se nace.

»Desde luego, yo no me alarmo, como el insigne CRISTÓBAL DE CASTRO –cuya finura sentimental y espiritual se ha rebelado contra la inducción– de que haya aconsejado a las jóvenes elegir para reproductor y mejorante de su propia casta, al varón más fuerte, al de mejor traza de apto para vencer en la lucha por la vida. Si no se lo aconsejasen sus progenitores, no lo pensarían como lo piensan igualmente todos. Escudríñese sino en el tesoro de ilusiones de cualquier niña y se hallará que sueña un vencedor cuajado o en canuto. No haya cuidado por eso. Más tarde, el amor, esa fuerza cósmica, elemental, fatal, a la cual ningún mortal puede resistir, según la demostración de un gran dramaturgo contemporáneo, STANISLAS PRZBYSZEWSKI, llama a las puertas del alma femenina, y le impone el apareamiento –término de expresión obligado tratándose de Eugenesia, aunque parezca más propio de zootecnia–, y la que creyó llevar dentro palacios para albergar príncipes, se da con un canto en los dientes al hallarse en su interior un zaquizamí para alojar un desdichado, y si no lo logra, se desespera y sufre, a pesar de todos los defectos y deformidades físicos y morales del varón apetecido. Y la infeliz, que no sintió abrasársele el alma en la llama divina del amor, como los vencedores son menos que los vencidos, cuando no puede atrapar un hombre del *standard* de los primeros, apenca con uno tarado, con todos los estigmas de los segundos, antes que quedarse para vestir imágenes, pese a inducciones ajenas y a deseos propios. Y otro tanto puede decirse de nosotros, varones: ¿quién no soñó una princesa para regir el hogar de su ilusión? Pues luego el amor –o su espejismo, a quien le fué negado aquel don– no le llevó a conquistar una, y menos mal cual no haya que avergonzarse de la condición de la fémina conseguida.

»GOETHE, de quien, pese a su fama de genio sano por excelencia, los estudios de MOEBIUS, MAX SEILING y HAN, nos descubren una psicopatología inesperada, una neurosis que, complicada con los abusos de Venus y de Baco, y el exceso de labor, le llevaron al extremo de sufrir el fenómeno de la autoscopia externa, consistente en ver ante sí su propia imagen; ALFREDO DE MUSSET, alcohólico, como HOFFMAN y EDGAR POE, y que también padeció aquel fenómeno, gracias al cual pudo darnos luego su bella obra *La Nuif de Décembre;* GUY DE MAUPASSANT, alcohólico, cocainómano, morfinómano y, finalmente, víctima del *hachisch*, que también padeció la autoscopia y enloqueció al fin de su días, pero que, gracias a sus alucinaciones, dió obras maestras, como *El Horla*, *El Hambre*, *Magnetismo*, *¿Quien sabe?*, *El miedo*, *el Sobre el agua;* AUGUSTO COMTE, SCHUMANN, SWIFT, HUGO WOLF, G. DE NERVAL, que murieron locos los cinco. FLAUBERT y DOSTOIEWSKY, epilépticos. Mme. DE STAEL, WILLIAM WILBERFOCE, COLERIDGE, BAUDELAIRE, JEAN LORRAIN, TOMÁS DE QUINCEY, eterómanos, sobre todo el último, que, merced a su vicio, pudo crear su admirable obra la *Confesión de un inglés aficionado al opio;* GLATIGNY y VERLAINE, neuróticos impulsivos; neuróticos, en mayor o menor grado, como VÍCTOR HUGO, de enfermizo orgullo; SCHILLER, tísico, además que no podía componer sus versos sin aspirar el olor de unas manzanas podridas que guardaba en un cajón; BOSSUET, que para laborar se encerraba en una cámara *fría* y se envolvía la cabeza con lienzos *calientes;* MONTESQUIEU, que trabajando pataleaba como un caballo; AMPERE, que meditando se paseaba agitándose convulsivamente; TOLSTOY, que de joven, en presencia de las tres hijas del doctor Berce, se prenda súbitamente de la mayor, se enamora en seguida de la segunda y acaba por guillarse por la menor, cosa nada extraña en quien a los ocho años, sintiendo deseos de volar, abrió una ventana y, sin vacilar, se arrojó de cabeza al espacio desde una altura de cinco metros; tuberculosos como MOZART, MILLEVOVE, el ya mentado SCHILLER, SCHUBERT, CHOPIN, MÉRIMÉE, RACHEL, TCHECOV, WATTEAU, VAN-DYCK, RAFAEL, ROSALES...

»A anormales así, que tal vez –y en muchos, seguramente– por su anormalidad han creado obras admirables que son deleite, enseñanza y orgullo de la Humanidad, ¡a *Esos!* genios e ingenios que son la sal de la vida, ¿podría negárseles las dulzuras del amor y de la paternidad por temor a una descendencia patológica?

»Pero ¿es que de una descendencia patológica solamente puede esperarse males y desdichas para la sociedad?

»No es que yo crea que solamente los anormales pueden producir obras maestras. Son numerosos los hombres célebres que al genio o al ingenio unieron una envidiable sanidad corporal, LEONARDO DE VINCI, por ejemplo..., mientras no salga algún espíritu perspicaz estudiándole como a GOETHE.

»Pero se da la casualidad de que el más grande músico que ha existido –por su obra y por su influencia en la ajena– ha sido BEETHOVEN.

»¡Y BEETHOVEN fué hijo de un alcohólico y una tísica!...

»Si la Eugenesia hubiese prohibido el matrimonio de estos dos enfermos, habría impedido el nacimiento del más glorioso de la música...

»Y ante el pensamiento de que pudiera ocurrir eso, se pronuncia uno con toda el alma contra la Eugenesia.

»Por muchas desdichas que acarrean a la Humanidad todos los hijos de individuos patológicos, no valen nada ni pueden pesar nada ante la *Novena Sinfonía* solamente, creación de un individuo patológico, de un anormal por herencia precisamente; es decir, por todo lo que quiere evitar la Eugenesia.»

Nos hemos extendido tanto en las anteriores citas acerca de la «eugenesia humana» para hacer resaltar más aún la enormidad de la otra «eugenesia elementaria», tan horrible como suavemente deslizada por el loco Conde de Gabalis, y, sin embargo, hay que convenir en desagravio a este último, que, pese a la sublimidad interna de las llamadas «religiones positivas», no se libran éstas en los fálicos orígenes asignados a sus «héroes divinos», «dioses e hijos de Dios» de aquella gravísima acusación, constituyendo precisamente ello el elemento sexual y reprensible en alta Ciencia-Religión o Sabiduría, de sus Velos y dobles Velos exotéricos u ocultaciones y «revelaciones».

Así en el Paganismo –tal como groseramente le sorprendemos en nuestro positivismo que nos hace no saber apreciar el alto simbolismo *asexual* de sus mitos–, vemos a Júpiter, Señor de Cielos y Tierra, unirse con todas las diosas, mujeres, ninfas, etc.; metamorfoseándose, como lo hace la fuerza Inteligente Cósmica en sus Manifestaciones al actuar sobre la femenina Materia, para lograr tal unión, obscenamente comprendida por nuestra mala fe antipagana o más bien por nuestra ignorancia. Dícesenos así que Júpiter se unió sexualmente con Flora, para tener a Marte; con Semele, para que Baco naciese; con Egesta, para Eolo, dios de los vientos; con Temis, para Astrea; con Latona, para Diana; con Ceres, para Proserpina; con Alcmena, para Hércules; con Coronis, para Esculapio; con Clímene, para Atlante; con Antíope, para Anfión; con Niobe, para Osiris; transformándose, respectivamente, en águila para seducir a Ganímedes; en toro para engañar a Europa; en lluvia de Oro con Dánae, naciendo así Perseo; en sátiro con Antíope; en fecundo soplo con Mnemósine, engendrando así las nueve Musas, y en cisne con Leda, produciendo así a Cástor y a Pólux, y hasta en Diana femenina por Calixto... Pero la menos ilustrada inteligencia o la más llena de prejuicios no podrá menos de comprender, como arriba apuntamos, que detrás de tales groseras concepciones no hay sino los más augustos simbolismos de los fenómenos naturales, surgiendo como otros tantos «hijos divinos» del fecundo consorcio de la Potencia Creadora, llámese como se quiera, con la fecunda Materia, augusta y virgínea Madre de todos los seres... Además, en esto de calumniar a su antecesora para suplantarla y perseguirla, son maestras todas las religiones positivas... Ya lo dice ANATOLE FRANCE en su *Rótisserie* poniéndolo en boca de Coignard: «la idea de un Dios perfecto y creador a la vez no es sino «una fantasía gótica» de salvajismo digno de un sajón o de un *welche.* El mismo Jehovah hebreo –*Iod-he-vau-he*, o Macho-Hembra– no era sino un dios inferior o Demiurgo».

Dejando a un lado al Cristianismo por acatamiento a ciertas prohibiciones, aunque, naturalmente, las deputemos como injustas, vemos en el Brahmanismo que Vishnú, la segunda Persona de la Trinidad brahmánica antropomortizada, le dice a Devanagary, hija del tirano de Madura, que su hija, la reina Maya, pariría sin contacto de varón, por lo que hubo de encerrarla en una torre inaccesible, torre que, al tiempo del alumbramiento, fué derribada bajo el poderoso soplo de los Maruts o «espíritus de los aires», y al así nacer el héroe Krishna, él fué llevado al ovil de Nanda, cuyos pastores le hicieron ofrendas. Esta misma reina Maya, según las creencias del Buddhismo vulgar de Ceilán y otros países meridionales asiáticos, anteriores en unos seis siglos al Cristianismo, concibe, bajo el árbol de Bodhi, fecundada por un Rayo de Sol y a su tiempo, con universal contento de todas las criaturas angélicas, humanas y aun demoníacas, dió a luz al Maestro de la Compasión que fué llamado Sidharta Sakya Muni, y, más tarde, el Buddha. Y no dejaremos de consignar también que dicha reina Maya del Brahmanismo y del Buddhismo, tiene su homóloga en el Paganismo en esotra «reina Maya» también, de quien Júpiter tuvo a Mercurio, el más sabio de los dioses, simbolizándose así una vez más que Budhi, la Sabiduría oriental y Hermes-Thoth-Mercurio, la Sabiduría entre los egipcios, tienen, como no podía menos de ser, un mismo y remotísimo origen filosófico en una Ciencia-Religión Primitiva, hoy perdida, pero reconstituíble mediante la moderna disciplina científica de las Religiones Comparadas que saca del Mito Tradicional la Verdad Perdida, la del «Templo Sepultado», que diría MAETERLLNK...

Para terminar, pues, con el inacabable tema de «las eugenesias», tanto las «humanas», como las «cabalísticas a lo Gabalis», diremos con CRISTÓBAL DE CASTRO, en su genial artículo *El horóscopo de los hijos*, que la *Ideogenesia* o génesis de las ideas, cuyos precedentes se encuentran en los libros de HAVELLOCK ELLIS, de JEAN VINCHON, de RINALDO GIUSTI, etc., toma un nuevo aspecto después de las recientes estadísticas de REDDFIELD, de las que se deduce que los hijos de padres muy jóvenes, suelen ser cretinos, como si el amor, en la especie, estuviese en razón inversa con el amor individual; que el 90 por 100 de los criminales son hijos de padres muy jóvenes; y asimismo los devotos de la Fuerza, corno Alejandro, Federico de Prusia, Napoleón, Grant y Roosevel; los hijos de padres de entre los treinta y los cuarenta años son preponderantemente literatos y músicos, corno MOISÉS, RAFAEL, SHAKESPEARE, BACH, GOETHE, SCHILLER, REMBRANDT, BEETHOVEN, MENDELSHON, CARLYLE y MACAULAY; mientras que CATÓN, CRONWELL, BISMARK, GLASTON, y otros grandes políticos, tuvieron a cincuentones por padres, siendo relativamente raro que el mérito sobresaliente recaiga en los primogénitos, tan favorecidos por la legislación del medievo. «El azar de que el hijo nazca adventiciamente –termina diciendo el excelente escritor– se remedia hasta cierto punto, conociendo que los matrimonios jóvenes son funestos para los hijos. Diríase que la Naturaleza, al poner en razón inversa al amor individual y al de la especie, pretende sustraer a la casualidad y someter a un régimen científico lo más importante de la Creación: la continuidad. De esta suerte, la juventud cede a la madurez el cetro genesiaco. Los hombres de veinte años, incompletos de ciencia y de experiencia en la vida, son también incompletos en el amor. El amor, como flor, exige primavera: como fruto, madurez, otoño...».

Pero hay en la Especie otro gran instinto: el de la Superación, origen de todas aquellas degradadas interpretaciones acerca de «los Hijos Divinos».

Dicho instinto de Superación o Selección hace en los corzos, por ejemplo, agruparse y formar círculo las hembras en celo en torno de los machos, quienes, en honor de ellas, emprenden la lucha más brutal entre sí, siendo el macho triunfante el elegido. De igual modo la hembra humana selecciona inconscientemente al varón más distinguido por cualidades mejoradoras con vistas a la selección de la Especie, y ésta es la causa histórica –un ejemplo por todos el de D.ª Marina con Cortés, alma de la conquista de Nueva España– de que las mujeres del pueblo inferior o vencido –las sabinas del Lacio, verbigracia– se vayan con el triunfador.

¿Qué de extraño tiene, pues, el que hombres y mujeres hayan soñado siempre el unirse, respectivamente, con «diosas» y «dioses» en la época en que en ellos se creía para obtener «hijos divinos», o que sean como los dioses? En buena filosofía no puede sorprendernos, por tanto, aquella aberración religiosa, aunque, naturalmente, la rechacemos fundados en que *la superación intelectual y moral humana no puede ser lograda por la vía animal del sexo, sino por la contraria y superior de la ciencia y de la virtud; es decir, por lo que, más o menos, se denomina en Oriente la Yoga. Pretender lo contrario es magia negra...* Aunque, como dice FRANCE, al ser Jehovah «un creador alfarero», su obra, el hombre, se complazca en el fango, hay algo más en él que el fango de su cuerpo perecedero, crucificado durante su vida en la cruz redentora del sexo.

CHARLA CUARTA

Después de comer, tornamos al laberinto de Ruel. Yo experimentaba una piedad sin límites hacia la rara extravagancia del Conde, que juzgaba muy difícil de curar, cosa que me impedía divertirme con ella como lo habría hecho si hubiese tenido alguna esperanza de retornarle a la sensatez. En vano buscaba por mi parte en la Antigüedad algo que oponer a sus quimeras, algo incontestable, porque en cuanto a redargüirle con las enseñanzas de la Iglesia, era tiempo perdido, ya que él me había dicho que no llevaba cuentas sino con la antigua religión de sus Padres, los Filósofos, y respecto a convencer por razonamiento a un cabalista, lo juzgué superior a mis fuerzas. Además, era prematuro discutir con un hombre cuyas opiniones aún no conocía yo por completo.

Vínome, sin embargo, a las mientes aquello que Gabalis me dijera respecto de los falsos Dioses, los que él había sustituido por las Sílfides y demás pueblos de los Elementos, cosa que juzgué podría ser refutada por los Oráculos de los paganos a quienes la Biblia trata siempre de Demonios y no de Silfos. Pero como todavía yo ignoraba si estaba entre los principios de la Cábala el atribuir las respuestas de los Oráculos a cualquier causa natural, juzgué conveniente estimularle a que se explicase a fondo sobre el particular. Para ello me dió ocasión de entrar en materia cuando, antes de que penetrásemos en el laberinto, se volvió hacia el jardín, diciéndome:

–Esto es hermosísimo, y estas estatuas resultan de muy buen efecto.

–El Cardenal que las erigiera –observé–, tenía poco digna idea de la gran genialidad simbólica de aquellas. Él creía que la mayor parte de estas figuras suministraban antaño los Oráculos, y con tal prejuicio, las hizo pagar harto caras.

–Es el mal de no pocas gentes –contestó el Conde–. La ignorancia perpetra a diario un modo de idolatría muy punible, pues que conserva con tanto cuidado y tiene por precioso tesoro a los ídolos, de los que se cree que el Diablo se adueñaba antaño, sirviéndose de ellos para hacerse adorar. ¡Oh, Dios mío!, jamás se reconocerá por el ignaro mundo que Vos habéis precipitado a vuestros enemigos bajo el escabel de vuestros pies y que mantenéis aherrojados desde entonces a los Demonios bajo el antro de la Tierra y en el torbellino de las tinieblas más densas. Esta tan poco loable curiosidad de congregar así a tales pretendidos instrumentos de los Demonios, podría transformarse en cosa inocente y buena, hijo mío, si quisiesen las gentes dejarse persuadir de que jamás les ha sido permitido a dichos Ángeles de las Tinieblas hablar por mediación de los Oráculos.

–No creo –interrumpí–, que tal cosa pueda ser lograda entre el mundo de los simples curiosos, pero acaso sí pueda serlo entre los fuertes de espíritu, pues no hace aún mucho tiempo que un Congreso celebrado expresamente para estos asuntos por espíritus de primer orden, declaró que todos estos pretendidos Oráculos no eran sino una gran superchería, hija de la avaricia de los Sacerdotes gentiles o bien una artimaña política de los Soberanos.

–Los Mahometanos –dijo el Conde–, ¿enviaron embajada a vuestro Rey para este Congreso? ¿Qué pensaron ellos del problema?

–No, señor, ellos no vinieron.

–¿De qué religión son, pues, esos buenos señores cristianos que no tienen en cuenta para nada a las Divinas Escrituras cuando ellas mencionan tantos Oráculos famosos en lugares diferentes, y principalmente de los Pythones y sus Pitonisas que moraban y daban sus respuestas en el ámbito mismo de los Templos destinados a la multiplicación de la Imagen de Dios?

–Yo me refiero, más bien, a esos vientres peroradores, e hice notar a la asamblea que el propio rey Saúl había proscrito de su reino a las Pitonisas, y, no obstante de ello, la víspera de su muerte, Saúl pudo encontrar todavía a una de éstas, a la que visitó y la cual tuvo el mágico poder bastante para evocar y hacer aparecerse al profeta Samuel, quien le predijo, fatídico, la ruina que le esperaba. No obstante todo ello, aquellos sabios asambleistas decidieron unánimes que jamás existieran los Oráculos.

–Si, pues, la Biblia no convence a tales gentes –continuó Gabalis–, es necesario convencerles con el unánime testimonio de toda la Antigüedad, donde es fácil encontrar a montones las pruebas más maravillosas. Tantas vírgenes conocedoras del futuro de los mortales, las cuales adivinaban los buenos o malos Destinos de aquellos que las consultaban. ¿Qué me decís, por otro lado, de CRISÓSTOMO, ORÍGENES, ECUMENIO, quienes mencionan a esos hombres divinos a los que los griegos denominaban *Engastrimandros* o ventrículos, cuyo profético vientre articulaba con claras palabras los Oráculos más famosos? Y si esos caballeros vuestros no aman a la *Biblia* y a los Santos Padres, hay que darles en el rostro con aquellas milagrosas jóvenes de las que nos habla el griego PAUSANIAS, las cuales se transformaban en palomas y bajo esta metamórfosis pronunciaban los Oráculos célebres llamados de las *Palomas de Dodona.* O también les podéis decir, en honra y prez de vuestra nación, que hubo también en las Galias de antaño, hijas insignes que a voluntad podían metamorfosearse según el deseo del consultante y que, aparte de los Oráculos que sabiamente aportaban, tenían la facultad de aplacar al mar tempestuoso y curar las más rebeldes y graves enfermedades.

–Todos esos bellos relatos están reputados como apócrifos...

–¿Es acaso porque su venerable antigüedad les hace sospechosos? Además, los Oráculos continúan dándose en nuestros propios días.

–¿En qué sitio del mundo?

–¡En el mismísimo París!

–¿En París? –opuse escéptico.

–Sí, en París –continuó aquél–. «¿Sois maestro de Israel y no sabéis esto?» ¿Acaso no son consultados a diario en la capital de Francia los Oráculos acuáticos en peceras o en estanques; o los Oráculos aéreos en espejos mágicos manejados por vírgenes? ¿No son vueltos a encontrar así por sus dueños joyas perdidas y relojes robados y se tienen también noticias de los países más lejanos y de los seres queridos ausentes?

–¿Cómo?, señor, ¿qué es lo que me decís?

–Pues sencillamente lo que está aconteciendo a diario, y de lo que no es nada difícil encontrar miles de testigos oculares.

–No lo creo, señor. Los Tribunales harían un buen escarmiento de quienes practicasen acciones tan reprensibles, rayanas en la idolatría.

–¡Ah, y cómo os precipitáis! –replicó Gabalis–. No hay en toda ella nada del mal que os figuráis y la Providencia no permitirá que se extirpe semejante resto de la Filosofía que se ha salvado del lamentable naufragio experimentado por la Verdad. Si aún quedan algunos vestigios entre las gentes del pueblo de la temible potencia de los nombres divinos, ¿seríais vos del parecer de que fuesen ellos borrados y se perdiese así el respeto y la gratitud que son debidos a la gran Palabra sagrada de *Agla*, la cual opera mágicamente tales prodigios, lo mismo cuando es invocada por los ignorantes que por los pecadores, y que adquiere, naturalmente, extraordinario poder en labios de un Cabalista? Si vos hubieseis querido aplastar a tales señores vanidosos, demostrándoles la verdad de los Oráculos, no teníais sino exaltar vuestra imaginación y vuestra fe, poniéndoos cara a Oriente y pronunciando con voz firme: ¡Ag...!

–Señor –interrumpíle–. Jamás se me había antojado emplear semejantes argumentos *ad homine* a gentes tan honorables como lo son aquellos asambleístas, quienes al punto me habrían tomado por un fanático, dado que seguramente no tienen fe alguna en nada de esto, y aunque yo hubiese puesto en práctica semejante invocación cabalística, ella no hubiese tenido resultado alguno tampoco en mi boca, pues que soy todavía más incrédulo que todos ellos.

–Bien, bien –continuó el Conde–. Si aun no tenéis tal fe, ya la haremos venir. Sin embargo, si no tenéis confianza de que dichos señores hubiesen dado crédito a lo que todos los días se les puede hacer ver en París, podríais haberles citado una historia de bien remota fecha: el Oráculo que CELIUS RHODIGINUS aseveró haber presenciado por sí mismo, y pronunciado hacia fines del pasado siglo, por este hombre extraordinario que predecía el porvenir valiéndose del propio órgano que el *Eurycles* de PLUTARCO.

–No había querido, en modo alguno, citar a RHODIGINUS, porque habría sido calificado de pedante y no hubiera faltado tampoco quien añadiese que este señor era un demoníaco más.

–Esto habría sido un insulto perfectamente monacal –replicó el Conde.

–Señor –agregué–. A pesar de la cabalística aversión que veo sentís hacia los frailes, me permitiréis que no la comparta. Ni veo que haya tanto mal tampoco en negar que hayan existido los Oráculos ni en agregar que era el Demonio el que hablaba por ellos, ya que, en suma, los Santos Padres y los teólogos...

–¿Acaso los teólogos –interrumpióme el Conde– no están todos de acuerdo en que la sapientísima Sambethe, la más antigua de las Sibilas, era hija de Noé?

–Y eso, ¿qué importa?

–Plutarco –continuó Gabalis– ¿no cuida bien de decir que ésta, la más antigua Sibila, fué la primera que pronunció Oráculos en Delfos? El Espíritu a quien *Sambethe* albergaba en su seno no era, pues, ningún Diablo, ni su Apolo protector, un falso Dios, pues que la idolatría no comenzó sino mucho tiempo después de la confusión de lenguas, por lo que sería poco verosímil atribuir al Padre de la Mentira los libros sagrados de las Sibilas y cuantas pruebas en favor de la verdadera Religión los Santos Padres han sacado de ellos. Por tanto, hijo mío –agregó riendo–, no os es permitido romper el maridaje que un gran Cardenal, príncipe de la Iglesia, ha hecho de David y de la Sibila en su canto del *Dies Irae*, ni de acusar a tan sabio personaje de haber puesto en parangón a un gran Profeta con una desventurada Energúmena, puesto que o David fortifica el testimonio de la Sibila, o la Sibila debilita la autoridad de David.

–Os ruego, señor, que tornéis a vuestra habitual seriedad.

–No tengo en ello inconveniente, a condición de que no me acuséis jamás de serlo demasiado. El Demonio, en opinión vuestra, ¿se ha contradicho nunca o ha ido alguna vez contra sus propios intereses?

–¿Por qué no?

–Porque lo que Tertuliano ha llamado tan feliz y sublimemente la Razón de Dios no lo encuentra muy lógico. Satán, en ninguna ocasión, ha tirado contra sus propios intereses. De aquí se deduce que, o el Demonio jamás ha hablado por medio de los Oráculos o que él no ha hablado en ellos nunca contra sus conveniencias personales, y si los dichos Oráculos han hablado contra los intereses de este Enemigo, no es él quien empleó los Oráculos para con los mortales.

–Pero ¿no ha podido Dios forzar al Demonio a dar público testimonio de la Verdad, aun hablando contra sí mismo? –objeté.

–¿Y si Dios no hubiese hecho tal cosa?

–¡Ah! En ese caso vos tenéis más razón que los frailes.

–Ved, pues, que es así, y para proceder irrecusablemente y de buena fe, no voy a acumular aquí los testimonios que refieren los Padres de la Iglesia, no obstante estar persuadido de la veneración que guardáis para con estos grandes hombres. Su religión, como asimismo el interés que en el asunto tenían éstos, podían haberles prevenido contra ello y su amor hacia la verdad podría haberles inducido a introducir en ella algo de velo y como de mentira, al ver a aquélla tan pobre y desgraciada en nuestro siglo. Eran ellos hombres, en efecto, y como tales, siguiendo la máxima del gran Poeta de la Sinagoga, testigos infieles en parte. Quiero, pues, citaros a un hombre que no pueda en esto ser sospechoso: un pagano y pagano de índole bien diferente que LUCRECIO, LUCIANO y los epicúreos; un pagano, en fin, creyente en innumerables Dioses y Demonios; supersticioso en el más alto grado, poderoso Mago, o que tal se creía, y, por consecuencia, gran partidario de los Diablos. Me refiero a PORFIRIO. He aquí palabra por palabra algunos de los Oráculos que refiere:

ORÁCULO

Hay por encima del fuego celeste una Llama incorruptible, vibrante y resplandeciente siempre; manantial eterno de la Vida; fuente de todos los seres y origen de las cosas todas.

> Semejante Llama lo produce todo y nada perece si ella no lo consume. Ella se hace conocer por ella misma. Su fuego no puede ser encerrado en parte alguna; ella está desprovista de cuerpo y de toda clase de materia; rodea y abarca a los Cielos. De una de sus infinitas chispas proviene todo el fuego vital del Sol, la Luna y las Estrellas. He aquí todo lo que sé de Dios y no intento saber más, pues que ello sobrepuja al alcance del Sabio más excelso. Asimismo, tened entendido que el hombre injusto y perverso no puede ocultarse a la mirada de Dios, ni excusa o pretexto alguno valen ante sus ojos escrutadores. Todo está lleno de Dios. Dios está en todas partes.

–Ved, pues, hijo mío, que este Oráculo no tiene el menor sabor demoníaco.

–Al menos en él, el Demonio se sale bastante de su natural carácter.

–He aquí otra muestra más elocuente aún.

ORÁCULO

> Existe en la Divinidad una insondable profundidad ardiente. El corazón humano no debe jamás temer tocar a ese fuego adorable, ni ser tocado por él. No por ello se verá consumido por fuego tan dulce, cuyo apacible y tranquilo calor determina la contextura, la armonía y la vital continuidad del mundo. Nada subsiste que no esté alimentado por tal fuego, que es la Esencia divina. Nadie le ha generado; es sin Padre, sin Madre y sin Nada. Él lo sabe todo, y nada le puede ser enseñado. Es inconmovible en sus designios, y su Nombre es inefable. He aquí lo que es Dios. Nosotros, meros Mensajeros suyos, *no somos sino una partícula de la Divinidad.*

–¿Qué decís a esto?

–Digo de entrambos Oráculos –repliqué–, que Dios puede obligar al padre de la Mentira a rendir alguna vez su homenaje a la Verdad.

–Vaya un tercero, que os disipará todo escrúpulo.

ORÁCULO

¡Oh, Trípode revelador! Llorad y haced la Oración fúnebre de vuestro Apolo; él es mortal, y va a morir. ¡Él muere ya!, porque la . luz de la celeste Llama se extingue en Él.

–Veis, pues, hijo mío, que quien quiera que fuese el que hablase en los Oráculos, y que explicase tan admirablemente a los paganos la Esencia, la Unidad, la Inmensidad y la Eternidad de Dios, habla como un mortal, y afirma que no es sino una chispa de la Divinidad. No es, por tanto, el Diablo quien en el Oráculo habla, dado que él es también inmortal, y que Dios no había tampoco de forzarle para que dijese lo que no existe. Comprobado queda, que Satán no se produce contra sí propio. ¿Es un medio para él hacerse adorar, el decir que no hay más que un solo Dios? Él dice que es mortal; pero ¿cuándo ha sido tan humilde el Diablo, para así desposeerse de su efectiva cualidad de inmortal? En suma: que, si el concepto del que es llamado por antonomasia el Dios de la Sabiduría subsiste, no puede ser nunca el Demonio el que hablara en los Oráculos.

–Pero si no es el Demonio –observé–, éste, mintiendo de buen grado en cuanto a calificarse de mortal, decía, forzado, la verdad cuando tenía que hablar de Dios; y, ¿a quién atribuye vuestra Cábala todos esos Oráculos? ¿Será, sin duda, a una emanación terrestre, como sostienen ARISTÓTELES, CICERÓN y PLUTARCO?

–¡Ah! No –replicó el Conde–. Gracias a la sagrada Cábala, no tengo la cabeza tan perdida como todo eso.

–Entonces, ¿cómo sustentáis opinión tan absurda? Aquéllos son gentes de recto criterio.

–No tanto como os figuráis. Imposible resulta el atribuir a semejante exhalación todo cuanto acontecía en los Oráculos.

Por ejemplo: un hombre, que se apareció en sueños, como TÁCITO cuenta, a los sacerdotes de un Templo de Hércules, en Armenia, y les ordenó que tuviesen preparados varios cazadores, y cuando éstos regresaron de su cacería aquella noche, rendidos de cansancio y con los carcaj es vacíos de flechas, y al otro día se vió que había tantas piezas muertas en la selva como flechas en los carcajes, veis bien que vuestra pretendida «exhalación» no podía operar semejante prodigio. La causa, menos podía ser el Diablo, porque sería tener un criterio muy poco sensato y cabalista, el creer que le fuese permitido correr tras las liebres o los jabalíes.

–¿A qué atribuye entonces tal hecho vuestra Cábala?

–Reparad en lo que os voy a decir antes de que os revele semejante misterio. Es preciso, ante todo, que os cure vuestro espíritu del prejuicio que tenéis respecto a dicha «exhalación terrestre–, de esos ARISTÓTELES, CICERÓN y PLUTARCO que citáis tan enfáticamente. Podéis citar también a YÁMBLICO, el que, no obstante su gran espíritu, vivió algún tiempo en el mismo error, el cual hubo de abandonar luego, cuando él examinó mejor el problema en su libro sobre los *Misterios.*

PEDRO DE APONA, POMPONACIO, LEVINUS, CIRENIUS y LUCILIO VANINO, están encantados de haber encontrado este defecto en algunos de los antiguos. Todos estos pretendidos *esprits forts*, que cuando hablan de las cosas divinas dicen más de lo que conocen y de lo que quieren, no consienten en ver nada de superhumano en los Oráculos, por miedo de tener que reconocer algo por encima del hombre. Tienen miedo de encontrar una escala con la que poder remontar hasta Dios, al que temen conocer, por los múltiples grados de las criaturas espirituales, y prefieren fabricarse una para descender hasta la nada y el vacío. En lugar de remontarse a los Cielos, ellos ahondan en la Tierra, camino del Abismo; y en vez de buscar en los seres superiores al hombre, la causa de estos transportes, que le elevan por cima de sí mismo, y le hacen un a modo de divinidad, atribuyen, débilmente, a exhalaciones impotentes esas facultades de penetrar en lo futuro, de descubrir las cosas ocultas y de elevarse hacia los más altos secretos de la Esencia divina.

Tal es la miseria del hombre, cuando su espíritu de oposición y su capricho de pensar de diferente manera que los demás, se apodera de ellos. ¡Lejos de alcanzar así la meta, no hacen sino confundirse y crearse trabas! Semejantes libertinos no quieren someter al hombre a sustancias menos materiales que él; ellos se esclavizan al criterio expuesto por vos también, y sin considerar que no hay relación alguna entre este quimérico valor y el alma del hombre; entre el vapor productor del frenesí mántico y las cosas futuras; entre esta causa frívola y sus efectos milagrosos, se figuran que son geniales, porque son simplemente extravagantes. Para dárselas de fuertes de espíritu, niegan los espíritus.

–¿Tanto os desagrada su singularidad?

–¡Ah, hijo mío! Ella es la peste del buen sentido y el eterno tropiezo de los más geniales espíritus. ARISTÓTELES mismo, por muy gran lógico que fuese, no se salvó de caer en la trampa de la fantasía de singularizarse, la cual trabajó en sus obras tanto como él.

–En efecto –dije–. Él no hizo sino confundirse y extraviarse, cuando consigna en el *Libro de la generación de los animales* y en sus *Morales*, que el espíritu y la inteligencia del hombre le vienen de fuera, y que no pueden provenir de nuestros padres. Y a la vista de la espiritualidad de las operaciones de nuestra alma, concluye deduciendo que ella es de distinta naturaleza que el compuesto material al que ella anima, y cuya grosería no hace más que ofuscarle en sus especulaciones, en lugar de prestarle ayuda. Ciego ARISTÓTELES, sin embargo, pues que, según vos, nuestro organismo material no puede ser la fuente de nuestros pensamientos espirituales, ¿cómo os explicáis vos que un débil vaho pueda ser la causa de los sublimes pensamientos y demás tesoros espirituales que provienen de las Pitonisas que pronuncian los Oráculos sagrados?

–Bien veis que el superior espíritu de ARISTÓTELES se contradice a sí propio, extraviado por su prurito de singularidad.

–Más bien lo que hay que admirar –contestó el Conde–, es la honestidad del Salamandro Oromasis, al que los celos no le impidieron compadecerse de su desdichado rival. Él enseñó a su hijo ZOROASTRO, llamado por otro nombre JAFET, el nombre del Dios todopoderoso, que simboliza y expresa su eterna fecundidad. Jafet pronunció seis veces, alternativamente, con su hermano Sem, marchando de espaldas hacia el Patriarca, el nombre temible de *Jabamiah*, y le restituyeron al buen viejo a la integridad de su mutilado sér. Semejante historia, equivocadamente interpretada por los griegos, les ha hecho decir a éstos que Saturno, el más antiguo de los Dioses, había sido castrado por su propio hijo. Mas, he aquí la verdad de la cosa. A la vista de todo esto, podéis comprender hasta qué punto la moral de los pueblos del fuego y demás Elementos es infinitamente más humana que la vuestra, porque los celos de aquéllos son tan terribles como nos cuenta PARACELSO, al relatamos la aventura que dice fué testimoniada por todos los habitantes de Stanffemberg; un filósofo, con quien una Ninfa había entrado en comercio de inmortalidad, se hizo luego lo suficientemente deshonesto para amar a una mujer. Cierto día en que él cenaba con su querida y algunos de sus amigos, vióse súbitamente en los aires la más hermosa cadera del mundo, exhibición con la cual la invisible amante elementaria quiso patentizar a los amigos la infidelidad por aquél cometida, y su pésimo gusto al cambiar, por los pobres encantos de la Mujer, las supremas bellezas de la Sílfide. Hecho lo cual, la Sílfide vengativa mató al amante infiel en el mismo momento.

–¡Ah, señor –exclamé, alarmado–; es cosa de pararse un poco, antes de decidirse a tomar tan delicadas esposas invisibles!

–Confieso que el amor de dicha Sílfide fué excesivamente violento –continuó el Conde–. Mas, habiendo visto nosotros a tantas mujeres exasperadas, matar por celos a sus amantes perjuros, no hay para qué extrañarse de que estas tan bellísimas como fieles amantes, se dejen arrebatar así de su amor cuando son traicionadas, tanto más, cuanto que ellas sólo exigen del hombre, que se abstenga de las mujeres, cuyos defectos les resultan insufribles; pero no se oponen a que de entre sus congéneres tomen asimismo como esposas a cuantas les plazcan. Ellas, así, prefieren el alto interés de la inmortalización de sus compañeras, a su satisfacción particular egoísta, y se consideran dichosas al ver que sus Sabios dan a la República elementaria el mayor número posible de hijos inmortales.

–En resumen, señor –repliqué–: ¿Cuál es la causa de que se vean tan raros ejemplos de todo eso que decís?

–Al contrario; ellos son en muy crecido número, hijo mío. Pero, o no se repara bien en ellos, o no se les concede ningún crédito, o, en fin, se les explica mal, por el desconocimiento en que se está de nuestros filosóficos principios. Atribuyese a los Demonios, cuanto debería ser atribuido a los pueblos de los Elementos. Un pequeño Gnomo se hizo amar de la célebre Magdalena de la Cruz, abadesa de un monasterio de Córdoba, en España. Ella le hizo feliz desde la edad de doce años, continuando así su amoroso idilio por espacio de más de treinta. Un director espiritual, ignorante, acabó persuadiendo a la Madre Magdalena, que su amante invisible era un demonio o un trasgo, y la obligó a pedir su absolución, nada menos que al pontífice Paulo III. Sin embargo, no hay posibilidad de que aquel solícito amante fuese un Demonio, porque toda Europa supo, y CASIODORO REMAIUS lo consignó para la posteridad, el milagro que a diario se hacía en favor de aquella santa Hija, lo cual no hubiese aparentemente acaecido, si el comercio de la Abadesa con el Gnomo hubiese sido tan diabólico como el venerable Director espiritual imaginase. Este doctor la diría, sin duda, astutamente, que también el Silfo que se inmortalizaba con la joven Gertrudis, religiosa del convento de Nazareth, en la diócesis de Colonia, era un diablejo asimismo.

–Yo lo tengo esto último por completamente seguro –insistí una vez más.

–¡Ah, hijo mío! –prosiguió el Conde, sonriente–; si ello fuere así, el Diablo es harto afortunado al mantener semejante galante comercio con una jovencita de trece años, y escribirla los dulces billetes amorosos, que luego se encontraron en su arquilla... Creedme, hijo, que el Demonio tiene en la mansión de la Muerte ocupaciones harto más tristes y más conformes, con el odio que tiene hacia él el Dios de la Pureza. Pero así es como se cierran los ojos a la verdad, ignorantemente. En TITO LIVIO, por ejemplo, encontramos que Rómulo era hijo del dios Marte. Los fuertes de espíritu «dicen que esto es una fábula»; los teólogos, que se trató de un Diablo íncubo, y los burlones añaden: «La buena señorita Silvia, habiendo perdido sus guantes en la selva, quiso sincerarse, diciendo que un dios se los había robado». Pero nosotros, que conocemos mejor que todos éstos a la Naturaleza, gracias a habernos atraído Dios hacia la verdadera luz, sabemos bien que el pretendido dios Marte era un Salamandro, que, uniéndose a la joven Silvia, la hizo madre del gran Rómulo, el héroe que, luego de haber fundado a la opulenta Roma, fué arrebatado por su padre Marte, como ZOROASTRO lo fuese también por su padre Oromasis. Otro Salamandro así fué, de igual modo, el padre de Servio Tulio.

TITO LIVIO, engañado por la semejanza, dice, por su parte, que no fué sino el Dios del fuego, y los ignorantes han hecho de ello igual erróneo juicio que lo hicieron también respecto del padre de Rómulo. El famoso Hércules, el invencible Alejandro, eran, a su vez, hijos del más grande de los Silfoso Los historiadores, no conociendo bien esto, dicen que era su padre Júpiter, y dicen bien, porque, como ya sabéis, aquellas Sílfides, Ninfas y Salamandras, habiendo sido erigidas en otras tantas divinidad es, por las ignaras multitudes, los historiadores que las creían tales, llamaban *Hijos de Dios* a todos cuantos niños así nacían.

Tales fueron también el divino PLATÓN, el más que divino APOLONIO DE TIANA, HÉRCULES, AQUILES, SARPEDON, el piadoso ENEAS y el famoso MELCHISEDECH, porque... ¿sabéis vos quién fué el padre de este último glorioso Patriarca?

–No, ciertamente, puesto que SAN PABLO tampoco lo sabía.

–Decid, más bien, que no quiso revelarlo –replicó el Conde–, pues que no le estaba permitido el divulgar los secretos cabalísticos. Él, en efecto, no ignoraba que el padre de Melchisedech era un Silfo, y que este rey de Salem fué concebido en el Arca de Noé por la hija de Sem. La manera que tenía este Pontífice de ofrendar los sacrificios, era la misma que su prima Egeria enseñó al rey Numa Pompilio, al par que la adoración de una Divinidad Suprema, sin imágenes ni representaciones, por cuya causa, los romanos, hechos idólatras algún tiempo después, quemaron los Libros santos de Numa que Egeria les dictase. El Dios primitivo de los romanos era el verdadero Dios, y su sacrificio, el único verdadero también del Pan y del Vino. Pero todo esto se degradó después, y Dios, en recuerdo de dicho culto primitivo, no dejó de adjudicar a la ciudad, que así había reconocido su soberanía antaño, el imperio del Universo. El propio sacrificio de Melchisedech...

–Señor –interrumpíle–, os ruego que dejemos ya lo de Melchisedech, al Silfo que le engendró, a Egeria, su prima, y al sacrificio del Pan y del Vino. Semejantes pruebas me parecen demasiado remotas y me atrevería a rogaros que me suministraseis otras más recientes. Tengo oído de labios de un doctor, al que interrogué, qué habrá sido de los compañeros de esa especie de Sátiro que se apareció a San Antonio y al que vos habéis denominado un Silfo, que, en la actualidad, todas esas gentes han muerto ya. Así, de ser cierto esto último, cabe pensar que, en efecto, al ser ellos mortales como decís y no tener ya nuevas de ellos, realmente han dejado ya de existir.

–Ruego a Dios –exclamó emocionado el Conde–. Ruego a Dios tenga a bien ignorar a este ignorante, que tan neciamente resuelve lo mismo que ignora. Dios le confunda, como igualmente a cuantos piensen así. ¿De dónde ha aprendido el tal doctorzuelo que están desiertos los Elementos y que todos sus pobladores han sido ya extinguidos? Si él se hubiese querido molestar en leer la Historia y no atribuir al Diablo, como hacen las buenas mujeres, todo cuanto se le antoja a su quimérica teoría, él hallaría en todos los tiempos y lugares las pruebas de lo que os llevo dicho. ¿Qué diría, si no, vuestro doctor de marras acerca de este auténtico caso acaecido no ha mucho en España? Una hermosísima Sílfide se hizo amar de cierto español, viviendo tres años con él y teniendo de él tres preciosos niños, muriendo después. ¿Diréis que ella era también el Diablo? ¡Sapientísima respuesta! ¿Según qué ley física puede el Diablo organizar un cuerpo femenino que conciba, dé a luz y amamante a sus criaturas? ¿Qué pruebas hay en la Santa Escritura acerca de semejante poder que nuestros teólogos tendrán así que adjudicar al Diablo? ¿Y qué razón verdaderamente admirable les puede suministrar su enclenque Física? El jesuita Del Río, cuán inocentemente relata de buena fe multitud de estas aventuras y, sin aceptar las razones de los físicos, sale del atolladero diciendo que tales Sílfides no eran sino Demonios íncubos. ¡Cuán verdad es que vuestros más pomposos doctores saben menos, con frecuencia, que las más simples mujerucas! Dios gusta de envolverse en su trono nebuloso y densificando las tinieblas que rodean a su temible Majestad, habita en una inaccesible luz y sólo deja ver las verdades excelsas a los humildes y sencillos de corazón. Aprended, pues, a ser humilde, hijo mío, si anheláis penetrar las tinieblas sacrosantas que ocultan a la Verdad. Aprended de los Sabios a no dar a los Demonios ningún poder sobre la Naturaleza, desde el día en que la piedra fatal les tapó la salida de los pozos del abismo. Aprended de los filósofos a buscar siempre en todo las causas naturales, hasta en los acontecimientos más extraordinarios y cuando estas causas naturales lleguen a faltar, recurrid a Dios y a sus santos Ángeles, pero jamás a los Demonios, que no pueden hacer otra cosa que sufrir eternamente. De otro modo blasfemaréis sin daros de ello cuenta y atribuiréis al Diablo el mérito de las obras más maravillosas de la Naturaleza. Y cuando os digan que el divino APOLONIO DE TIANA fué concebido sin la actuación del hombre, y que uno de los más excelsos Salamandros descendió para inmortalizarse con su madre, diréis que este Salamandra era un Demonio y daréis, por consiguiente, al Diablo la gran gloria de la generación de uno de los hombres más grandes que han salido de nuestros maridajes filosóficos.

–Pero, señor –interrumpíle–, si este APOLONIO está reputado por nosotros como un brujo, ¿qué importa ello para el caso?

–He aquí –prosiguió el Conde– uno de los peores efectos de la ignorancia y de la torcida educación. Como nuestras nodrizas nos contaron de niños consejas sobre los hechiceros, todo cuanto extraordinario acontece tiene al Diablo por autor.

Los más sabios doctores tienen el castigo de no ser creídos sino cuando hablan como las niñeras. APOLONIO no fué nacido de hombre, como os llevo dicho. Él entendía el lenguaje de las aves; él se hizo ver simultáneamente en dos lugares distintos; él se tornó invisible delante del emperador Domiciano, que pretendió hacerle martirizar; él resucitó a una joven por el poder de la Onomancia, y él dijo en Efeso, en una asamblea de todos los pueblos del Asia, que en aquella misma hora era asesinado el tirano de Roma. Ante el problema de juzgar con exactitud a este gran hombre, las nodrizas dicen que era un hechicero, mientras que SAN JERÓNIMO y SAN JUSTINO, Mártir, abogan porque fué un gran filósofo. JERÓNIMO, JUSTINO y nuestros cabalistas serán, pues unos visionarios y la chiquillería les arrollará. ¡Ah! ¡Que la ignorancia perezca en su propia ignorancia, pero vos, hijo mío, salvaros, al menos, del naufragio!

Cuando leáis que el célebre Merlín nació sin la mediación de varón alguno, de una religiosa, hija del rey de la Gran Bretaña, y que él predecía el porvenir con más seguridad que el propio Tiresias, no diréis con el vulgo que era el hijo de un Demonio íncubo, pues que éstos jamás han existido ni que profetizaba por arte demoníaco por cuanto el Demonio es la más ignorante de todas las criaturas, según la santa Cábala. Diréis, en cambio, con los Sabios, que la princesa inglesa fué consolada en su soledad por un Silfo que, compadecido de ella, se dió trazas a divertirla, lográndolo cumplidamente, y que Merlín, el fruto de tal unión, fué instruido por las Sílfides en todas las ciencias, aprendiendo de aquéllas todas cuantas maravillas aparecen consignadas en la Historia de Inglaterra. No ultrajaréis tampoco a los condes de Cléves diciendo que es su padre el Diablo y tened, os ruego, mejor opinión del Silfo que la Historia cuenta hubo de llegar a Cléves sobre un maravilloso esquife tirado por un Cisne mediante cadena de plata. Este Silfo, después de haber tenido muchos hijos de la heredera del Condado, partió para siempre cierto día, tripulando su nave aérea. ¿Por qué vuestros doctores le erigen también en un Demonio? ¿Concederéis tan triste honor asimismo a la Casa de los Lusignan y os atreveréis a dar a vuestros Condes de Poitiers una genealogía diabólica? ¿Qué tenéis que decir contra sus célebres madres?

–Creo, señor, que me estáis contando los cuentos de Melusina...

–¡Ah! Si, pues, no negáis la historia de Melusina, os he ganado la partida, y si la negáis, será preciso quemar antes los libros del gran PARACELSO, donde se consigna en cinco o seis pasajes diferentes que nada hay más cierto que el que la tal Melusina era una Ninfa y será preciso también desmentir a nuestros historiadores, cuando dicen que después de la muerte de ésta, o, mejor dicho, después que ella hubo desaparecido de la vista de su buen marido, jamás ha dejado de aparecerse, vestida de luto, sobre la torre del castillo de Lusignan, que ella había construido, cada vez que alguno de sus descendientes está amenazado de alguna desgracia, o siempre que algún rey de Francia va a morir violentamente. Si lo negáis, podéis tener disgustos con cuantos se honran con descender de aquella Ninfa o que están emparentados con su casa nobiliaria.

–¿Os figuráis, señor, que tales caballeros preferirán considerarse descendientes de las Sílfides?

–Más las amarían, sin duda, si supiesen lo que yo os enseño, y tendrían por muy alto honor esos nacimientos extraordinarios. Si ellos, en efecto, recibieran alguna luz de la Cábala, comprenderían que, con tal forma de generación, por ser más conforme a la manera de ver de Dios al comenzar la población del mundo, los niños que así naciesen serían más felices, más gallardos, sabios, famosos y benditos de Dios. ¿No es gloriosísimo para aquellos hombres ilustres el descender de esas criaturas tan perfectas, admirables y potentes, que no de cualquier sucio Trasgo o de algún infame Asmodeo?

–Señor –insistí–, nuestros teólogos no llegan a decir que el Diablo es el padre de cuantos nacen, sin que hombre alguno les traiga al mundo. Ellos reconocen que el Diablo es mero espíritu y que, como tal, no puede engendrar. San Gregorio Nacianceno no lo cree así, puesto que afirma que los demonios se multiplican también al modo de los mortales.

–No somos de la misma opinión, pero acontece, según nuestros doctores, que...

–¡Ah! No digáis eso –replicó con vivacidad el Conde–. No lo digáis o diréis con ello una necedad muy sucia y muy indecorosa. ¿Qué abominable defecto han encontrado en ello? Es harto extraño el cómo ellos han adoptado tan unánimemente tal porquería y qué placer haya podido obtener de forjar estos tejidos de embustes para recreo de la ociosa brutalidad de los Solitarios, ensalzando ante el mundo a dichos hombres maravillosos, cuyo origen, sin embargo, ennegrecen de tal modo. ¿A esto es a lo que se llama filosofar? ¿Y es digno de la Divinidad el decir que existe cierta complacencia en Ella hacia el Demonio, a quien así favorece en sus maquinaciones al otorgarles una gracia como la de la fecundidad, que ha rehusado a los Santos, y recompensar semejantes suciedades creando para estos embriones de iniquidad almas más heroicas que las adjudicadas a los nacidos bajo la castidad de los matrimonios legítimos? Es indigno de la Religión el decir, como lo hacen vuestros dadores, que el Demonio puede, mediante ese detestable artificio, fecundar a una Virgen durante su sueño, sin perjuicio de su virginidad, cosa tan absurda como la historia en que Santo Tomás de Aquino, prestigioso autor que sabía un poco de Cábala, se olvida grandemente de sí mismo, al contar en su sexta «Cuestión» o *Quodlibet*, el caso de aquella hija que yació con su propio padre y a la que él hace correr la misma aventura que ciertos rabinos heréticos dicen acaeció también a la hija de Jeremías, a la que hizo concebir el gran cabalista BENFYRAH, haciéndola entrar en el baño mismo del que acababa de salir aquel Profeta. Juraría que semejante impertinencia fué imaginada por alguno que...

–Si osase, señor, interrumpir vuestra disertación –le dije–, os suplicaría, para aplacaros, que sería de desear en nuestros doctores el imaginar alguna otra solución menos ofensiva para los castos oídos, como los vuestros, o bien deberían negar de plano los hechos en que tales cosas se apoyan.

–Excelente expediente –replicó el Conde–. He aquí el medio mejor para negar cosas que acontecen a la continua. Poneos vos en el lugar de un teólogo de los de blanco ropón de armiño, y suponed que el feliz DANHUZERUS viniese a vos como el Oráculo de su propia religión.

En este momento, un lacayo entró a decirme que un joven deseaba verme.

–No quiero que pueda él encontrarme aquí –dijo el Conde.

–Os pido mil perdones, señor –le contesté–; pero es un visitante al que en modo alguno puedo hoy negarme. Tomaos, entre tanto le recibo, la molestia de entrar en estotro gabinete.

–No vale la pena; ¡me haré invisible simplemente!

–¡Ah, señor!; ¡por favor, no lo hagáis, que yo entiendo poco de estas estratagemas brujescas!

–¡Cuán gran ignorancia –dijo sonriente Gabalis, golpeándome familiarmente en el hombro –el no saber todavía, que para hacerse invisible, basta con poner delante de sí tan sólo al elemento contrario de la luz!

El Conde accedió, pasando al gabinete inmediato. El joven visitante penetró casi al mismo tiempo en donde me hallaba, y pídole perdón en estas líneas, de no haberle hablado de mi aventura cabalística [13].

[13] Gabalis, en su charla cuarta, sigue apoyándose en los antiguos Oráculos para demostrar a su discípulo que, mediante ellos y sus Pythones y Pytonisas no hablaba el Diablo, pues con ellos se hacía el bien a las gentes y se les eran dadas revelaciones morales y sabias, y quienes por el Oráculo hablaban eran los pueblos de los Elementos.

La cosa es complicada de suyo; pero el hecho histórico indiscutible es éste: en diferentes lugares sagrados del mundo antiguo había recintos solitarios, en los que una virgen, generalmente, sentada sobre un trípode –el trípode o velador como instrumento de comunicación hiperfísica del moderno Espiritismo– y sometida a la acción hipnótica de embriagadores vapores sulfúreos terrestres, ya que no a la de sacerdotes, «ocultos entre cortinas», «caía en trance» y comenzaba a articular el anhelado mensaje trascendente mediante el heteróclito órgano de su *ombligo.* Las tales revelaciones oraculares unas veces eran sabias, grandiosas; otras, triviales y siempre ambiguas, como sucede hoy, más o menos, con las «comunicaciones espiritistas».

Hay, pues, por de pronto, entre el «trance oracular» aquel y el moderno de la «medium» espiritista, puntos comunes: *a)* El de la medium o pitonisa. *b)* El de su trípode. e) El de un agente provocador de aquel extraño estado anormal, bueno o malo en sí, según se opine. *d)* El de una revelación subsiguiente, fuese la que fuese. *e)* El del empleo, en fin, de un instrumento de revelación no corriente, bien el «ombligo» en la pitonisa, bien el cuerpo astral desdoblado de la medium, o simplemente sus órganos bucales; pero sin que esta última se dé conscientemente de lo que articulan sus labios, a veces en lenguas clásicas o sobre ciencias por completo ajenas a su habitual cultura.

El pleito, por tanto, de los Oráculos es, en el fondo, el de nuestro moderno Espiritismo. Fallar semejante pleito en una breve nota es casi imposible. Diremos, no obstante, que la opinión actual está dividida en los siguientes criterios: *a)* El de la rotunda y escéptica negación del fenómeno. *b)* El de admitirle a éste como real, aparte de posibles y aun frecuentes supercherías o falsificaciones que no harían sino demostrar la realidad de lo así falsificado, y buscarle una explicación natural o científica. *e)* El de admitirle también, pero atribuyéndole a los muertos que así continúan sus relaciones con los vivos, salvando las barreras de la muerte física, criterio genuinamente espiritista. *d)* El de admitirle asimismo, pero atribuyéndole al Diablo y los suyos, criterio católico. *e)* El de atribuirle a «los pueblos de los Elementos» alabados por Gabalis, considerando a estos pueblos como seres en cierto modo superiores al hombre, aunque no sean inmortales como él, y en otro aspecto sean a él inferiores por cuanto el hombre puede otorgarles la inmortalidad, no por los naturales medios de protección, enseñanza, sacrificio moral, etc., más adecuados al caso, o sea por «vía superior», sino por la «vía reconocida mente inferior y animal» del sexo, criterio de la que nosotros denominamos «Magia negra occidental cabalística». *f)* El de admitir, en fin, con criterio orientalista o teosófico la existencia en torno nuestro de aquellos invisibles pueblos, al par que la de los «cascarones» o almas depravadas de los que durante su vida terrestre fueron malvados e injustos, constituyendo aquellos «pueblos de los Elementos» los restos astrales o etéreos de una evolución terrestre anterior a la nuestra o humana, y estos «cascarones», que también les acompañan en su mundo, los únicos y efectivos diablos, tan admirablemente explotados por el industrialismo reprensible de las religiones positivas.

Escoja, pues, el lector entre estas seis teorías o en la combinación de ellas, la que le plazca más. Nosotros, aquí, tras de lo que anotado llevamos, poco es lo que podemos añadir.

Los tres criterios, el católico, el teosófico y el espiritista, tienen entre sí puntos de acuerdo y puntos de discrepancia: de acuerdo, primero contra los escépticos respecto a la existencia del fenómeno oracular y del espiritista, atribuyéndolos unánimemente entrambos a realidades o entidades hiperfísicas, –hiperfísicas si la física se ha de limitar, como ahora, a lo que se pesa o a lo que se mide; pero físicas, si por física se ha de entender, con mejor criterio, «la física de la Meta», o, etimológicamente, la *Metafísica*, la Metafísica, por supuesto, tal como los orientalistas la entendemos, no como la escolástica católica quisiera que fuese, y fué, en efecto, en la Edad Media, sin base científicohistórica alguna–. Mas el criterio teosóficoorientalista, en vez de hacer de ello artículo de fe, sobre el que no se debe investigar, o dejándolo a los teólogos, opina debe ello ser objeto de investigación, como opina también el espiritista; pero no mediante mediums y veladores oraculares, trípodes y vírgenes o no vírgenes, hablando ora por sus labios, ora por su «ombligo», sino por los medios de la Ciencia, bajo la condición previa de no ceñir esta Ciencia al lecho de Procusto de la mera observación y la mera experiencia, como hacen ahora la Ciencia oficial, el Espiritismo y la moderna Metapsíquica, que no es sino un espiritismo sin «espíritus de muertos» ni otra cosa alguna que no sea tangible por nosotros o por nuestros aparatos, sino aplicando a la Ciencia misma y a sus mismos opimos frutos, que ella ha logrado en cuatro siglos por el método experimental, un segundo, mejor dicho, un primer método superior al experimental mismo, que es: *a) Método histórico* el de las Ciencias, Religiones y filosofías comparadas. *b)* El científico de la aplicación del llamado *método de las correspondencias seriales*, método analógico de la llamada *Tabla esmeraldina* de HERMES TRIMEGISTO, de que, «lo que está arriba, es como lo que está abajo, para la cósmica armonía de lo vario con lo uno», método, en fin, en que se reconocen los fueros de la *Intuición* sobre la mera *Razón*, y al que nosotros, en una palabra, no vacilamos en llamar «MÉTODO ARTÍSTICO»; del método, en fin, del que la misma ciencia contemporánea nos ofrece, aunque inconscientemente, mil ejemplos, tales como la invención de los logaritmos, las de las otras «series matemáticas analógicas», el de los descubrimientos de Neptuno y de la estrella compañera de Sirio, el del Galio y el Escandio en las series periódicoquímicas de MENDELEJEFF; en los millares de alcoholes, por DUMAS y BERTHELLOT, descubiertos en sus fórmulas antes que en el laboratorio, etc., etc.

Todo esto que parece digresión respecto del doble tema oracular y espiritista, no lo es, puesto que nos permite poner frente a frente nuestra teoría y la nefasta del abate VILLARS en la obra comentada. ROBERTO FLUDD, y también SCHOPENHAUER, en *Parerga y Paralipómenos*, tienen razón: «así como existe una infinidad de criaturas visibles, así también hay en la máquina universal criaturas invisibles distintas en su naturaleza»; unas, inocentes y hermosísimas o «espíritus de la Naturaleza»; otras, completamente demoníacas, tan demoníacas, que no tenemos inconveniente en aceptarlas, con los católicos, como únicos y efectivos demonios, a saber, «los elementarios o necromantes cascarones humanos» de los hombres depravados ya muertos; otras, como seres procedentes de una evolución anterior y más bien malos que buenos también, y cuyo contacto hay que evitar, antes de poderlos someter con esa *Magia blanca*, Magia activa que significa lo contrario del mediumnismo, y que es lógica consecuencia, no de ciencias ocultas o malditas, *more cabalística*, sino del Ocultismo propiamente dicho, que no busca otros «poderes» que el de la propia superación por la única vía fisiológica del estudio aunado con la virtud y con el sacrificio en aras de la desgraciada Humanidad, como hicieran en máximo grado los grandes Renunciadores, en torno de los cuales y de cuyas doctrinas siempre iguales hanse formado después las religiones positivas a guisa de nubes atenuadoras, a veces, del vigor de aquellos Soles refulgentes, y nubladoras por completo de sus destellos de Vida, otras...

La decadente y envilecida religión de los últimos días del Paganismo, cuando, de puro desacreditados ya los Oráculos, se habían transformado en un instrumento políticorreligioso más de tiranía sobre unos pueblos degradados y oprimidos, acabó por suprimirlos, y el naciente Cristianismo oficial de los tiempos de Constantino ya no necesitó de ellos en absoluto; de aquí su muerte, en evolución parecida a la que muy bien se podría producir en los futuros si, triunfando el fenómeno espiritista-mediumnístico sobre la escéptica ciencia oficial, la política y la religión se apoderasen de él para sus fines, cosa que, aunque no se crea, entrambas lo tienen ya previsto, y el revuelo producido hoy en torno del «caso Asuero», así parece denunciarlo, sin que nosotros, faltos aquí de espacio, de ello nos podamos ocupar.

«Oh trípode revelador», podemos decir lo mismo refiriéndonos a los oráculos y sus *egastrimandros* antiguos, que a los modernos de los veladores espiritistas y a sus mediums. Pero «revelador» no de relaciones con los dioses ni tampoco con el alma espiritual de los muertos, sino de comercio psíquico con cuanto de más bajo y peligroso hay en el plano astral o mundo invisible que rodea a nuestro mundo visible. Los que en ello buscan «causas naturales» tendrían razón y podrían encontrar a éstas bajo todos aquellos fenómenos, si, considerando que «nada hay sobrenatural en la Naturaleza» y todo en ella está sujeto a leyes inmutables, las peligrosas relaciones con el «mundo de los Elementos» es un hecho natural científicamente explicable así que la Ciencia levante un poco el vuelo sobre sus actuales positivismos y escepticismos. Las «palomas» de Dodona no difieren esencialmente de «las larvas» de los últimos grados de hipnosis tan imprudentemente alcanzados por el poder de sugestión de experimentadores como el Coronel Rochas, ni del espectro o doble de mediums cual la señorita Florencia Cook del profesor Crookes, cuya aparición de Katie King, tan hermosa como hipócrita, no era sino una obsesora sílfide. En cuanto a las Sibilas, cuya autoridad se pone en parangón con la del profeta David en el fúnebre canto eclesiástico del *Dies irae*, no eran sino las mediums más selectas de la antigüedad al servicio de los intereses políticos y religiosos de autoridades desaprensivas, y muy al tanto de todos los secretos de la Magia Negra, y respecto a los «oráculos acuáticos y aéreos modernos» a los que el texto comentado se refiere, ellos no son sino un ínfimo capítulo de «la adivinación por las ciencias ocultas o malditas», llámense ellas astrología, onirología, quiromancia, geomancia, ovomancia, grafología, cartomancia, etc., y detrás de las cuales hay multitud de verdades desnaturalizadas, que algún día la Ciencia académica descubrirá cuando mejore sus métodos, como ha descubierto el magnetismo, la electricidad, los rayos X, la radioactividad, etc., entre ellas el poder que, por su mente espiritualizada que no por comercio carnal, tiene el hombre sobre aquellas criaturas inferiores de los elementos: la *Yakshini Vidhya*, como en Oriente se denomina a la Ciencia que otorga semejantes poderes taumatúrgicos, cuando su poseedor ha logrado previamente regirse, no por los planetas externos que rodean al Sol, sino por los astros interiores de su alma y cuyo Sol es su Divino Espíritu.

CHARLA QUINTA

Al regresar de despedir a mi joven visitante hasta la puerta, encontréme con que el Conde se hallaba ya de nuevo en mi cámara.

–Es un gran daño –me dijo– el que este señor que acaba de salir, haya de ser un día uno de los setenta y dos del Sanhedrín de la Nueva Ley, porque si no fuera por esto, resultaría excelente sujeto para la santa Cábala, pues que tiene un espíritu profundo, limpio, vasto, sublime y atrevido. He aquí su figura geomante, que me he entretenido en trazar mientras con él hablabais. Jamás he tropezado con puntos astrológicos más felices y que señalen alma más bella. Ved esta posición Madre, que magnanimidad le otorga, y esta posición Hija, que habrá de proporcionarle la púrpura. Véole, sin embargo, en mal camino, como el seguido por tantos otros de esos que repugnan nuestra Filosofía, cuando a todos nosotros nos podría llegar a sobrepujar. Pero ¿por dónde íbamos cuando él nos interrumpiera?

–Yo os hablaba, señor, de un Bienaventurado que jamás he visto entre los del Santoral. Quiero recordar que le llamabais *Danhuzerus.*

–Sí, recuerdo, y que os añadía que os pusieseis en lugar de vuestros doctores, y os figuraseis que el bendito *Danhuzerus* os descubriese su íntimo pensar, diciéndoos: «Señor, vengo de allende los montes, al estrépito de vuestra ciencia, y tengo un pequeño escrúpulo que me inquieta. Existe, en una de las montañas de Italia, una Ninfa que ha asentado su Corte allí.

Millares de otras Ninfas, casi tan bellas como ella, la sirven; hombres muy gallardos, sabios y honestos, allí reunidos desde todos los confines de la Tierra, aman a estas Ninfas y son correspondidos por ellas. Unos y otras disfrutan así de las dulzuras de una vida incomparable; tienen preciosísimos niños, frutos de su recíproco amor; adoran al Dios Vivo; no dañan a nadie, y esperan la inmortalidad tranquilos. Cierto día en que me paseaba por aquella montaña, fuí del agrado de la Ninfa-Reina, quien se me tornó visible y mostróme todo su encantador Corazón. Los sabios, al advertir que ella me amaba, me rodearon de todos sus homenajes, cual a su Príncipe, y a porfía me exhortaron para que me rindiese a los anhelantes suspiros y a la belleza irresistible de la apasionada Reina de las Ninfas. Ella, por su parte, me pintaba, con vivísimos colores, el martirio de su pasión, sin omitir detalle que pudiera tocarme en el corazón; terminando por decirme, en su paroxismo, que ella moriría si me negaba a corresponderla; mientras que, si yo accedía a amarla, me sería siempre deudora de la inmortalidad. Los razonamientos que aquellos varones prudentes agregaron, convencieron a mi espíritu, al par que ganaban mi corazón los encantos irresistibles de la Ninfa. Améla, pues, y hoy gozo la gloria de tener de ella varios niños, que son encanto del mirar, cifrándose en ellos las mayores esperanzas. Pero, en medio de semejante felicidad, he sentido cierto dolor, recordando que la Iglesia Católica no aprueba demasiado todo esto quizá. Vengo, pues, a vos, señor, en plan de consulta: ¿Qué pensar acerca de esta Ninfa, estos Sabios y estos Niños, y en qué estado de gracia o de pecado se halla mi conciencia por todo ello?». Y yo termino diciéndoos, a mi vez: ¿Qué responde mi señor doctor al señor *Danhuzerus?*

–Yo le diría simplemente –insinué–: «Con todo cuanto respeto me merecéis, mi señor *Danhuzerus*, os encuentro asaz fanático o bien la visión que acabáis de referirme es todo un encantamiento y vuestros hijos y vuestra querida son meros Trasgos, y unos locos vuestros pretendidos Sabios, al par que vuestra conciencia está en trance de perdición.

–Con semejante respuesta, hijo mío, tendríais derecho a la borla de Doctor, pero no mereceríais, en cambio, honraros con ser uno de los nuestros –replicó el Conde, lanzando un gran suspiro–. He aquí la disposición absolutamente bárbara en la que todos los doctos se encuentran hoy en día. Un pobre Silfo no se atrevería a mostrarse ante vosotros, temeroso de que se le tomase por un Trasgo o Duende. Una Ninfa no podrá trabajar ya para hacerse inmortal, sin pasar por ser tenida cual fantasma impuro, y una Salamandra no osaría aparecer con peligro de ser deputada un Diablo y las puras llamas que constituyen su glorioso cuerpo, por las ardientes llamas del infierno acompañándole doquiera. Vano será que, para desvanecer supuestos tan injuriosos como falsos, que ellas hagan el signo santo de la Cruz cuando aparezca, ni que se prosternen ante los Nombres divinos, ni que pronuncien éstos con perfecta reverencia. Tales precauciones resultarán inútiles, pues que no pueden evitar con todas ellas que se les repute como a diabólicos enemigos de ese mismo Dios a quien tan religiosamente adoran.

–Pero ¿insistís en tenerlas por gentes tan devotas?

–¡Devotísimas! ¡Celosísimas en todo cuanto concierne a la Divinidad! Los prodigiosos discursos que ellas nos hacen acerca de la Esencia Divina y sus plegarias admirables, sirven grandemente para nuestra edificación.

–¿Cómo? ¿También formulan Oraciones? Querría conocer alguna de éstas.

–Os complaceré gustoso, y a fin de no aportaros ninguna plegaria que pueda pareceros sospechosa, escuchad la que enseñaba a los paganos la Salamandra que respondía en el Oráculo de Delfos, que PORFIRIO nos legara. Ella contiene la más sublime Teología y no dudaréis al oírla que estas prudentes criaturas adoraban también al verdadero Dios.

ORACIÓN DE LAS SALAMANDRAS

¡Inmortal, Eterno y Sagrado Padre de todo cuanto existe y que sois llevado sobre el carro rodador de todos cuantos mundos giran constantemente en los espacios. Dominador de las dilatadas regiones etéreas sobre las que se asienta el Trono de vuestro Poder, desde lo alto del cual con ojo escrutador todo lo véis y cuyos santos oídos lo escuchan todo! Dígnate, Señor Todopoderoso, cuidar de estos tus hijos a los que tanto has amado desde el nacimiento de los siglos. Porque tu áurea e inconcebible Majestad resplandece por sobre el mundo y sobre el estrellado cielo. ¡Tú tremolas, de resplandeciente fuego, sobre todas ellas y las iluminas con las luces de tu propio Esplendor y de tu divina Esencia brota el torrente inextinguible de la Vida que nutre a todo lo que alienta en los espacios infinitos, produciendo todas las cosas! Tesoro inagotable que impulsa a la Materia y a las formas que en la materia fecunda tu Poder y del que también toman origen esos excelsos Serafines y Querubines que ante tu Trono inaccesible moran. ¡Oh, Padre universal y Único! ¡Oh, Señor inefable de mortales e inmortales bienaventurados! ¡Tú has creado, asimismo, otras potencias de tu Omnipotencia derivadas en maravillosa semejanza con la Potencia tuya, y las has establecido por sobre los propios Ángeles encargados de anunciar al mundo tu soberana Voluntad! ¡Tú, en fin, Tú nos has creado, constituyéndonos en una tercera clase de soberanos de los Elementos, y nuestro continuo ejercicio es el de alabar tus designios y adorarlos eternamente! ¡Nosotros ardemos en el solo y santo deseo de algún día poseerte! ¡Oh, Padre, o Madre la más tierna de las Madres! ¡Oh, admirable Ejemplo de los más exquisitos sentimientos paternos y maternos! ¡Oh, Hijo, flor y nata de los Hijos todos! ¡Oh, forma sin forma de todas las formas: Espíritu, Alma, Cuerpo, Número y Armonía de todas las cosas que existen por los siglos de los siglos...

–¿Qué decís vos, pues, de esta Oración de las piadosas Salamandras, tan sabia, sentida y devota? –terminó el Conde.

–Es de lo más oscuro que se puede expresar. Yo ya conocía alguno de sus fragmentos, que oí antaño en labios de cierto predicador, para probar con ello que el Diablo, entre otros muchos vicios, tiene el de ser un hipócrita y un redomado farsante.

–Entonces, ¿qué salvación tenéis vosotros, pobres pueblos elementarios? –exclamó el Conde, conmovido–. ¡Decís cosas verdaderamente maravillosas de Dios: del Padre, del Hijo, del Santo Espíritu, de las Inteligencias que asisten al empíreo Trono, de los Ángeles, de los Cielos...! Vosotros hacéis plegarias admirables, y se las enseñáis a los hombres, y con todo ello no podéis pasar a los ojos de éstos, más que por míseros y despreciables Trasgos.

–Señor –interrumpíle–, si permitís que así os lo diga, me desagradan vuestros apóstrofes.

–No temáis, sin embargo, que vaya por tal medio a evocar a aquéllos. Pero que vuestra debilidad, al menos, os permita el no extrañaros de que en lo futuro no veáis tantos ejemplos, como desearíais, de las alianzas de aquéllos con los hombres. ¡Ay! ¿Dónde está la mujer a quien vuestros doctores no hayan perturbado la imaginación, que no mire luego con horror semejante comercio, y no tiemble ante la posible presentación de un Silfo? ¿Dónde el hombre que pueda atreverse a decir que las ha visto a estas últimas, si se precia algo de ser hombre de bien? ¿Encontraríamos hoy, apenas, a un hombre honrado que anhelase familiarizarse con tales pueblos? Hoy no hay gentes lo bastante desvergonzadas, avaras, ambiciosas o bribonas que soliciten tamaño honor, y que jamás habrán de tenerle por tanto, ¡vive Dios!, porque el temor de Dios es el principio de la Sabiduría.

–¿Qué les acontece, pues, actualmente a todos esos pueblos errantes, desde que las personas de bien se hallan tan preocupadas en contra de ellos?

–¡Ah! El brazo de Dios –contestó– no les ha retirado su protección, y el Demonio tampoco ha podido lograr todas las ventajas que esperaba de la ignorancia y el error universales que él ha esparcido en daño de aquéllos, porque, además de los Filósofos, que son muy numerosos y remedian, lo más que les es dable, el mal, renunciando a las mujeres por completo, Dios ha permitido a todos esos pueblos emplear cuantos artificios se les alcanzan, para entenderse con los hombres, a la medida de sus deseos.

–¿Qué me decís?

–La pura verdad. ¿Creéis que un perro pueda tener hijos de una mujer?

–No. En modo alguno.

–¿Y un mono?

–Tampoco.

–¿Y un oso?

–Ni perro, ni oso, ni mono –le dije–. Semejante monstruosidad es, sin duda, opuesta, tanto contra las leyes de la Naturaleza, como contra la razón y el sentido común.

–Perfectamente. Pero los reyes de los Godos, ¿no se vanaglorian de descender de un oso blanco y de una princesa sueca?

–Es cierto que la Historia lo dice.

– Y los pegusinos y los sioneses de la India, ¿no se dicen nacidos de un perro y de una mujer?

–También he leído algo de eso.

–¿Y aquella mujer portuguesa que, estando abandonada en una isla desierta, tuvo niños de un orangután enorme?

– Nuestros teólogos os contestarán, que era el Diablo el que tomaba la figura de tales Bestias...

–¡Siempre con las repugnantes imaginerías de vuestros autores! Comprended, de una vez para siempre, que Silfos y Sílfides, viendo que se les toma por Demonios cuando aparecen a los hombres en forma humana, para atenuar semejante aversión, que así se les tiene, adoptan la figura de diversos animales, acomodándose así a la bizarra debilidad de las mujeres, que, por extraña paradoja, bien propia de su sexo, se horrorizarían, quizá, de cualquier bello Silfo, de humano aspecto, y no sentirán otro tanto frente a un perro o un simio. Podría contaros, al efecto, múltiples historietas de estos perrillos de Bolonia, con ciertas jovencitas del gran mundo; pero, prescindiendo de esto, quiero comunicaros un gran secreto: sabed, hijo mío, que hay quien se cree hijo de un hombre, y lo es de un Silfo; tal otro, se cree estar con su mujer, y, sin pensar, inmortaliza a una Ninfa. Mujer hay, que se figura abrazar a su marido, y tiene entre sus brazos a un Salamandro; y jóvenes hay que, siendo vírgenes, han recibido en sueños un honor, del que ellas no dudan. Así, los pueblos elementarios burlan por igual al Demonio y a los ignorantes.

–Pues, ¿acaso el Demonio no cuenta con medios para despertar a tales jóvenes dormidas, impidiendo que los respectivos Salamandros en cuestión se inmortalicen?

– Lo podría, sin duda, si los sabios no pusiesen las cosas en su punto; pero todos nosotros enseñamos a dichos pueblos a atar corto al Demonio, incapacitándole para su treta. ¿No os dije ya el otro día, que las Sílfides y demás entidades de los Elementos, tenían a gran honor el que nosotros les enseñásemos la Cábala? Sin nosotros, por supuesto, su gran enemigo les inquietaría, y se verían casi imposibilitados de inmortalizarse mediante el humano comercio con ellos.

–No alcanzo a admirar bastante –dije–. la profundísima ignorancia en que vivimos. Créese que las Potencias del Aire ayudan algunas veces a los amantes para el logro de sus ansias amorosas, pero, por lo que veo, las cosas acaecen de manera muy distinta y que, al revés, dichas Potencias son las que tienen que recurrir a los humanos para que les ayuden a ellos.

–Vos lo habéis dicho –añadió el Conde– el Sabio socorre solícito a estos pobres pueblos, harto desdichados sin ellos y harto débiles para poder resistir al Diablo. Así, cuando un Silfo ha aprendido de nosotros a pronunciar cabalísticamente el potente Nombre *Nehmanh-Mihah*, combinándole de diversos modos con el inefable de *Eliael*, huyen todas las Potencias de las Tinieblas y puede gozar el Silfo con toda tranquilidad del amoroso transporte. Así es también como fué inmortalizado aquel Silfo ingeniosísimo que tomó la figura del amante de cierta señorita de Sevilla. La historia de ello es bien conocida. La joven española era muy bella, pero tan bella como cruel. Un caballero castellano que la requería de amor inútilmente, tomó la resolución de partir una mañana sin despedirse y viajar hasta curarse de su infausta pasión. Un Silfo, entre tanto, encontrando muy de su gusto a la bella, se percató del lance y, armándose de cuantas armas uno de los nuestros le enseñase para salvaguardarse contra las tretas que el Diablo, envidioso de su ventura, pudiera oponerle, va a visitar a la joven, bajo la apariencia del amante fugado. Se lamenta, suspira y es rechazado, más persevera y, después de varios meses, logra su anhelo de hacerse amar y, feliz, se ve así coronado por el éxito más lisonjero. De esta unión hubo de venir un hijo, cuyo nacimiento es guardado secretamente hasta para los padres de la joven, gracias a la destreza del apasionado amante aéreo. Los tratos continúan y nace más tarde otra criatura. Al cabo de los años, el Caballero ausente retorna a Sevilla e, impaciente por volver a ver a su antigua tirana, va ante ella para decirla que ya se ha curado de su antigua pasión. Imaginaos con ella el asombro de la sevillana, su respuesta, sus lágrimas, sus reproches y su espanto. Ella afirma al Caballero que ella se le ha rendido en sus brazos múltiples veces. Niégalo rotundamente él. La desgraciada insiste en sus afirmaciones, dando pelos y señales de su primer hijo y anunciando que es portadora a la sazón de un segundo fruto, y el caballero, espantado, reitera sus negativas. Entonces la infeliz andaluza se desespera, se mesa los cabellos y sus padres llegan al oír sus desgarradores gritos. El ex amante, indignado con tan absurdas insistencias, persiste en sus afirmaciones e invectivas. Compruébase, en efecto, que él había estado constantemente ausente de Sevilla durante aquellos dos años; búscase al primer niño y es hallado, mientras que el segundo nace en el plazo esperado...

–Y el amante aéreo, entre tanto, ¿qué papel jugó –interrumpíle.

–Bien veo –respondió el Conde– que vos encontráis mal hecho que él abandonase a su querida al rigor de sus irritados padres o a los furores de la Inquisición, pero él tenía sus buenas razones para estar quejoso de ella. Por desgracia resultó no ser suficientemente devota, porque cuando tales Entidades se hacen inmortalizar, viven muy santamente, para jamás perder el derecho que así acaban de adquirir con la posesión de aquel soberano bien. Así exigen que la persona con la que han contraído alianza viva en la inocencia más ejemplar, como se vió también en la siguiente aventura acaecida a un joven señor de Baviera.

Estaba inconsolable este buen joven por la prematura muerte de su bella esposa, a la que con delirio amaba. Una Sílfide fué aconsejada por uno de nuestros Sabios y tomó la figura de la fallecida mujer. La Sílfide aceptó el consejo y se presentó al joven viudo diciéndole que Dios la había resucitado para venir a consolarle en su extrema aflicción. Así vivieron juntos muchos años y fueron premiados con varios hermosos descendientes. Mas el joven señor no era lo bastante hombre de bien pata merecer el retener a su prudente Sílfide. Tenía la pésima costumbre de blasfemar y de decir palabrotas. Reprendíaselo ella con frecuencia, pero viendo al fin que todas sus moniciones resultaban inútiles, desapareció cierto día, dejándole sólo su jubón y su enagua en castigo de no haber querido oír sus prudentes consejos. De este modo véis, hijo mío, que los Silfos tienen más de una vez razón para desaparecer y que el Diablo no puede impedir, como tampoco los fantásticos caprichos de vuestros teólogos, que los pueblos de los Elementos no trabajen con éxito en el asunto de su inmortalización cuando se ven socorridos por alguno de nuestros Sabios.

–Pero, hablando sinceramente, señor, ¿estáis convencido, en efecto, de que el Demonio pueda ser tan mortal enemigo de estos seductores de doncellas? –pregunté.

–El más mortal enemigo –continuó el Conde–, sobre todo de las Salamandras, Sílfides y Ninfas, pues que de los Gnomos no lo es tanto, porque, como creo haberos ya dicho, estos últimos, aterrados por los infernales alaridos de los Diablos, que ellos escuchan continuamente hacia el centro de la Tierra, prefieren casi permanecer mortales que correr el riesgo de tener la desgracia de ser algún día atormentados ellos de igual modo si erraban su camino de salvación una vez conseguida la inmortalidad. De aquí proviene el que los Gnomos y los Demonios sus vecinos mantengan bastante comercio entre sí. Los últimos persuaden, siempre que pueden, a los primeros, que son también naturales amigos de los seres humanos, que es prestar un gran servicio a los hombres y librarles de un peligro gravísimo, como es la eterna condenación, el llevarles a renunciar a su propia inmortalidad. Los Demonios comprometen igualmente a los Gnomos para que proporcionen a los que pueden así persuadir, cuanto dinero les pidan, apartándoles, asimismo, durante cierto tiempo, de los peligros que puedan amenazarles y demás cosas semejantes que plazcan a los que suscriban tan nefando pacto. Así el Diablo, con la eterna malicia que le caracteriza, mediante la lamentable mediación del pobre Gnomo, torna mortal al alma inmortal del hombre y le priva, artero, de sus derechos a la vida eterna.

–¿Cómo, señor –exclamé–, semejantes pactos de los que tantos ejemplos se consignan en las Demonografías, no se verifican precisamente con el Demonio, en opinión vuestra?

–No, ciertamente –respondió el Conde–. El Príncipe de las Tinieblas, ¿no ha sido echado fuera del mundo con su caída? ¿No está él confinado y aherrojado en los profundos infiernos? ¿No es este lugar de condenación eterna el fondo de esa tierra condenada, maldita, que yace bajo toda la sublime Obra del gran Arquitecto-Alquimista? ¿Puede aquél, por ventura, remontar libremente a la región de la Luz para en ella esparcir sus mefíticas Tinieblas? El Diablo, en verdad, es impotente contra el hombre: a él solo le es dable inspirar a los Gnomos que son, pared por medio, sus vecinos, que vengan a hacer tamañas proposiciones a los hombres de quien teme, fundadamente, que puedan ser salvados, con el satánico propósito de que sus almas mueran juntamente con sus cuerpos.

–Entonces, en opinión vuestra, estas almas inmortales pueden morir.

–Mueren, desgraciadamente.

–¿Y son condenados al Infierno cuantos suscriben pactos tan funestos?

–Ellos no pueden serlo, dado que su alma, como digo, muere con el cuerpo.

–Lo merecen y bien poco castigados quedan con esto último por haber cometido un crimen tan enorme como es el de renunciar tan neciamente al Bautismo y a la Redención –dije.

–¿Llamáis vos castigo ligero –replicó el Conde– el así entrar en los abismos de la Nada? Sabed que ello es una pena harto mayor que la de la eterna condenación, porque hay siempre un resto de misericordia en la justicia que descarga Dios sobre los mayores pecadores en el Infierno; que es, en sí misma, una gran gracia la de que el condenado no arda y se extinga en el fuego que le consume. La Nada, la total Aniquilación, es un mal infinitamente peor que el Infierno mismo, y esto es lo que los Sabios predican siempre a los Gnomos cuando los convocan para hacerles comprender qué suerte tan funestísima se labran prefiriendo la muerte a la inmortalidad; la Nada a la esperanza cierta de una Eternidad dichosa que tendrían el pleno derecho a poseer si, aliándose con los hombres, no exijan de ellos tan criminales renunciaciones. Muchos de ellos nos creen, y nosotros les desposamos con nuestras hijas [14].

[14] Dos gravísimas novedades nos ofrece la charla quinta de Gabalis sobre lo que lleva dicho; una, la de que «los pueblos de los Elementos», acosados por el Diablo para que los humanos no los inmortalicen con su «comercio sexual», se dan trazas a disfrazarse de animales favoritos con este último fin; y privados también de aquel comercio por las equivocadas predicaciones de religiosos y doctores, aprovechan asimismo el inocente sueño de los humanos para jugarles la «inmortalizadora» treta.

Lo primero es pura y simplemente una pretendida justificación del horrendo pecado de la bestialidad, penado en algunas legislaciones hasta con la muerte, y ello descubre la mala hilaza de que está tejida la doctrina cabalística del loco Conde de Gabalis, porque admitido el hecho de la bestialidad como dolorosamente cierto, aunque cada vez más raro por fortuna, si «los pueblos de los Elementos» hallan bueno este juego, es que se complacen en provocar caídas tales a la Humanidad, como, en efecto, así lo han hecho en todos los tiempos. Antaño, *La Doctrina Secreta* de Oriente atribuía el origen de los «hombres de cabeza estrecha», o sea, de los monos, a una unión sexual (fecunda en aquel tiempo en que aun no se habían definido y cerrado, hoy, cual las especies, como aún lo es entre la del caballo y la del asno), entre los hombres primitivos y hermosos animales hembras, y asignando al pueblo negro un origen por el estilo. Hogaño también sospechamos que se dan todavía algunos raros casos de bestialidad fecunda, tales como el de esas vacas de cinco patas que hemos observado en varias barracas de feria, y cuya quinta pata, huesosa, con su cúbito y su radio, sin músculos, anquilosada, con uñas en vez de pezuña y pendiente como un colgajo o padrón de ignominia de su morrillo, parece denunciar una «escescencia humana delatora»; un brazo paralizado y como querido expulsar por el resto bovino del organismo, para ocultar la vergüenza de su origen paterno, aquel testimonio humano, envilecido trofeo del pecado contra natura. Otro caso análogo y por relato de personas verídicas conocemos también, y es el de cierta gitana de Cádiz, que, a mediados del siglo pasado, hubo de quedar viuda en juvenil edad. No pudiendo casarse, ni queriendo recurrir a otros oblicuos medios, parece que cayó en debilidad con cierto orangután «casi humano», con cuya exhibición aquélla se ganaba la vida, y hubo de tal unión un hijo absolutamente cretino, incapaz, a los doce años, de articular más palabra que la de «plimo» (primo), con la que pedía limosna o... robaba. Sus hábitos eran todos los de los monos; su deformada cabeza simiesca, era incapaz de ideas, al par que su agilidad para trepar, recordaban también a las de aquéllos. La madre, apremiada por los suyos, acabó por confesar su falta, negando en absoluto que hubiese mantenido relación carnal con ningún hombre después de la muerte de su esposo. No se nos ocultan las objeciones que a este último caso la ciencia médica nos puede oponer; pero como nuestro ánimo es simplemente el de apuntar el hecho, lo dejaremos aquí para tratar una vez más de los pretendidos «hijos divinos» a que se refiere de nuevo Gabalis en su charla última.

Entre «las inmortalizaciones por descuido», que dice el Conde, la más notable es la del sabio Merlín, «aquél que las historias cuentan que tuvo como padre al diablo –mentira autorizada por los tiempos– príncipe de la Mágica y monarca, y archivo de la ciencia zoroástrica», como cantan los versos del desencanto de Dulcinea en la obra inmortal de CERVANTES. Dicho nacimiento «cabalístico» puede resumirse así, según *El Baladro de Merlín*, primera parte de *La Demanda del Santo Grial*, texto de BORÓN y de VIVAS, publicado en el tomo VI de la Nueva «Biblioteca de Autores Españoles», por BONILLA SAN MARTÍN, con cargo al ejemplar de 1535 que existe en nuestra Biblioteca Nacional y sobre el que hemos hecho más extenso estudio en nuestra obra *El simbolismo de las Religiones del Mundo:*

«Presintiendo los demonios el triunfo de la Verdad por el inminente hallazgo del Santo Graal o Grial, se reúnen en consejo, cual más tarde en el poema *El paraíso perdido*, de MILTON, y así como luego en este poema, deciden, tras madura deliberación, engendrar hombres perversos que impidan aquel hallazgo, cosa fisiológicamente imposible para ellos, no obstante la contraria opinión de SAN GREGORIO NACIANCENO, salvo para uno llamado *Enkíbedos* que, más que efectivo Demonio, es un Silfo o elemental del aire. El tal engaño se prepara de este modo: Un diablo inculca perversas sugestiones a la que ha de ser abuela de Merlín, esposa de un rico hombre de Londres, el cual, como Job, experimenta toda clase de calamidades en sus bienes, pero, lejos de tener la paciencia de éste, al perder también a su hijo primogénito, se suicida, y la mujer le imita poco después, dejando tres hijas, la segunda de las cuales cede a la sugestión demoníaca, se entrega a un hombre, a un íncubo quizá, y es ajusticiada como adúltera. La hija tercera, por consejo de una celestina, cual en la célebre obra española de este título, se prostituye, mientras que la primera hija resiste a toda sugestión, no obstante lo cual, Eukíbedos, el Silfo, se une con ella en sueños cierta vez que ella había descuidado tener encendida su lámpara nocturna (ensueño erótico). De tal unión nace Merlín, mal llamado así en las crónicas ‹el hijo del Diablo›, porque en la verdadera literatura necromante, en la que hay que clasificar al *Baladro*, se cuida, al modo de Gabalis, de hacer distinción entre los demonios, enemigos de Dios y de su hijo Jesucristo, y las repetidas criaturas de los cuatro Elementos.»

Tenemos, pues, siempre por medio el sexo en el problema antropológico del nacimiento de esos Seres Superiores, verdaderos «hombres divinos», tutela y guía de la Humanidad con sus ejemplos y sus enseñanzas, a los que ésta designa con los mil nombres de «dioses», «semidioses», «héroes», «jinas» o «genios», «hombres representativos», «superhombres», etc., etc. Frutos de ellos, sin duda, de la humana selección, la grosera ignorancia del mundo, cuando no la perfidia de los que han de explotar su nombre corrompiendo su doctrina, anhela verlos como «frutos de una selección natural operada sexualmente con seres superiores al hombre» al tenor de lo mismo que observa en animales y plantas. En la divina embriaguez del Amor, ¿quién, sobre todo la mujer, no ha ensoñado con tener un fruto de bendición verdaderamente divino? ¿Y qué madre no deputa por divino siempre al fruto de sus entrañas? Llevad, pues, del mundo, tan respetable en su esfera del sentimiento y de la pasión, al superior de la idea, y ya tendréis la doctrina de Gabalis y la parte fálica de la de las religiones positivas pura y simplemente.

Pero no; la razón, polo positivo y de redención nuestra, no puede avenirse a profanación tal, mezclándola con el polo positivo y de caída del sexo, y decir, con ARISTÓTELES, que si ha existido un primer hombre, ha debido nacer sin padre ni madre, porque no puede haber existido un primer huevo que haya originado a la primera ave, o un ave primera que haya dado origen a los huevos, pues que el ave procede del huevo, merced a cuyas consideraciones aboga por la opinión de PLATÓN, de acuerdo con la de Oriente, de que todas las cosas, antes de aparecer en la Tierra existen en Espíritu, o sea en los mundos arquetípicos y de la formación, anteriores a este mundo de materia y «envolvedores» de él.

No cabe duda: Si hemos de evitar el caer en aquel criterio a lo Gabalis, tenemos que buscar otras explicaciones para el hecho indiscutible de la superioridad «a nativitate» de aquellos Excelsos y decir que, aunque los Elementos es imposible que estén desiertos, sino que cuentan con las miríadas de criaturas elementales tantas veces citadas, ni Rómulo fué hijo de Marte y de la doncella Silvia, ni a Servio Tulio le consoló una Salamandra, ni Pitágoras ni Alejandro fueron hijos de un Serpentón aéreo o ígneo, *et sic de coeteris*, ni Judas cohabitó con una diablesa, ni es verdad el cuento de FLAVIO JOSEFO sobre la Columna de Tella, ni tampoco el haber comido el primer hombre «sensuales manzanas simbólicas» y la primera mujer no menos «sensuales dátiles y plátanos» determinaron «la maldición del Sexo y de las consecuencias del Sexo», como terminantemente dicen todas «las Iniciaciones Mágicas», sino que la evidente superioridad de aquellos seres no viene de sus padres, sino de ellos mismos, por ser dicha superioridad un fruto, un premio, *una lógica consecuencia de sus respectivas vidas anteriores.* Henos, pues, frente a frente de otro magno problema, imposible de ser tratado aquí cumplidamente, pero sobre el que nos es preciso decir unas palabras, tanto más, cuanto que hasta en el erróneo modo con que se va hoy admitiendo la verdad, antaño esotérica u oculta de «las vidas anteriores del hombre», ya se empieza a mezclar necromante o inadvertidamente la eterna profanación sexual en los problemas de la Psiquis y del Espíritu.

«¿Ha vivido usted antes de ahora?». Tal es, dice el *Dail Mail*, de Londres, el título de un notable artículo de lady AURIOL HORNE, con el cual abre concurso el conocido semanario *Weckly Dispatch*, ofreciendo hasta 1.000 guineas (unas 29.000 pesetas) al mejor trabajo sobre el eterno tema de «La vida después de la muerte», o sea sobre la reencarnación, doctrina universal en las religiones, incluso en la cristiana, si se saben leer entre líneas los textos evangélicos, porque nada hay más lógico que el que exista una eternidad pasada, si hay, como dicen, una eternidad futura.

Por encima de todo espíritu dogmático, fuerza es convenir, efectivamente, en que la hipótesis de las vidas anteriores responde al ferviente anhelo de justicia, innato en el corazón del hombre. Quien nace en familia de desheredados o de criminales, ciego, tonto o con otras taras hereditarias, ¿cómo no quejarse a Dios o a la Fatalidad, de la injusticia de su nacimiento, injusticia que, con perfecta salud colocara a otros en lugares superiores, en un medio ambiente más apto para todo progreso y felicidad? El rugido de fiera de la siempre pavorosa cuestión social, no tiene, sin duda, otra causa que esas nativas desigualdades, que aluden, más que a un «pecado original» común a todos, a un «pecado de origen» o de vida anterior de cada cual, y con el que venimos a un mundo que ha de hablamos pomposamente luego de igualdad ante la Ley: ¡una igualdad de desiguales, desde que aquí venimos! Si Dios es el Padre amante, del que nos habla SAN MATEO, ¿qué padre es éste que tan desigualmente ha repartido entre sus inocentes hijos la herencia de la vida? El camino recto hacia la blasfemia queda abierto así... Tal vez por ello, ORÍGENES, TERTULIANO y otros doctores cristianos primitivos, fueron partidarios de unas «vidas anteriores», de las que la presente, con sus cualidades o sus taras, fuese el premio o el castigo.

Así, en la vida evolutiva de la gran «selva» humana, todos los humanos árboles serían de la misma especie; pero los unos, las almas jóvenes o con pocas existencias previas, no pueden dar frutos de bien por falta de las experiencias que otras almas «más viejas» vienen atesorando en gran número, a fuerza de caídas y dolores. Aquéllas, como los niños abandonados a sí mismos, no pueden hacer sino el mal, que es un bien imperfecto. Éstas, en cambio, conocedoras ya de que todo mal tiene su sanción en una u otra vida (Karma, Retribución de la Ley natural), no pueden sino hacer el bien, que experimentalmente es ya consustancial con su naturaleza. Quien antaño se suicidó, hoy soportará, heroico, contrariedades que en vida anterior le arrastrasen a la fatal locura, pues alguien definió, harto bien, a la experiencia como «una panoplia formada por todas las armas que nos han herido». El vicioso de otra vida, será el santo de la actual; cosa muy lógica, cuando, aun en el lapso de una misma vida, grandes pecadores, como la Magdalena o San Agustín, llegaron a ser santos. ¿Cómo pedir a la encinita de tres años el fruto que a la corpulenta de tres siglos? Dios es justo; no da nada a nadie, sino que lo deja conquistar, como sucedió con aquel gitano que oraba, no porque Dios le diese nada, sino porque le pusiera donde lo hubiese, para que «lo afanase» él.

Hay que convenir en la lógica abrumadora de todo esto. Pero el sentido común, que de momento no presenta repugnancia, y sí asentimiento, hacia la teoría de la reencarnación, tan elementalmente expuesta, llega a un momento luego en que se alza severo contra tal idea. ¿Por qué, si hemos vivido otras veces, no lo recordamos?, dice. ¿Por qué, entonces, nacemos unas veces con un sexo y otras con otro? La malicia farisea también propuso a Jesús el caso del marido sucesivo de siete mujeres, preguntándole de cuál de las siete sería el verdadero esposo en el Cielo, o sea en una vida ulterior, a los que el Maestro divino contestó, haciendo la misma alusión a «los misterios del Reino de Dios», misterios esotéricos o para los pocos, de que, en ocasión análoga, habla el capítulo XIII, versículos 11 y 13, del Evangelio de San Mateo.

La reencarnación era el primero de aquellos misterios, porque, en efecto, según ella sea interpretada, puede conducir lo mismo, a una sublime verdad que a un ridículo peligroso. Peligroso, sí, porque con el eterno problema del sexo por medio, puede llevarnos la doctrina a lo de las «damas y caballeros» de antaño, en la que una, era la mujer propia, y otra, «la dama de los pensamientos», mujer propia quizá en una vida anterior... De ello sé varios lamentables casos entre inocentes espiritualistas. La funesta doctrina de las «almas gemelas» que se vienen conociendo y amando, a lo largo de múltiples existencias, a la manera de Manon Lescaut y el caballero Des Grieux, y a través de las más novelescas tragicomedias, es formidable escollo, contra el que se estrellará siempre la idea simple de la reencarnación. Eso, sin contar con las inevitables vanidades de creernos la reencarnación, nunca de criminales, siempre de grandes hombres; así, nosotros, en nuestra ya larga experiencia de filosofía oriental, hemos conocido dos *soidisants* «Cervantes», tres «Alcibíades» y varios «Dantes» y «Abelardos», con sus «Eloísas», que... ¡válgame Dios!

Si puestos forzosamente ante un problema, del que el Mundo ya se ha apoderado, sobre todo por el dolor de la siega cruel de millones de vidas en flor, en la Gran Guerra, hay que decir toda la verdad, no la funesta verdad a medias, siempre peor que la mentira misma. Para evitar malas comprensiones, es por lo que acabó haciéndose secreta antaño la tradicional verdad de que reencarnamos.

Las lenguas sabias (el latín, la última), han diferenciado siempre en el Hombre la «personalidad» inferior, de la interna individualidad superior. El «vos», que alude a tal duplicidad, es vieja prueba de elevación y de respeto. Aquélla es mera «máscara» o «envoltura» («persona», «personae»), y ésta equivale a «apoteosis de los dos en uno», o sea, lo que en la doctrina oriental arcaica se denomina «la Divina Tríada», que preside a cada «Cuaternario inferior» u hombre de barro, de pasión, de ideas y sentimientos, concretos o egoístas. Ese «cuaternario» o «personalidad», nace y muere aquí, con un sexo u otro, sin reencarnar jamás, por lo que la persona de don fulano de Tal, como tal «máscara o envolturas de lo Superior», ni ha sido nada antes de ahora, ni nada será después. No hay para ella «Alcibíades», ni «Cervantes», ni «hetairas», ni «cardenales» que le justifiquen como prolongación «ante o postmortem». La otra parte superior, la Individualidad o Tríada ya dicha, preside, en cambio, a cada existencia individual, reencarnando, o sea, tomando cuerpo o instrumento sucesivo de carne en diversas «personalidades», las cuales personalidades son, por supuesto, siempre diferentes unas de otras, como los números de una misma decena, los días de un mismo año y los latidos de un mismo corazón. Por eso, a cerebros distintos cada vez, no cabe recordación; pero sí cabe la reminiscencia de aquellas abstracciones o cualidades libadas por la gran *Abeja* de la divina Tríada, en las efímeras flores de las sucesivas personalidades en que reencarnó, y que laten dormidas en nuestro subconsciente, en forma de aptitudes y repugnancias, de virtudes y de vicios.

¿Ejemplos? El jinete que iba reventando sucesivos caballos en las antiguas «sillas de postas» era siempre el mismo y recorría así largas distancias; pero los caballos en que sucesivamente iba montando eran distintos y no «reencarnación» o continuación unos de otros. Las cuentas de un collar son todas distintas entre sí y constituyen, sin embargo, todas ellas, gracias al «hilo conector», el collar mismo, imagen fiel, por cierto, cada cuenta de una rotación o día de la Tierra, y el collar entero de su traslación o año. ¡Un eterno anillo cambiando de piedra cada vez!

El Hombre, la *triple maravilla*, de Hermes Trimegisto, es «Ángel», «Pensador» y «Bestia» en una pieza. Por el «Ángel» es un divino Rayo del Logos Demiúrgico o Anima-Mundi, de PLATÓN, y tan eterno y perdurable como el sistema planetario animado por el Sol, de donde proviene. Por la centella del Pensamiento que le reviste, es algo amoroso, volitivo e ideico, que reencarna, que enhebra con su *hilo de oro* y sin sexo, vidas sucesivas o seriadas, diversas bestias corpóreas y terrestres, sobre las que toma carne o «reencarna», para «desencarnar» después una y mil veces, en evones incalculables... Alejandro, César, Napoleón, fueron, a no dudarlo, seres humanos distintos y de distintas épocas; pero su «Tríada» superior, su Tónica en el concierto humano, acaso pudo ser la misma a través de sus correspondientes personalidades y presidir así las tremendas obras destructoras y reformadoras del *Karma* o misión de ella a lo largo de los tiempos. Los diferentes personajes de la

Historia nacen, viven y mueren como flores de un día. Sus personas o «máscaras» son distintas; pero están presididas sucesivamente a lo largo de sus respectivas vidas de aquí abajo por una entidad reencarnante: un Pensamiento coordenador.

PLUTARCO, en sus célebres *Vidas paralelas*, acopló por parejas diversos personajes griegos y latinos, dotados de características análogas, cosa que podría hacerse con muchos más sólo recordando los discutidos ciclos de VICO, con los que la Historia parece repetirse, sino en ciclo cerrado o en vueltas de espiral. Pero el noble discípulo de PLATÓN, a distancia de siglos, se cuidó muy bien de no decir que los unos fuesen la reencarnación de los otros, como cada escala del piano no es la reencarnación o repetición, sino la continuación serial de cuantas le anteceden o le siguen. Y si grandes seres dicen recordar sus vidas anteriores, ha de entenderse que nunca operaron tales recordaciones con el físico cerebro, sino con la sublime intuición, que es una de las características de la «Tríada» («intuere», leer interiormente). Cosa notable, por cierto, es el que Sanchoniatón y Moisés, Budha, Jesús, Mahoma, San Francisco de Asís y Beethoven, el mártir, aparecen cronológicamente seriados a distancias respectivas de unos seis siglos...

Por eso siempre he mirado como algo sacro un reloj. Hay en él siempre un volante o péndulo, vital corazón del artefacto, que marca con su latido los segundos. Cada latido es como un acto o un pensamiento nuestro, que hace avanzar en el reloj un diente a la rueda de los segundos. El giro entero de esta rueda es un minuto, es decir, un avance o diente de los sesenta de esta última rueda, con lo que la correspondiente de las horas avanza un lugar, luego otro y otro, hasta las veinticuatro del día. Relojes complicadísimos hemos conocido, que marcan los días, los meses, los años y podían marcar simbólicamente los siglos, los milenios, los yugas, los evones, las eternidades... porque «eternidad» no significa «siempre», en hebreo, sino un largo tiempo, cuya indefinida duración escapa a la comprensión nuestra. Ahora bien; a través de los diferentes segundos, el minuto «reencarna» o se manifiesta, y así sucesivamente.

Es decir, que así como en la numeración, a fuerza de unidades se compone la decena, a fuerza de decenas las centenas, millares etcétera, etc., y cada unidad superior se va manifestando a través de las inferiores, nada, en realidad, «reencarna», sino que la fuerza Inteligente del Cosmos o *Armonía* se va manifestando en cada caso concreto y adquiriendo en él «estados de conciencia». Nuestra vida sobre la Tierra no es, pues, sino uno de los infinitos estados de conciencia física, de un algo superior; celeste, angélico, trascendente, MÍSTICO, razón por la cual se ha repetido en Oriente que la doctrina de los que creen que mientras el hombre se desarrolla aquí abajo, su alma está en las estrellas o «cielos», es una doctrina eminentemente ocultista.

La Bestia vive en su carne; el Pensador, en su Pensamiento y el angélico *Augoeides*, de su Tríada, en supremas esferas donde todo es amor, armonía, verdad y orden... ¡Todo cuanto por divino reputamos aquí abajo, ya que el Hombre, con mayúscula, es de divina estirpe, según PITÁGORAS, DAVID, y demás iniciados en los místicos secretos de los Cielos y de la Tierra! Profanación insigne es la perpetrada por obras como la de *El Conde de Gabalis* al pretender mezclar las leyes de la Carne con las leyes del Espíritu, y por ello nosotros jamás admitiríamos la locura de deputar a Genios cual MIGUEL ÁNGEL y LEONARDO DE VINCI, o como BACH, BEETHOVEN y WAGNER, «hijos divinos de Elementales y de Humanos», sino como honrados hijos de sus padres, en cuanto a sus cuerpos físicos, y sublimes hijos de sí mismos por las vidas anteriores de su Tríada Superior que así les preparasen para su Obra Redentora en este mísero mundo, en el que no siempre han sido comprendidos...

–Vos evangelizáis, pues, a los pueblos subterráneos –le dije al Conde.

–¿Y por qué no? –respondióme–. Somos sus preceptores para ellos igualmente que para los pueblos del Fuego, del Aire y del Agua. La caridad filosófica nuestra se extiende indistintamente sobre todos esos hijos de Dios y como ellos son más sutiles, más esclarecidos que la generalidad de los hombres y más capaces de disciplina, ellos reciben las divinas verdades con un respeto y una gratitud que nos encantan.

–Debe ser, en efecto, delicioso –le dije irónicamente– ver a un Cabalista aleccionando a tales gentes.

–Podéis proporcionaros tamaño placer, hijo mío, así que os plazca –respondió el Conde–, y si por ventura lo deseáis, puedo congregarlos ante vuestra presencia esta misma noche y predicarles en filo de las doce.

–¡A medianoche!... Yo he oído decir que esta es precisamente la hora sabática.

Rióse el Conde de mi salida, añadiendo:

–¡Cómo me recordáis con ello todas las necedades que cuentan los Demonógrafos sobre ese largo capítulo de sus imaginarios Sábados satánicos! ¡Gustaría mucho, por lo original del caso, que vos mismo pudieseis aplastar absurdos tales!

–¡Ah! Por lo que respecta a tales cuentos, os aseguro que en ninguno creo.

–En ello hacéis muy bien, hijo mío, pues que, digámoslo otra vez, el Diablo carece del poder necesario para así burlarse del género humano, ni para pactar con los hombres y menos aún para hacerse de ellos adorar, como pretenden los inquisidores. Lo que diera origen, en efecto, a semejante superstición popular fué que los Sabios, como ya os tengo dicho, convocan a los habitantes de los elementos, a fin de predicarles su Moral y sus Misterios. Sucede frecuentemente entonces que algún Gnomo vuelve sobre su grosero error; comprende los horrores de la aniquilación; consiente, arrepentido, que se le inmortalice; dásele por mujer a una de nuestras hijas y la boda es celebrada con todo el regocijo que merece la conquista realizada. De aquí las danzas, gritos y jolgorio que ARISTÓTELES cuenta se escuchaban a veces en ciertas solitarias islas, donde no se veía persona alguna, sin embargo. El sublime Orfeo fué el primero que así convocó a estos pueblos subterráneos. A su primera prédica, Sabatius, el Gnomo más anciano y venerable, fué inmortalizado, y de éste su nombre «Sabatius» fué de donde provino el llamar sabaciales o sabáticas a estas asambleas, en las que los Sabios les han dirigido la palabra cuantas veces ha sido preciso, según se desprende de los propios libros del divino Orfeo. Los ignorantes, luego, han confundido las cosas, tomando pretexto para forjar con ello los mil cuentos impertinentes que corren por el mundo, describiendo absurdamente unas Asambleas que nosotros mismos convocamos en honra y prez del Supremo Sér.

–Jamás hubiera imaginado que las tales asambleas fuesen un sabat de devoción.

–No son, en efecto, sino santísimas asambleas Cabalísticas, cosa de la que no es fácil persuadir al ignaro mundo. Mas todo ello no es sino la consecuencia de la ceguedad de este tan injusto siglo. Se obstinan las gentes en seguir la superstición popular y no hay fuerzas para disuadirlas de su error. Los sabios son rechazados y los necios, creídos. Puede un Filósofo patentizar clarísimamente la falsedad de las quimeras así forjadas y aportar las pruebas evidentes de todo lo contrario, que, sean las que fueren las razones empleadas y las pruebas suministradas, el vulgo las rechaza si llega un hombre de ropaje doctoral a decirles que todo ello es falso. Tamañas experiencias y demostraciones no tienen entonces valor alguno y no está en las fuerzas de la Verdad el poder restablecer su imperio sacrosanto. Se da más crédito al de las hopalandas que a los propios ojos que han visto a aquélla. De esto os puedo referir un hecho memorable que demuestra de lo que es capaz semejante testarudez popular [15].

[15] Pasando por alto las demás menudencias cabalísticas de Gabalis, detengámonos un momento en los famosos «pactos con el Diablo», medievales, pactos ¡ay! que, contra lo que se cree por nuestro orgullo de «civilizados», continúan igual o peor en los tiempos modernos. ¿Qué otra cosa, en efecto, significan las claudicaciones continuas nuestras frente a la Mujer, a la Vanidad, o al Oro, sobre todo al Oro, cada vez más necesario, se dice, en la vida actual, aplastada como ella está por el Peñasco de Sísifo, que se ha dado en llamar «cuestión económica»?

La inmensa mayoría de los hombres y mujeres que vemos en febril actividad por esas calles, han hecho «pacto con el Diablo», y no lo saben. En su egoísmo; en su ansia insaciable de goces; en su perfecta desaprensión hacia sus semejantes contra el «alterum non lædere» de los jurisconsultos romanos, principio que equivale con los otros dos a un efectivo Evangelio salvador; en su *amoralidad* o su *inmoralidad*, en una palabra, podrán no haber suscrito materialmente con su sangre ningún diablesco pergamino; pero han escrito, con sangre, nervio u honra de los demás, páginas bien tristes del Libro de la Vida. Cuando el Diablo tentador, o, mejor dicho, con SAN AGUSTÍN, sus pasiones y apetitos, les llevase al alto Monte de la ambición, como aquél llevase a Jesús antes de que comenzara sus predicaciones salvadoras, e hiciese desfilar ante Él el panorama de todas las grandezas de la Tierra, diciéndole: «¡Todo eso te daré si, rendido, me adorares!», ellos ¡ay! adoraron al *Becerro*, y son, desde entonces, y a costa de la salvación de sus almas, los más despreciables e infelices esclavos...

Y es lo peor del caso, que el mal Karma así creado, tenga aun en esta vida física de los que actualmente «pactan con el Diablo», su lógica sanción, y ellos, o a veces ¡ay! sus inocentes hijos, paguen las culpas de su «pecado contra el Santo Espíritu», ya que, como dice en *La vida es sueño* CALDERÓN, «el traidor no es necesario, siendo la traición pasada», y se les vuelva polvo y ceniza, miseria, dolor y remordimiento el Oro que, con la venta de su alma, obtuviesen, y ellos se vean presos en sus propias redes y engañados como pueda serlo el pobre pececillo al tragar el gusano que llevaba oculto en sus entrañas el anzuelo de su perdición.

El famoso Cabalista Zedechias se propuso durante el reinado de vuestro Pepino convencer al mundo de que los Elementos todos están habitados por gentes cuya verdadera naturaleza os llevo descrita. El expediente que al efecto se le ocurrió fué el de aconsejar a las Sílfides que se mostrasen en los aires a la vista de todo el mundo. Ellas, a su vez, obedeciendo, se presentaron en el azurco espacio con singular magnificencia esplendorosa. Veíase aquí y allá a estas criaturas sobrehumanas cruzar los aires con su apariencia angélica, tan pronto en vistoso tropel, tan pronto en alineado 'orden de batalla, posándose sobre los árboles o los campanarios, cobijándose bajo pabellones soberbios o tripulando gallardísimos navíos aéreos de estructura admirable, empujadas sus blancas velas por los céfiros. Pero ¿qué ocurrió? ¿Os figuráis que este siglo ignorante se preocupó lo más mínimo de reflexionar acerca de espectáculo tan maravilloso? Pues acaeció todo lo contrario. El pueblo creyó a ojos cerrados que se trataba de otros tantos hechiceros que se habían apoderado de los aires para desencadenar en ellos tempestades que descargaran trombas de granizos sobre sus cosechas. Los doctos, los teólogos y los jurisconsultos fueron unánimes de la opinión del pueblo; los monarcas creyéronlo asimismo, y la ridícula quimera fué tan lejos, que el en otras cosas sabio emperador Carlo-Magno y su hijo Luis el Hebdomadario, impusieron las más severas penas a los hechiceros como pretendidos tiranos de la atmósfera. Así se lee hoy en los comienzos de las leyes *Capitulares* de entrambos emperadores. Los Silfos, entonces, viendo que el pueblo, los pedantes y las testas coronadas así se prevenían contra ellos, resolvieron, para disuadirles del error en que se estaba acerca de su inocente flota aérea, elevar con ellos a hombres de diversas partes, hacerles ver sus bellísimas damas, su república y sus maneras sabias de gobernar, y luego los soltaron en la tierra, aquí y allá, para que pudiesen dar público testimonio de cuanto habían visto. Pusieron en práctica su designio los Silfos, pero no contaron con que el populacho, viendo así a aquellos hombres descender de los aires, pensaron que estos últimos eran los hechiceros en persona, que se separaban de sus compañeros para venir y arrojar veneno sobre las fuentes, agostar los frutos y cosechas y realizar otras mil nefastas operaciones, por lo que se apoderaron fieramente de aquellos desgraciados, llevándolos al instante al suplicio. Increíble fué el número de estas pobres víctimas que así fueron ahorcados o quemados vivos en todo el reino.

Ocurrió igualmente en Lyon cierto día que se vió de repente descender sobre la ciudad a tres hombres y una mujer que venían tripulando sendos esquifes aéreos. Todo el pueblo se aglomeró, alborotado, para verlos: gritó al unísono que se trataba de cuatro hechiceros y que Grimaldo, duque de Benevento, enemigo de Carlo-Magno, les enviaba para dañar las cosechas. Los cuatro inocentes alegaron en su defensa que eran del país y que habían sido arrebatados por los aires por hombres prodigiosos, que les hicieran ver maravillas infinitas, rogándoles viniesen a contarlas luego. El pueblo, obstinado en su superstición, no les dió oídos, e iba a echarlos a la hoguera, cuando el santo varón Agobardo, obispo de Lyon, que había alcanzado gran autoridad cuando era monje en dicha ciudad, acudió al tumulto y, después de oír la acusación del pueblo y la defensa de los inculpados, proclamó doctoralmente que todo aquello era falso, por ser imposible el que tales hombres hubiesen podido descender desde los aires. El fanático pueblo dió más crédito al buen padre Agobardo que a sus propios ojos; se apaciguó entonces, dejando en libertad a los cuatro embajadores de las Sílfides, y recibió con admiración el libro que Agobardo tuvo a bien escribir luego para confirmación de su sentencia, y el testimonio de aquellos cuatro hombres también se perdió en el vacío. No obstante, así que escaparon del suplicio, se dieron a contar cuanto habían visto en su vuelo, lo que no dejó de producir sus frutos, porque recordaréis que el siglo de Carlo-Magno fué fecundísimo en hombres heroicos, lo que demuestra que la mujer que hubiese estado con los Silfos no fué rara entre las damas de aquel tiempo y que, por la gracia de Dios, muchos Silfos pudieron inmortalizarse y muchas Sílfides, a su vez, se hicieron inmortales también a consecuencia del elogio que aquellos tres hombres hicieron de su belleza, lo que obligó un tanto a las gentes de aquel tiempo a inclinarse hacia los Filósofos y de aquí provienen todas esas intervenciones de Hadas que aparecen en las leyendas amatorias de la época de Carlo-Magno y de sus sucesores. Todas estas pretendidas Hadas no eran sino Sílfides y Ninfas. ¿Habéis leído las historias que de los Héroes y de sus Hadas protectoras se cuentan?

–Confieso que no.

–Mucho lo siento, porque aquéllas os hubiesen proporcionado alguna idea del estado al que los Sabios han acabado por reducirse. Dichos hombres heroicos, aquéllos de los cuentos, sus amores con las Ninfas, sus viajes al terrestre Paraíso, sus bosques y palacios encantados y todo lo demás que encontráis en sus deliciosas aventuras, no son sino una vaga y pobre idea de la vida que llevan los Sabios y de lo que el mundo habrá de ser algún día cuando ellos hagan reinar en éste la Sabiduría. No se verá entonces más que héroes; el más ínfimo de nuestros descendientes alcanzará la fuerza espiritual de un Zoroastro, un Apolonio o un Melchisedech, al modo como en los orígenes habrían sido los hijos de Adán y de Eva si entrambos no hubiesen cometido el carnal pecado, causa de nuestras desdichas.

–¿No me habéis dicho antes, señor, que Dios no tenía pensamiento de que Adán y Eva hubiesen procreado entre sí y que, mientras Adán debería darse a las Sílfides y otras entidades femeninas de los Elementos, Eva no debía pensar por su parte si no en Salamandros, Gnomos o Silfos?

–Es la pura verdad que jamás debieron lograr sucesión por la vía que la lograron.

–Vuestra Cábala, entonces, ¿tiene la receta de lograr hijos de otro modo las humanas parejas?

–Sí; en absoluto.

-Señor, esto es muy notable. ¿Podríais enseñarme cómo? Os lo suplico.

–Hoy, si os place, no debéis saberlo –replicó el Conde, sonriendo–. Quiero así vengar a los pueblos de los Elementos de los esfuerzos que hacéis por seguir en vuestra obstinación contra éstos acerca de sus pretendidas diabluras. Confío, sin embargo, que ya iréis volviendo de vuestros terrores pánicos. Os dejo, pues, el placer de que meditéis a solas y deliberéis luego con Dios acerca de qué especie de Substancia Elementaria será la más a propósito para la gloria de ella y el honor para vos de haber logrado con vuestro amor su inmortalización; en cuanto a mí, parto desde luego para meditar un poco acerca de la disertación que se me ha ocurrido en estos momentos para los Gnomos.

–¿Vais acaso a explicarles algunos capítulos de la obra de AVERROES?

–Presumo –replicó el Conde– que algo de esto podría entrar en la disertación, pues que pienso explicarles las excelencias de ser humano e inducirles a procurar la alianza con él, ante todo. AVERROES, como asimismo ARISTÓTELES, ha expresado dos grandes cosas que sería conveniente esclarecerles: la una acerca de la naturaleza del entendimiento, y la otra respecto al Soberano Bien. Aquí dice que no hay más que un Entendimiento creado, el cual es la imagen del Increado y que semejante Entendimiento único basta para todos los hombres, cosa que requiere explicaciones. En cuanto al Supremo Bien, AVERROES dice que consiste en la conversación con los Ángeles, cosa que no resulta demasiado cabalística, porque el hombre, después de esta vida, está creado para gozar de Dios, como vos aprenderéis un día y comprobaréis tan luego como os decidáis a formar en el número de los Sabios [16].

[16] Sobre las «reuniones sabáticas» ha escrito tanto y tan bueno nuestra Maestra BLAVATSKY en el primer tomo de su *Isis sin Velo*, que a él habremos de remitir al estudioso lector, y si él desea percibir las emociones de *La Noche de Walpurgis* en el monte Brocken del Hartz alemán, que lea una vez más la introducción al *Diablo Mundo*, de ESPRONCEDA; o baje con la *Divina Comedia*, del DANTE, a esas simas infernales del Dolor y de la Caída a donde todo Iniciado, siguiendo a Perseo, a Orfeo, a PITÁGORAS, al propio Jesús, tiene previamente que descender antes de resucitar sabio y glorioso, en fin, se embelese una vez más escuchando la *Danza Macabra*, de SAINT-SAES; la *Danza de los gnomos*, de LISTZ, o bien la incomparable *Séptima Sinfonía* beethoveniana, en cuyas primeras escalas se cae materialmente a aquellas «regiones inferiores»; en cuya «apoteosis de la Danza», como WAGNER la llamase, casi se presiente a los elementales de la tierra; en cuyo desolado *Allegretto* se visita *La ciudad del Dite* u Octava Esfera, tan temida como silenciada por el Ocultismo; y en cuyo tercer tiempo también aparece mezclada con la loca danza de aquéllos, lo que, siguiendo a Gabalis, podríamos llamar *su devota Oración...*

Así acabó aquella noche la sustanciosa charla del Conde de Gabalis. Él volvió a la mañana siguiente, trayéndome el texto del Discurso que aquella noche había hecho a los Pueblos subterráneos. Es verdaderamente el tal Discurso una maravillosa Obra Maestra y habría de darle también a la publicidad al par que otras charlas que hemos tenido después con aquel gran hombre una Vizcondesa y yo, si estuviese seguro de que mis lectores tuviesen la suficiente elevación de espíritu para no encontrar reprensible el que así me divierta a costa de las extravagancias de un pobre loco. Sí, pues, se llega a otorgar al presente libro el reconocimiento del bien que él es capaz de producir y no se hace a su autor la ofensa de sospechar de él que da crédito a las llamadas Ciencias Secretas u Ocultas, bajo hipócrita pretexto de ponerlas en ridículo, continuaré regocijándome con las donosas ocurrencias del señor Conde, con las que bien pronto puedo formar otro grueso tomo [17].

[17] Cesemos ya en la crítica de las sustanciosas charlas del Conde de Gabalis; en sus «evangelizaciones» e «inmortalizaciones carnales» de los pueblos de los Elementos; en la contemplación de los palacios encantados de sus Melusinas más o menos fatídicas; en sus hadas; en sus esquifes aéreos a lo Cheves o a lo Lohengrin; en sus delirios de lograr, al modo «sabio», hijos divinos sin hombre o sin mujer en lugar de los hijos del pecado que nosotros somos; en «restituciones a lo Zabamiah» cuando el sexo nos va con la edad, felizmente abandonando; en pactos, más o menos salvadores, con Gnomos y «con Gnómidas» aunque ello prive a nuestras mujeres de poder cantar con la Margarita del Fausto, el *Aria de las Joyas*, y a nosotros de poder meter las manos codiciosas en dinero que no es sino frágil «cascarón de huevo» según infantil cantar; en pronunciar palabras más o menos abracadabrantes de *Agla* o de *Eliael* y *Nehmahmihah*, que son meras palabras que el viento se lleva, sino más bien en no hablar palabras vanas, de aquellas de que se nos ha de pedir estrecha cuenta algún día, según el Evangelio; en pretender paraísos más o menos inmerecidos y artificiales, con o sin drogas estupefacientes, sino sólo aquél incomparable que, tras una vida honrada ya que no de justos evangélicos, nos prometen –¡Y no nos prometen por cierto en vano!– todas las religiones positivas con su *Walhalla*,

Amenti, Campos Elíseos, Cielo, Devachán, etc.; en no dar lugar, en fin, con nuestras locuras al estilo de la peligrosísima del Conde, a que otras inevitables *Capitulares* de Carlo-Magno, otra *Inquisición*, u otras persecuciones análogas a las desplegadas en diversos tiempos contra iluminados, trovadores, albigenses, cayendo indistintamente sobre buenos y malos pecadores e inocentes como el Martillo eclesiástico de Simón de Monfort cayese sobre estos últimos «dejando al cuidado de Dios –según feliz frase del Papa que lo ordenase–, la tarea de distinguir entre el montón de los a ciegas así inmolados, a los que eran verdaderamente *los suyos*»...

Pero al mismo tiempo depositemos una flor en la tumba del infortunado abate VILLARS; rindamos pleito-homenaje al delicioso precio sismo francés en que escribiera su *Conde*, modelo de ulteriores *Cyranos* y *Rôtisseries;* inquiramos ulteriormente cuál fuera y dónde puede hoy andar, si por fin se escribió, su *Discurso a los gnomos*, prometido en la «Charla sexta» del Conde a la *Vizcondesa* con que desgraciadamente no ha llegado hasta nosotros, pero que, sin duda alguna, tendría no poco que leer y que comentar.

A GUISA DE EPÍLOGO

OJEADA GENERAL SOBRE EL SEXO Y SUS ABERRACIONES

Analizada en detalle la notable obra del abate Villars, impónese sobre ella una ojeada de conjunto.

Ante todo, ¿quién fué el abate Villars?

Desde luego uno de los mil abates precursores del *siglo de oro* francés, uno de aquellos exquisitos que hicieron posibles, con sus talentos literarios, el florecimiento de la literatura francesa que culminó en el reinado del *Rey-Sol.* Uno de tantos valientes pensadores, que, sabiendo equilibrar el cuerpo con el espíritu, epicúreamente no desdeñaban el darse buena vida, por encima de todo ascetismo medieval. Brillat-Savarin, en su clásica obra *La Fisiología del Gusto*, nos ha dejado una acabada pintura de ellos, poniendo su Mesa, por encima de la de diplomáticos y caballeros, al tenor de aquel aforismo suyo de que «el placer de la mesa sobrevive a todos los demás placeres y, en la vejez, nos consuela de haberlos perdido».

Pero la buena alimentación y la imaginación altamente soñadora en los mundos superiores del Arte, tiene una fatal consecuencia orgánica... ¿cómo decirlo?, sobre el polo negativo de la Mente, o sea, influye poderosísimamente en los vigores del Sexo mismo.

Y Villars, el abate, como los demás «hombres de Iglesia» de su tiempo, a quienes el criterio canónico de Bonifacios y

Urbanos, había quitado el derecho natural de la barraganía, o sea del «matrimonio natural» –no hay que decir también que el derecho al «matrimonio legítimo»–, tal vez fué en sus juventudes el mismo abate: pasional, galante, enamorado, que en su homólogo el abate Coignard de la *Rôtisserie*, nos pinta el gran ANATOLE FRANCE, siguiendo a BRILLAT-SAVARIN.

Mas la galantería amatoria de las edades juveniles va siempre hallando obstáculos crecientes a medida que avanza la edad, y si aun los *don Juanes* más frescos y gallardos tienen que auxiliarse del dinero y del engaño pérfido en sus empresas conquistadoras, no hay que ponderar las dificultades que un abate senescente puede llegar a encontrar en caso análogo.

Por otra parte, no hay hombre alguno de mediana inteligencia, y más si es soñador –lo son todos los buenos literatos–, que no haya protestado en el fondo de su corazón contra esa tiranía natural del Sexo, que nos obliga, amén de a un forzado y periódico tributo orgánico, a todas las claudicaciones, esfuerzos, sacrificios, pérdida de tiempo y aun arterias y malas acciones que «la busca y captura del opuesto anhelado» supone cuando, por necia determinación o prohibición legal, más necia aún, nos vemos apartados de la vía moral, legal y fisiológica del matrimonio.

Porque el Sexo, «la herida de Amfortas, que nunca sanará», está dotado de una flexibilidad, una *compresibilidad* análoga a la de todas las cosas en la Naturaleza. «Todos los cuerpos son compresibles, o susceptibles de presión», enseña la Física, y el Sexo lo es también. Nada al principio más fácil de combatir, pues; nada, sin embargo, a la postre, más tiránico, exigente y dominador: Es para los seres como las dormidas fuerzas del Vesubio, que durante siglos, no dieron testimonio de su existencia, hasta que un triste día de Roma estallaron, destruyendo las florecientes, cuanto viciosas ciudades de Herculano, Pompeya, etc., con falsa confianza fundadas en su vecindad... «Pasión de viejo..., ha dicho el adagio, es la más temible de las pasiones», y peor aún quizá, en el que tuvo contenida juventud.

Y si el pasional estallido no encuentra la vía normal, se abre paso por la vía patológica, como, de fijo, aconteciera a VILLARS, el cual, en su protesta noble contra tamaña tiranía, acaso se hubo de preguntar al madurar en edad: «¿es que, en sus dificultades, no denuncia el Sexo, que respecto de él no hemos emprendido una vía anormal?» O, en otros términos, y como expresa su obra de *El Conde*, ¿no es acaso que el Sexo, tal como lo entendemos: la unión del hombre y de la mujer, no fué terminantemente prohibido en el Paraíso mosaico, o sea también en la Edad de Oro del Paganismo, por el propio Jehovah al poner su terminante Veto a la *comida* por ellos de las *manzanas*, *plátanos* y *dátiles* del *Árbol de la Vida*, que es también *Árbol de la Ciencia del Bien y del Mal*?

Y, como eruditísimo y pasional que era el buen abate, no necesitó más. Fijóse, sin duda, en que la Naturaleza ha dotado a los órganos correspondientes de algo que, en uno y otro sexo, ha de ser previa y violentamente roto para el primer acto sexual; recordó, sin duda, aquella frase del mito de Psiquis, frase que nuestra Literatura romancera traduce: «y obraron uno y otro de modo –Psiquis y Eros– que ambos a dos hubieron de perder sus virginidades». Recordó asimismo VILLARS que en la fábula griega de Dafnis y Cloe, la enamorada e inexperta pareja de adolescentes amadores, necesitó la previa lección de alguien de edad, y no podía ignorar, en fin, que persona alguna en el mundo recibe la iniciación directa en el acto fisiológico, sino que esta última sobreviene previa y *astralmente*, *imaginativamente*, con el primer ensueño de pubertad.

Es decir, que el Sexo comienza en todos por *un ensueño, seguido luego de algo más*, y en mero *ensueño* o «anhelo ya sin fuerzas orgánicas que respondan», o sea, también, *astral* e *imaginativamente*, suele aquel terminar. La interrogación filosófica es, pues: Si al comenzar y al extinguirse la pubertad, el ensueño erótico tremola; si al comenzar el sér humano a dormirse o despertar, por más casto y contenido que sea su organismo, experimenta un conato de excitación sexual; si esta excitación sobreviene siempre también con terrible energía, tras el período de descanso y de dicha que sigue a toda lucha, esfuerzo y triunfo –Marte, vencedor, buscando a Venus para en sus brazos amantes caer vencido a su vez–; si, finalmente, religiones tan respetables como la Nórtica y la Mahometana, tiene amorosísimas *walkyrias*, tiernísimas *huríes siempre vírgenes*, para dar el astral y recompensador abrazo al guerrero que pasa a aquel mundo después de morir en la lucha, ¿qué es esto, *todo esto*, sino la evidencia de que hay criaturas de un mundo superliminal –salamandras, sílfides, ondinas, gnómidas– que no envejecen, que no exigen, que no obstaculizan, que no engañan con aquellos «engaños e asayamientos de las mujeres», que lloró nuestro gran don ÁLVARO DE LUNA, el condestable del rey trovador D. Juan II –, primeras y últimas «mujeres del ensueño», en la muerte como en la vida; entes, en fin, de un mundo de idealidad y de poesía, desde luego superior a aqueste miserable mundo físico?

VILLARS adivinó todo esto en sus delirios sexuales de emancipación de las cadenas con que, en vida, nos tiene aherrojados, *crucificados*, la sexualidad física. De semejante pecado, en efecto, nadie se ha visto libre alguna vez: ¡nadie podrá tirarle a él y a su Conde de Gabalis la primera piedra! El encadenamiento, además de todas las ideas de aquél, resulta harto lógico. ¡Lo que no es, ciertamente, lógico, por desgracia, es el punto de partida, y en él VILLARS fué «un tren que tomó mal la aguja!».

El encadenamiento de las ideas en VILLARS era lógico, repetimos. Si la Naturaleza ha obstaculizado orgánicamente la unión carnal de hombre y mujer con las virginidades respectivas; si por apasionada que ser pueda tal unión, va inevitablemente seguida del hastío; si la edad quita una a una todas las galas de seducción que constituyen su atractivo, con arreglo a la *Dolora* campoamorina de

> «Las hijas de las bellas que amé tanto,
> hoy me miman y besan como a un santo»;

si la resultante final de aquella unión no es sino una serie de cadenas con los hijos, la educación de los hijos, los problemas consiguientes del hogar, etc., etc., el respectivo amor hacia «los hijos y las hijas de los Elementos», no tiene, al parecer, ninguno de aquellos fatales inconvenientes; él es ideal, poético; no liga, no exige, no esclaviza, y el hombre o mujer dado así a *inmortalizar* a dichos «entes astrales», parece tornar a la remotísima edad de los «hombres alados» del *Banquete* de PLATÓN, en que ellos, como divinos andróginos, no tenían que mendigar tras el sexo opuesto ni que sufrir las limitaciones e inconvenientes de la esclavitud sexual física. ¡Emancipados de tamaña cadena por el «sistema *Gabalis*», los seres humanos dejaban de ser esclavos, tornándose libres y dueños de sí mismos! ¡Podían dedicarse, con toda independencia de la Carne, a los sublimes problemas del Espíritu! ¡De tales consorcios, además, no podían resultar sino *Hijos Divinos*!

Y como todas las religiones positivas, en su vuelo a ras de tierra, es decir, vulgar o *exotérico*, parten también del mismo hecho de uno o varios de estos *Hijos Divinos*, la idea de VILLARS, mal encubierta, para él curarse en salud con el velo de la sátira, no podía menos de ser *religiosísima* en el fondo. De aquí las continuas invocaciones religiosas del Conde de Gabalis y el que la Iglesia de su tiempo –y de todos los tiempos– no excomulgase, antes bien, dejase pasar, complacida, la obra del buen abate «inmortalizador de Sílfides», como dejó pasar las del ARETINO, y como mucho antes sublimó el erotismo semítico de *El Cantar de los Cantares*, obra que admite, en efecto, las dos interpretaciones, respectivas de la Magia Blanca y de la Negra, a las que antes nos refiriéramos.

Además, como decir *Religiones positivas* es decir *Historia del ignorante Mundo*, los ejemplos que la enorme erudición del abate –como después la de ANATOLE FRANCE, su encubierto glosador–, encontraba en la antigüedad clásica, fueron numerosísimos, inagotables: Zoroastro, Alejandro, Remo y Rómulo y demás héroes pretéritos, no eran, ni con mucho, los únicos «Hijos Divinos»; porque, a bien decir, como la genialidad no es cosa de este mundo, sino *del otro*, todos los genios pasados, presentes y futuros, pueden ser clasificados entre éstos por lo mucho que ellos tienen de divinos, sea en un sentido religioso, sea en el rigurosamente etimológico del sánscrito *div*, divino, brillante, refulgente, superhumano, sublime...

Hasta aquí, pues, la lógica concatenación de la ideología de VILLARS; ahora, la falsedad espantosa y antinatural de su punto de partida.

El verdadero «Hijo Divino», como «divino», no puede ser «hijo de la Carne», que es nacimiento *animal.* El mismo calumniado Paganismo vulgar, que tantos «hijos de la Carne» diera a Júpiter –hijos que no eran esotéricamente tales «hijos de la Carne», sino augustos e inefables símbolos filosóficos, inasequibles para las multitudes–, hace que Minerva o Palas, la diosa de la Sabiduría, no nazca de consorcio alguno carnal, sino de la propia Mente de Júpiter: de la conjunción o chispa, que diríamos médicamente, de la hipófisis con la epífisis del Dios, que es como nace fisiológicamente el Pensamiento en el

Hombre. El Pensamiento y el Amor en el sentido ideal, tienen, respectivamente, en el cerebro y en el corazón su órgano o punto de origen, *no en los otros sitios, en los sitios del otro polo inferior.* Por eso, no van ellos seguidos de óbolo orgánico alguno, ni necesitan de la otra mitad humana para producirse; porque, en el acto de pensar y de amar, hombre y mujer son, perfecta y respectivamente, andróginos, y, como tales *andróginos sentimentales* y *pensantes*, son divinos, pues se bastan a sí propios. Ya lo dijo Jesús, cuando fué consultado por los fariseos acerca del hombre que tuvo aquí abajo varias esposas, interrogándole éstos sobre cuál sería la esposa verdadera en el otro mundo, a lo que el Sublime Maestro respondió: «No vivirán como hombre y mujer, sino como ángeles en el cielo», es decir, sin sexo, y por sobre el sexo, en el mundo del Pensamiento y del Amor ideal; del sexo, por la muerte, trascendido.

Prescindiendo, pues, de otras razones, ya apuntadas en nuestros comentarios, el error de VILLARS es capital, y de consecuencias funestísimas; las *uniones*, en efecto, de los humanos con los «pueblos de los elementos», o no tienen «óbolo carnal físico», pues que estos últimos carecen de organismo tangible, o si aquél media como medio en el ensueño erótico completo, al no ser él «cambiado» con organismo humano contrapuesto, *humanamente* no era, ¿cómo decirlo?, sino «un despilfarro contra natura»; el pecado de Onán, en suma, tan sabia como fieramente condenado por la Biblia; el ataque más directo, más refinado, más maldito, contra las leyes santas que hoy mantienen a la Humanidad sobre el Planeta. ¡Pobre mundo el que siguiese los consejos absurdos del Conde de Gabalis, y maldita idea toda idea que aparte al hombre de la mujer y recíprocamente!

Pero –se nos dirá–, «los celibatos, ¿no son también legítimos? A lo que replicaremos que lo son, aunque exijan desde luego *un sobrehumano esfuerzo;* son legítimos, si ellos son verdaderos, es decir, *absolutos*, sin esposos o esposas «astrales», a lo Gabalis; sin éxtasis eróticos tenidos, sin embargo, por *santos* –no señalemos con el dedo cuáles para no herir la ignorancia de los que por *santos* los tienen–; sin nada, en suma, que no sea el absoluto apartamiento moral, intelectual y físico del Sexo, *en la imaginación como en el hecho*, trascendiéndole a este último, *después de haberle obedecido como manda la Naturaleza*, y como hace el brahmán cuando, cumplidos sus deberes de devolver al mundo lo que el mundo le diera, se retira al desierto –al «desierto moral y al físico»– para en él preparar con la meditación y el estudio contemplativo, su tránsito final a superiores mundos hiperfísicos que le aguardan allende la Tierra en ese Espacio infinito, constelado de soles, que es nuestra verdadera Patria, la Patria divina adonde, abandonado nuestro cuerpo y su sexo, regresamos, cual obreros triunfadores, después de vencer –o de ser vencidos– en la dura lucha del Sexo, que es la Vida.

La legislación eclesiástico-católica, por ejemplo, es terminante y sabia en este punto. Como preparadora ella de *una Magia* –buena o mala, según la intención altruista o egoísta que ella encierre–, impone terminantemente la absoluta abstención del Sexo en monjes y sacerdotes. Curiosísimas son en este punto las siempre sensatas páginas de la *Historia interna y documentada de la Compañía de Jesús*, del Padre MIQUEL MIR, S.J. –obra que es gran pena haya ésta retirado de la circulación–, sobre todo las que traen citas históricas del rigor con que la última en tiempo, y también hoy la más poderosa de las instituciones monacales de Occidente, ha obrado en punto al tal problema, pero nosotros, como librepensadores-teósofos, tenemos derecho a preguntar, en orden al asunto de *Gabalis*, ¿cuál es el criterio eclesiástico-jesuíta? ¿Inmortalízase en el monacato occidental alguna sílfide o salamandra, bajo este o el otro «velo iluminista», o bien la abstención es efectivamente, en esto y en todo, absoluta? En honor a «hermanos nuestros en la Humanidad», aunque «jurados enemigos ideológicos», optamos, salvo prueba en contrario, por pensar esto último.

Sin embargo, pese al homenaje de esta nuestra leal manera de pensar, el problema queda en pie, porque «el orgánico-inconsciente óbolo erótico» sigue, en ley de Naturaleza en todo sér humano hasta determinada edad, y ello nos retrotrae al problema de origen, o sea al apuntado en el *Prefacio*, sobre *el sexo en la Naturaleza.*

El sexo en la Naturaleza, decimos, y también en el lenguaje, porque todo cuanto se ha tronado por algunos filólogos contra la aplicación del sexo a las cosas inanimadas en lenguas como la latina y sus hijuelas, a diferencia del inglés, cuyo artículo único *the*, se aplica indistintamente a todo, tiene por base el desconocimiento de la gran verdad sexual, la que, según la relativa *actividad* o *pasividad* del sujeto, le adjudica el artículo masculino o el femenino, respectivamente.

Una visión de conjunto nos muestra, por ejemplo, como «contrarios sexuales» al lago y al río, sintetizados luego entrambos por el mar, que participa de los opuestos caracteres del uno y del otro.

El río propende en su forma y potenciales a una como masculina rectilinidad. Es largo, anguloso, impetuoso, pasional y activo propulsor de toda clase de potenciales mecánicos, de corriente incoercible y continua que penetra en el lago con viriles vigores y que sale luego del mismo de él, camino de *el mar* o de *la mar...* Por eso hemos cantado de niños, con las reglas mnemónicas de la *Gramática latina*, de Raimundo Miguel aquello de:

«Todo nombre de varón,
propio de *viento* y de mes,
o río, masculino es,
por su significación.»

El lago *–lanka*, en sánscrito–, tiende siempre, en cambio, más o menos, a la forma redondeada, a la curva *femenina*, y es, como la mujer, tranquilo, pasivo, sin corriente violenta exterior, recibiendo las aportaciones de los ríos que en sus aguas vierten *masculinamente* sus caudales y dando lugar después, con su desagüe, a otro río, que es *el hijo.* En el materno seno de las aguas lacustres no hay vida mecánica al parecer: todo es en ellas genesiaca vitalidad química. La *matriz* del lago recibe cuantas aguas le aporten sus galanos ríos tributarios, casi sin alterarse, hasta que la aportación excede a la vasija, y entonces, cual sucede siempre en las evoluciones o «corrientes» excesivamente constreñidas, viene la revolución, la rotura de diques y la catástrofe, ni más ni menos que cuando se desatan la ira y las demás pasiones de la tranquila apariencia femenina...

Y *el mar* o *la mar* es, a su vez, neutro en la lengua latina; mejor dicho, *ambiguo*, de una ambigüedad andrógina, o que participa al par de los dos sexos, porque, si bien por las curvadas líneas generales de sus costas, por el nivel constante y, como lacustre de sus aguas, tenuamente afectado por las mareas, y por recibir, finalmente, en su seno las aguas de todos los ríos del Planeta y haberlo criado todo desde las primeras edades terrestres, parece *femenino*, en cambio, por la eterna agitación de sus olas y su potente empuje; por sus pasionales tempestades y, en especial, por las corrientes o verdaderos ríos que discurren continuamente en su propio seno, trasladando de unos a otros mares sus aguas sin dejar de afectar con aquéllas región marítima alguna, es, perfecta y acabadamente, *masculino.* Nuestra ignorancia nos llevó, como siempre, a burlamos de los griegos;

que llamaban «Río Atlántico» a esa inmensa superficie marítima que separa el continente americano del euroafricano, hasta que el *Gulf-Stream* o corriente del Golfo de Méjico, no nos hizo verle en su aspecto de tal *río:* ¡un río por el que, no sólo no corren hacia Europa las aguas calientes de la zona subtropical antillana, para con ellas templar la frialdad de nuestras costas, sino que con él corren, al par también, según lo demuestra el notable artículo de JULIO SENADOR, en otro lugar transcripto, las bajas presiones de sus perturbaciones atmosféricas, las cuales, al llegar a dichas costas, determinan los regímenes de vientos y lluvias, alma de nuestra Economía!; ¡un río del que la novísima navegación aérea está siempre pendiente para sus vuelos heroicos!...

Y si el lenguaje da así *sexo* a las masas acuáticas de nuestro Globo, de igual modo le asigna hasta a los astros del cielo. Sobre *el sexo* del Sol y de la Luna, en efecto, hay una notable oposición entre las lenguas del tronco germánico y las del tronco latino. Así, en estas últimas, *Luna* es *femenino*, acaso porque se dice en antiguos mitos que la Humanidad primera bajara a la Tierra desde su satélite, satélite al que, como tal madre entonces, le corresponde el femenino artículo, mientras que al Sol, al potente Sol, engendrador de todo aquí abajo con sus rayos fecundadores, no le corresponde otro artículo a su vez, que *el masculino.* Pero los germanos primeros, directos herederos de los arios y de su sapientísima y perdida cultura, hicieron, como hoy el alemán, *femenino* al Sol y *masculina* a la Luna, fundados, sin duda, en que esta última, como astro, gira en torno de la Tierra, al modo del espermatozoide en torno del óvulo antes de la fecundación, mientras que el Sol, en el centro de su sistema, rodeado cual el pistilo floral de la serie de coronas-estambres de sendos planetas, y recibiendo, acaso, el bombardeo continuo de infinitos asteroides cometarios que sobre él caen *masculinamente*, manteniendo con ello sus energías fecundas, ha de ser considerado como *femenino.* Y que este criterio es el más primitivo en la vieja filosofía, lo demuestra el hecho de que las *Dianas* o Lunas arcaicas fueron barbadas (*Deus-Lunus*) y los primeros *Apolos* o Soles, imberbes y *femeninos*, o *andróginos*, a lo sumo.

Resumiendo estas cosas, añadiremos que la característica de todo lo manifestado en el Cosmos, es la Dualidad –la *Duada*, que decían los pitagóricos–, *Dualidad* que es, en sí, *Finitud.* Pero en el interior de la *Dualidad* late la *Unidad* –la *Mónada* esencial– como aspiración, anhelo o *Espíritu*, y la Finitud de todo lo material o visible aspira, y aun logra, por el Sexo lo Infinito, porque *todos los seres*, en sentido trascendente, *son andróginos, ya que actúan, alternativamente, primero, como neutros; después, como femeninos; más tarde, como masculinos,* y, *finalmente, como neutros otra vez*, cerrando un ciclo.

Un ejemplo material podrá aclarar esta idea abstrusa.

La Tierra, Madre de todo, nos da, *masculinamente*, todos sus productos, verbigracia: el de sus minas. Un tren carbonero recibe *femeninamente* en las celdillas de sus sendos vagones, el óbolo mineral, que unos «microbios humanos» arrancaran, y que él transporta luego hasta el puerto, donde descarga lo que recibiera y transportara *masculinamente*, en la bodega del barco, barco que, a su vez, recibe así el minero óbolo *femeninamente*, para luego, *masculinamente*, descargarlo en otro puerto, y así sucesivamente. Al principio y al fin de todos estos «cambios *more* sexual», hay dos sendos estados *neutros;* dos «edades de Oro» del descanso, filosóficamente las mismas de la niñez y la buena senectud humana después de bien cumplido el alto deber de *una Misión*, grande o pequeña, en la Vida.

En el sér humano acontece análogamente. Cedamos la palabra a MARAÑÓN, glosado por el excelente escritor *Andrenio* o

Gómez De Baquero en su *Adán y Eva: el Mito* y *la Biología*, y perdónenos él y el diario *El Sol* lo integral de la copia que ya iniciáramos en el prefacio. Allí dice:

«Esta antropología mítica viene a la memoria leyendo un libro científico que acaba de aparecer: *Los estados intersexuales en la especie humana*[49], por el Dr. Marañón. No faltará algún ocultista que alegue como una confirmación científica de aquella mitología las conclusiones del eminente médico español en su tratado, modelo de literatura didáctica por la claridad y elegancia de la forma.

»El libro de Marañón es una obra científica basada en las observaciones de la biología y la medicina, que no nos habla, naturalmente, de una humanidad como la que descubrió Aristófanes en el diálogo platónico o la que los teósofos colocan entre las primitivas razas que precedieron a la actual progenie humana; mas, en la época actual, los cultivadores del misterio, de las mitologías y las metafísicas andan a caza de concordancias y comprobaciones científicas, a pesar de la supuesta bancarrota de la ciencia.

»Aunque el libro del Dr. Marañón es estrictamente científico, y los que mejor apreciarán su mérito, su copiosa literatura y la sagacidad de sus conclusiones y de sus hipótesis serán los competentes en estos estudios, los biólogos y los médicos, por aquel arte de la forma a que antes aludo y por la relación que ofrece el asunto con cuestiones del dominio común muy actuales, como el feminismo, tendrá también lectores legos, entre cuyo número me cuento, que podrán comprenderlo y hallar en él una ilustración de cuestiones jurídicas y sociales de notoria importancia.

»Define Marañón los estados intersexuales como aquellos casos en que coinciden en un mismo individuo –sea hom-

49. Editado por Morata, Madrid, 1929.

bre, sea mujer– los estigmas físicos o funcionales de los dos sexos, ya mezclados en proporciones equivalentes, o casi equivalentes, ya –y esto es mucho más frecuente– con indiscutible predominio del sexo legítimo sobre el espúreo.

»La intersexualidad no es un estado excepcional más que en los casos extremos. Hay una especie de bisexualidad difusa primitiva, que después se diferencia. Así, los sexos no aparecen en posición antagónica, sino sucesiva. La feminidad es una etapa intermedia entre la adolescencia y la virilidad. La virilidad aparece como la etapa terminal en la evolución sexual. La mujer es una hermana menor del hombre que ofrece caracteres análogos a los del adolescente. Uno y otro sexo están integrados por los mismos componentes. La diferencia estriba en la intensidad y en la cronología de uno y de otro. En el hombre, la fase inicial feminoide es breve y poco intensa, y la viril, diferenciada y larga. En la mujer, la fase femenina es larga y diferenciada, y la fase viriloide, terminal (después del climaterio), es breve y poco enérgica.

»Ahora vemos con claridad –dice el Dr. Marañón– la sinrazón de las disputas con que los hombres de ciencia, los sociólogos y, sobre todo, los que no tenían otra cosa que hacer, han anegado la bibliografía de los últimos cincuenta años acerca de la superioridad, la inferioridad o la igualdad de los sexos. Ni son iguales ni diferentes. Son, a la vez, diferentes e iguales: iguales, porque no son valores antagónicos, sino fases de una misma evolución; diferentes, por su inmodificable colocación en el orden sucesivo.

»En esta situación respectiva de cada sexo, dentro de la misma escala evolutiva, está la grandeza del destino de ambos y, a la vez, su inevitable miseria. La feminidad, por ser una fase intermedia, lleva en sí incluida una esencia de perenne juventud, un arcano inagotable de posibilidades; pero, por ello mismo, hay un momento en que su progreso encuentra un tope invencible y se convierte, a lo sumo, en una aspiración.

»La masculinidad, en cambio, por representar una fase terminal, equivale a una forma diferenciada y casi perfecta; pero por ello encierra en su sentido viril mismo su propia limitación infranqueable.

»*El progreso de la mujer*, si no se desvía por la rama colateral de la maternidad –fin biológico y socialmente excelso, pero inhibidor de la evolución morfológica–, no es, ni será nunca, otra cosa que una aspiración a la virilidad, su etapa sucesiva. Este es el sentido del desarrollo de la forma femenina, de su progreso psicológico e instintivo y de sus conquistas en la lucha social.

»El progreso del hombre no puede, en cambio, dirigirse a la conquista de ninguna forma ulterior. Detrás de él no hay nada más. O se limita, por lo tanto, a la perfección concéntrica de su propia virilidad, o tal vez coloca el fin de su progreso, fuera ya de los límites biológicos, en una aspiración a la inmortalidad.

»MARAÑÓN piensa que los estados intersexuales representan un momento transitorio en la evolución humana, que camina hacia una diferenciación sexual, cada vez más precisa. El estudio del desarrollo ontogénico y el de la relación entre las especies naturales (en las inferiores se da como fenómeno común el hermafroditismo) conducen a la conclusión de un progreso creciente en la diferenciación de los tipos sexuales.

»El tratado de MARAÑÓN, magistral en la exposición, que es lo que puede juzgar el profano en la biología, nos ofrece en sus conclusiones una filosofía de los sexos, filosofía positiva fundada en la observación científica de los hechos. El feminismo adquiere en esta explicación un sentido biológico, que es como el impulso subconsciente agregado a las causas económicas y sociales. La armonía entre la diferenciación sexual, base del progreso eugénico, y la evolución femenina, en el sentido de la conquista viril de las funciones sociales, ya avanzada, será en la sociedad futura uno de los problemas eugénicos, cuya solución se vislumbra en los métodos de la selección.»

En resumen: el ciclo vital-sexual es éste, según la Biología moderna: un estado de *niñez*, o neutro; otro, luego, de *feminidad;* un tercero de *masculinidad* y un último de *integración* y *superación*, neutro también. Además, la Biología (véase LE DANTEC en su obra de este título), sabe ya que *el Sexo es parasitario en los seres;* una especie de superfetación o, si se quiere, de «embarazo», ya que la «concepción» es un acto receptivo, centrípeto, pasivo, femenino, y el «alumbramiento», recíprocamente, un acto expulsivo, centrífugo, activo, masculino, ¡hasta en la formación misma de las ideas y su lanzamiento al mundo!... ¿Quién ignora la intranquilidad, la preocupación, el *embarazo*, que preside a las concepciones literarias –bajo la masculina y fecundadora inspiración de las Musas, que los paganos decían–, y luego el esfuerzo lanzador, viril, energético, centrífugo y *masculino* con que la Idea y la Obra son lanzadas al mundo en verdadero *parto*, que unas veces es «parto de los montes» y otra acción de heroicidad renunciadora y comprometedora, que masculinamente nos coloca en lucha abierta con el mundo?

Sí, pues, una sabia e inescrutable Ley nos ha puesto en el mundo, el ciclo neutro-preparador, femenino-masculino, y neutro-superador ha de ser fatalmente recorrido. Quien a ello se opone conscientemente, o es un héroe estilo *Krishna* o *Parsifal*, o es un loco, un aberrado, que, al ir contra tamaña ley natural, labra inevitablemente su desdicha. Y tan oposición a ésta es el acto brutal de automutilación física estilo *Klingsor*, como el de oposición indirecta de torcer la vía fisiológico-humana «inmortalizando, en solitario vicio *onámico*, salamandras y sílfides». Este último caso, según todos los sociólogos modernos, es el frecuentísimo del penal y el de otros lugares análogos, que tan viriles como nobilísimas protestas han inspirado a penalistas como DORADO MONTERO y JIMÉNEZ DE ASÚA. ¿Qué de dramas, tragedias, mejor dicho, no registra la historia de los «confinamientos *contra-sexo*» de todos conocidos? Una de ellas leemos en estos momentos en *La Esfera*, donde se nos narra la leyenda valenciana que subsigue: ¡la leyenda de una víctima que, fiel a un viejo amor, no se sabe apelase a practicar la doctrina de Gabalis!

«Entre lo más humilde y recogido de las ascéticas celdas de la Cartuja de Porta Cœli, a 22 kilómetros de Valencia, hay una pobrísima y sombría, con todos los caracteres dramáticos de una prisión, que impresiona profundamente. Y es porque aquel lugar de penitencia austerísima, sin más comunicación con el mundo exterior que un reducido ventanillo inaccesible para el recluso, está asociado por la tradición popular a una leyenda trágica: la llamada de *La sílfide del Acueducto*, que la musa del P. AROLAS, en su leyenda del mismo título, vulgarizó en España cuando sobre ella soplaba, desencadenado, el huracán romántico. Recae dicha celda junto al monumental acueducto que lleva las aguas al monasterio, y supone la tradición que allí vivió, muriendo a principios del siglo XV, cierto monje cartujo, condenado a perpetuo encierro por sus liviandades. El desdichado, vástago de noble familia valenciana, había ingresado en la orden de San Bruno sin la menor vocación religiosa y sólo por obedecer al paterno mandato, rompiendo para ello las dilatadas e íntimas relaciones que mantenía desde algunos años antes con hermosa joven, también de elevada alcurnia, llamada Ormesinda. No se resignó la enamorada joven a la cruel separación. Y es fama que, bajo el manto protector de la noche, y a la luz de los relámpagos, cruzaba el acueducto para penetrar en la celda del antiguo amante; entonces ya monje profeso. Descubierto el nefando delito por el prior, fué condenado el monje a morir de hambre. La apasionada Ormesinda feneció a poco, envenenada. Esta trágica leyenda fué aprovechada, después del P. AROLAS, por el literato VICENTE BOIX, en su novela *El encubierto de Valencia*, publicada en 1846, si bien fantaseando libremente sobre la calidad de los personajes, móviles y desenlace del trágico suceso.

»También está relacionada con el monasterio de Porta Cœli la edificante historia de la venerable Inés de Moncada, cuyas austeridades y prodigios de santidad se relatan puntualmente en el libro de JUAN BAUTISTA BERNÍ, editado en Valencia en 1734. Perteneciente a ilustre casa valenciana, joven y hermosa, abandonó Inés el mundo para consagrarse a Dios. Mas, en vez de encerrarse en un claustro, como era uso general entre los desengañados de la vida, adoptó hábito de hombre y se cobijó en abandonada ermita, próxima a la santa casa cartujana, habitando allí muchos años en penitencia rigurosísima. Su verdadero sexo hubo de ignorarse hasta ocurrir la muerte de tan singular mujer, inspiradora de numerosos romances populares, muy extendidos durante la Edad Media en tierras levantinas, y que atribuían a un desengaño amoroso la huida de Inés de Moncada a las soledades de la sierra de Náquera y su propósito de hacer vida ascética. No es aventurado conjeturar que, conocido el caso por Cervantes, le sugiriera el episodio de la hermosa Dorotea en las asperezas de Sierra Morena.»

Y ¿qué de luchas con «los pueblos de los elementos» no nos describen las hagiologías al contamos la vida de aquellos anacoretas de la Tebaida, aunque *magos negros* por consagrarse incansables a destruir toda huella de la Religión Sabiduría primitiva en provecho del naciente Cristianismo, *magos* al fin?

Porque la verdadera *Magia* o *Superciencia* (ciencia de la humana superación del Sexo) exige, como en otro lugar dijimos, *la previa y absoluta castidad en imaginación y de hecho.* Por eso la Iniciación llevaba aparejada como prueba previa, entre otras harto terribles, la más que terrible del Sexo.

Mago o *mágico*, dice BLAVATSKY, viene del sánscrito *maha* o *mag*, equivalente a *grande.* Eran los magos los sacerdotes del fuego y los conocedores de los astros entre los asirios, babilonios y parsis. El gran sacerdote de estos últimos recibía el nombre de *Mobed*, derivado de *megli* o *meh-ab*, que quiere decir «grande», «noble», «primero». Antes de todos aquellos, o sea en los tiempos pre-védicos, el *Maha-atma* («la gran Alma, o Espíritu») tenía un sumo sacerdote.

Pero la *Magia*, que es reforma interior por la virtud y el estudio, no son, como se cree, *las ciencias ocultas.*

Y la enseñanza de aquella maestra continúa así acerca de las *Artes Ocultas*, siempre con el sexo más o menos relacionadas.

«Bajo Artes o Ciencias Ocultas, dice, caen cosas tales como el hipnotismo, el mesmerismo, la magia ceremonial, la astrología, la alquimia, la hechicería, los encantos, la nigromancia, cartomancia, geomancia, quiromancia, y otras mil artes *mágicas* de clarividencia física y astral, clariaudiencia, psicometría, etc., etc., en lista inagotable que cualquiera puede continuar a su gusto.

»Para que un hombre pueda cultivar cualquiera de estas ciencias no es necesaria ninguna condición de moralidad previa. Todo aquel que tenga un organismo sensible en cierto grado a tales o cuales influencias de lo astral, o sea del plano de materia próxima al nuestro, puede convertirse en un acreditado psicómetra, quiromante, astrólogo, vidente, mago, etc., cuando se le enseñan los métodos adecuados o él los descubre por sí mismo... No nos tomaremos aquí la molestia de convencer a los escépticos acerca de la realidad de semejantes artes. Es, por otro lado, muy digno de notarse el que el mayor malvado que existir pueda en la tierra, puede llegar a practicar con éxito semejantes cosas, y esta es la razón por la cual han sido ellas guardadas antaño en el secreto, y aun son secretas hoy en su mayoría.

»Mas como, por desgracia, algunas de aquellas Artes empiezan a ser conocidas, en especial el hipnotismo y el magnetismo, es de imperiosa necesidad el señalar los peligros con que amenazan a la sociedad en manos de personas nada escrupulosas o inmorales. Que cualquier hombre de naturaleza seria y compasiva estudie la ciencia hipnótica y aprecie cuán espantosa fuerza de sugestión actúa sobre el sujeto hipnotizado y que diga luego si semejante poder de vida y muerte, tanto moral como físico, debe ser conferido a cualquier hombre o, lo que es peor, se reserva a la facultad médica sólo por serlo. Esta última niega de plano las Artes Ocultas y comienza a jugar con la más peligrosa de las conocidas, diciéndonos, por un lado, que una sugestión puede disiparse con la misma facilidad con que se ha producido, y por otro, que el sentido moral del sujeto le puede permitir a éste, aun en el estado hipnótico, a resistir la sugestión del crimen.

»Esto, sin embargo, no es cierto, pues que una sugestión es una semilla hondamente plantada en el fecundo suelo de la psiquis o mente inferior del hombre, semilla que germinará tan pronto como circunstancias apropiadas lo determinen. El público ignora todavía cómo un hombre sin escrúpulos, dotado de fuerte voluntad hipnótica, puede convertirse en la más espantosa plaga social. La gente respetable y escéptica ignora con cuánta facilidad sus propias hijas, las más sensibles a las influencias hipnóticas y a las sugestiones, pueden ser conducidas a su ruina por miserables sin escrúpulos, ni cuán relativamente fácil es el hacer firmar testamentos en favor de hábiles aventureros hipnotizadores[50]. Y, no obstante, el hipnotismo está muy lejos de ser la más poderosa de las Artes Ocultas. Hay, en efecto, poderes capaces de dominar a las naciones, tan fácilmente como a los individuos[51], poderes al alcance de un leproso moral dotado de Voluntad suficiente, poderes, en fin, que puede adquirir el animal humano, que es, en verdad, millones de veces más potente que la bestia más salvaje...

»Pero ningún hombre de esta clase es Ocultista. Puede, sí, ser un mago y un manipulador de las Artes Ocultas, indigno de desatar la correa de los zapatos del verdadero Ocultista, cuyo corazón sólo responde a los latidos del Océano de la Compasión universal, y cuya mente vibra al unísono con la gran Armonía inteligente del Cosmos. ¡Cuántos hay que se figuran ser Ocultistas por el mero hecho de trazar un horóscopo o ver un cuadro en la *luz astral*, o psicometrizar el contenido de una carta, o retener el aliento por más tiempo que el ordinario, o percibir los fantasmas! Ellos están más distantes de los portales del más elemental Ocultismo.

»Ocultista es el que aprende a distinguir conscientemente lo bueno de lo malo; no es un hombre teórico, sino práctico; no actúa sólo con la intuición y la fe ciega; no basta que sea meramente *bueno*, sino que debe ser *sabio* y *justo*. La sabiduría no sólo supone *conocimiento*, sino también *compasión*, *amor*, por ser, como dice el *Rig Veda* (X, 129), el lazo que une al ser con el no ser, lazo que los sabios, investigando con su *inteligencia*, han descubierto en sus *corazones*. Ocultista es el que anda por este sendero de desinterés y de justicia. Ningún hombre ignorante puede, aunque quiera, ser justo. Lo que puede ser justo

50. Díganlo si no las tan frecuentes captaciones de herencias realizadas por ciertas instituciones monásticas.

51. Dígalo si no la historia de la Gran Guerra y la historia de Rasputín.

para un número limitado es a menudo injusto para el bienestar de una colectividad mayor. Del mismo modo también la justicia aparente para una nación puede ser injusticia para la Humanidad y la aparente justicia para ésta acaso injusticia para el Universo. Así, la supuesta crueldad de la Naturaleza es mera apariencia ilusoria creada por la ignorancia de las mentes que sólo pueden contemplar una fracción infinitesimal del magno problema.

»El Ocultista ve que el Espíritu y el cuerpo de todos los hombres son uno con el Espíritu y la Materia del Universo, desea aunar también su Mente con la Gran Mente o Alma del Mundo, pues sabe que es mente y sólo mente lo que le separa del resto. Al proponerse alcanzar esta meta se verifica en él un cambio radical. Con la mente siempre fija en el axioma de «¡paz a todos los seres!», ensancha en silencio su naturaleza espiritual, hasta que rebasa los confines del amor del individuo, de la familia, de la raza y hasta de la Humanidad, anegándose en el Océano de Compasión y de Sabiduría que abarcar debe a la Naturaleza entera.

»La *Mente* es el gran principio de separación entre los hombres, porque le dicta el modo de ser de sus respectivas convicciones. Ninguno que permita a su mente estar embargada por una creencia o filosofía exotérica, puede ser Ocultista. Para que el Ocultista pueda ser justo con todas las creencias tiene que estar libre y por encima de todas ellas. El que se mantiene sujeto dentro de los límites de cualquier dogma es para el Ocultista tan ignorante como la mujer china, que encuentra placer en desfigurar sus pies, o como la europea, que destruye su salud y la de su prole comprimiéndose el cuerpo.

»La Sociedad Teosófica –la de BLAVATSKY, y, añadimos nosotros, no sus errores posteriores– no es sino una escuela preparatoria para enseñar el abecé del Ocultismo. Su primer objeto, o sea el de establecer el núcleo de una fraternidad universal de compasión y de amor que pueda abarcar a todos los hombres, sin distinción de raza, sexo, credo, casta o color. Su segundo objeto de «ciencias, religiones y filosofías comparadas», no es sino el proceso para libertar la mente de toda clase de prejuicios y errores en materia de religión, filosofía, o ciencia particularista. Dichos dos objetos constituyen la preparación para el tercero, que se ocupa de investigar «acerca de las leyes desconocidas aún de la Naturaleza y de los poderes latentes en el Hombre».

»Este último estudio consta de dos partes: *Ocultismo teórico* y *Ocultismo práctico.*

»El Ocultismo teórico tiene que aprenderse de labios de un Ocultista, o descubriéndolo en el estudio atento de los libros y de la Naturaleza. Los Maestros, sin embargo, son pocos, y aunque quieran ellos enseñar, encuentran rara vez discípulos capaces y dispuestos a sufrir la disciplina necesaria antes de que el mero conocimiento teórico les pueda ser comunicado. Por otro lado, aunque haya tanto que aprender en los libros, su estudio no produce gran resultado para el caso, a menos que el estudiante desarrolle su intuición espiritual, por la purificación del deseo y el hábito de la concentración mental. El aspecto meramente teórico del Ocultismo es, así, para pocos: para quienes no dudan, para los que no son tímidos, vacilantes, perezosos o dominados por intereses egoístas. Una vez despertado el anhelo por el Conocimiento Espiritual y su posibilidad de realizarlo, no se precisa de otro impulso alguno. La mente, desde entonces, «se fija en un punto», y avanza con firmeza, atrayendo así por selección natural todo el conocimiento preliminar que es necesario; el hombre se hace consciente de sí mismo; está alerta ya siempre; eleva a muy alto nivel su inteligencia y acaba por ver cómo los demás yacen por bajo, bajo la influencia hipnótica e ilusoria de los sentidos y cual si durmiesen. Así y todo, el estudiante del Ocultismo teórico nada práctico puede intentar sin peligro, hasta tanto que encuentre a un Maestro, cosa que acaecerá, al fin, cuando aquél esté dispuesto por completo.»

El lado segundo o práctico del Ocultismo, H.P.B. no lo ha declarado abiertamente en ninguna de sus obras. Si tal hubiese hecho, ya dejaría de estar «oculto», siendo así que los verdaderos secretos o *poderes* espirituales que él confiere, son de tal naturaleza, que únicamente pueden ellos ser comunicados «de la boca al oído» o *sin palabras*, y por símbolos...

En suma: el Ocultismo práctico o «de superación», y el Sexo, son absolutamente incompatibles: la doctrina exotérica que la Iglesia defiende es, *en este punto*, la nuestra, aunque cada una desde su punto de vista respectivo. Por eso aquél exige como condición previa indispensable el triunfo sobre el Sexo, cosa equivalente a la «santidad» en el sentido en que tamaña virtud suele entenderse, aunque malas interpretaciones de aquélla hayan llevado a los altares a muchos pérfidos, que notoriamente no lo merecen... Pero hay que rechazar de plano también el *falicismo* de todas las religiones positivas, que en el fondo no es sino «variantes de lo de Gabalis», incluso aquel falicismo brahmánico de sectas que, en parte, hemos indicado ya en una nota, y en cuyos templos –como el de Somnath-Patan del Guzérate, antaño consagrado al Culto sin culto jaino primitivo–, monstruosos emblemas fálicos de Brahma, el Dios-Creador –más bien la siempre eficiente Emanación evolutiva de la Divinidad manifestada en la Naturaleza–, que todos los días se hacía renovar su Órgano, y que, cuando un día sus adoradores olvidaron suministrársele, Él se construyó uno de arena, potentísimo.

Por supuesto, que «el duelo a muerte con la Naturaleza», que supone la santísima superación del Sexo –superación equivalente a la divinización del hombre–, es de aquellos en que no se dan recíproco cuartel entrambos adversarios, y la tremebunda batalla épica y simbólicamente cantada en el *Mahabharata* y aun en las otras Epopeyas, ha de terminar o con el triunfo del Héroe, como en *Parsifal*, o con la derrota estrepitosa del seudo-héroe que, por pretender trascender el Sexo sin las bastantes fuerzas para ello, cae fatalmente en las aberraciones sexuales a lo Gabalis, o en otras peores.

De aquí que no pueda ser aconsejado a nadie semejante Sendero de Liberación, llamado «el pequeño Sendero«, en Oriente, y que el que se atreva a emprenderle haya de hacerlo siempre bajo su estricta responsabilidad personal, mientras que el otro camino, el del «gran Sendero» o «Sendero medio», que dijo el BUDDHA, el sendero de la obediencia al Sexo, para superarle sólo después de la muerte quizá, es el de todos nosotros los vulgares, de acuerdo con el estado actual de la evolución ordinaria de nuestro Planeta. Sendero no exento también de su poesía: la poesía del Amor Natural, no la del loco ensueño erótico y aberrado, que, por seductor que éste se muestre en los comienzos, para mejor engañamos, como a Ulises las sirenas, más seductor es, sin duda, y más humano aquel otro ensueño sublime descrito por el naturalista-poeta BUFFON, al trazamos, de mano maestra, *los primeros momentos de la existencia de Eva:* aquel canto en prosa en el que Adán, solitario, y aparentemente feliz entre las delicias del Paraíso, siente, sin embargo, nacer en su pecho un anhelo tan doloroso como desconocido: ¡El anhelo de una compañera, divina contraparte de su humana finitud!... Con ella sueña en ensueño inexplicable, feliz, enloquecedor, inefable e íntimo... Y, cuando despierta de su ensueño, vése astralmente desdoblado; de su *costado* mismo, que no groseramente de su *costilla*, ha surgido una Forma, análoga a él, pero contraria a él en sus bellezas inauditas, que le atraen magnéticamente, y en la que, con aquella *Melodía de la mirada* que el violonchelo preludia en *La Walkyria*, de WAGNER, siente vibrar una nota en unísono, en octava, en quinta, en tercera... en todas las tonalidades sucesivas, en fin, de la cósmica ARMONÍA, con la suya respectiva, nota que ha de terminar en el ACORDE más perfecto, EL ACORDE DEL HIJO, divino siempre por continuador de la ESPECIE, y con el que aquella pareja prototípica ha de proseguir asentando como Dioses su indefinida continuidad sobre una Tierra, a condición de que nada pueda destruir ya tan divina Cadena, merced a una serie de *Hogares* sucesivos, serie jamás cortada, ni por las solicitaciones del acto, según natura, al estilo inferior animal, ni menos por esotras solicitaciones del supervicio contra natura impíamente preconizado por el Conde de Gabalis.

¡Hogar y Ágora! He aquí, pues, las dos palabras mágicas merecedoras de un libro y sobre las que se cifra todo el progreso de la Humanidad: es decir la *barquilla* salvadora de cada cual; barquilla capaz de cruzar, insumergible, el proceloso mar de todas las pasiones; barquilla admirablemente simbolizada en los mexicanos *Códices del Anahuac*, y la *gran Nave* de la respectiva nación, raza, pueblo, o la suprema *Nave* de la Humanidad como conjunto, que hizo exclamar al clásico: «¡Soy hombre, y nada humano me es ajeno!»... ¡Nave que no es en suma, sino el planeta mismo que eternamente nos conduce en inescrutable *Destino* por el piélago insondable de los Cielos...!

FIN

M. Roso de Luna

PENSAMIENTOS SOBRE LOS ELEMENTALES

H.P. Blavatsky

PENSAMIENTOS SOBRE LOS ELEMENTALES

[*Lucifer*, Vol. VI, N ° 33, Mayo, 1890, pág. 177-188]

[En el momento en que se publicó este ensayo en las páginas de *Lucifer*, Annie Besant hizo un prefacio con los siguientes comentarios: «H.P.B. estaba demasiado enferma para escribir su editorial usual; el siguiente artículo no publicado, escrito por ella más de dos años atrás, es elegido para ocupar su lugar».

Una cantidad de años después, concretamente en Junio, 1896, *Lucifer* publicó un ensayo bajo el título de «Espíritus de Varios Tipos», que resulta ser idéntica al que se menciona arriba, pero con unos pocos párrafos adicionales, especialmente hacia su final.

Publicamos «Pensamientos sobre los Elementales» como aparece en Mayo 1890, insertando el material adicionado donde se encontró en la última reimpresión.–*El Compilador*]

Se han dedicado años enteros de la escritora, al estudio de estos seres invisibles –conscientes, semi-conscientes y totalmente insensibles– llamados por varios nombres en todos los países bajo el sol, y conocidos con el nombre genérico de «Espíritus». Sólo la nomenclatura aplicada a estos naturales de las esferas por la iglesia Católica –buena o mala– es eterna. La gran cronología de sus nombres simbólicos –es un estudio. Abrid cualquier relato de la creación en el primer *Purâna* que les venga a la mano, y mirad la variedad de apelaciones conferidas a estas criaturas divinas y semi-divinas (producto de dos clases de creaciones –la *Prakrita* y la *Vaikrita* o *Padma*, la primaria y la secundaria), evolucionadas todas del cuerpo de Brahmâ. Solamente el *Urdhwasrota*[52] de la tercer creación abraza una variedad de seres con características e idiosincrasias suficientes para el estudio durante toda una vida.

Lo mismo sucede con los relatos egipcios, caldeos, griegos, fenicios o cualquier otro. Las huestes de estos seres son innumerables. Los antiguos paganos, sin embargo –y especialmente los neoplatónicos de Alejandría–, conocían lo que creían, y distinguían sus diferentes órdenes. Ninguno los consideraba bajo el punto de vista sectario como lo hacen las Iglesias Cristianas. Se ocupaban de ellos, por el contrario, con un conocimiento mucho mayor, pues hacían una distinción mucho más acertada de las diferentes naturalezas de estos seres, que los Padres de la Iglesia lo hicieron nunca. Según la política que estos últimos se habían trazado, todos los ángeles que no habían sido reconocidos como servidores del Jehovah de los judíos – eran proclamados *Demonios.*

Los efectos de esta creencia, más tarde erigida en un dogma, los encontramos ahora afirmándose en el Karma de los muchos millones de Espiritistas, educados y mantenidos en las respectivas creencias de sus Iglesias. Aun cuando un Espiritista se haya divorciado hace mucho tiempo de las creencias teológicas y clericales; aunque sea un cristiano liberal o antiliberal, un deísta o un ateo, que haya rechazado sabiamente toda creencia en los demonios, y que sea demasiado razonable para considerar a sus visitadores como ángeles puros, haya aceptado

52. Los *Urdhwasrota*, los Dioses, llamados así porque la sola vista de los alimentos tiene para ellos el lugar de comida; «pues hay satisfacción en la sola contemplación de la ambrosía», dice el comentador del *Vishnu Purâna*.

lo que crea un justo término medio- aún no reconocerá a otros espíritus de los muertos.

Este es su *Karma* y también el de las Iglesias colectivamente. En las últimas, es natural un fanatismo tan obstinado y esa *parti pris* es natural: es su política. En el Espiritismo libre, es imperdonable. No puede haber dos opiniones sobre este asunto. Tiene que ser, o la creencia completa o la absoluta incredulidad en los «Espíritus». Si un hombre es escéptico y descreído, nada tenemos que decir. Una vez que cree en los Fantasmas y Espíritus –cambia la cuestión. No hay hombre ni mujer que esté libre de todo prejuicio y de ideas preconcebidas, que pueda creer que en un infinito de vida y de ser –digamos sólo en nuestro sistema solar–, que en todo este espacio sin límites, en el cual los espiritistas sitúan su «Paraíso» –haya solamente *dos órdenes de seres conscientes*– los hombres y sus espíritus; mortales encarnados e inmortales desencarnados.

El futuro guarda extrañas sorpresas para la Humanidad, y la Teosofía, o más bien sus partidarios, serán vengados del todo en días no muy lejanos. No hay por qué tratar de una cuestión que ha sido tan discutida por los Teósofos, y que solamente ha acarreado oprobio, persecución y enemistad a los escritores.

Por lo tanto, no nos saldremos de nuestra senda para decir mucho más. Los Elementales y los Elementarios de los Cabalistas y Teósofos, han sido suficientemente ridiculizados. Desde Porfirio hasta los demonologistas de los siglos pasados han aportado hechos tras hechos y han aglomerado pruebas sobre pruebas; pero con tan poco efecto como el que pudiese tener un cuento de hadas relatado a niños.

Raro libro el del vicioso *Conde de Gabalis*, inmortalizado por el Abate de Villars, y traducido y publicado ahora en Bath. Aconsejo a los que tengan inclinaciones humorísticas, que lo lean y reflexionen sobre él. Se da este consejo con objeto de hacer un paralelo. La escritora, lo leyó hace años y lo ha vuelto a leer ahora con más atención aún que la primera vez. Su humilde opinión con respecto a la obra –si a alguien le importa saberla– es que se puede buscar durante meses, sin encontrar nunca la demarcación entre los «Espíritus» de las secciones espiritistas y las Sílfides y Ondinas de aquel satírico francés.

Hay algo que suena de una manera siniestra en los sarcasmos joviales y en las chanzas de su autor, quien a la vez que señalaba con el dedo del ridículo lo que era creencia suya, tenía probablemente el presentimiento de su propio y acelerado *Karma*[53], bajo la forma del asesinato.

La manera con que presenta al Conde de Gabalis, es digna de atención.

> Cierto Remarcable Día me asombré, cuando ví entrar a un hombre de una apostura de las más dignas; quien saludándome gravemente, me dijo en Francés, pero con acento *extranjero*: «Adora, hijo mío, adora al Dios más grande de los Sabios; y no te *llenes de Orgullo porque envíe a ti uno de los hijos de Sabiduría para convertirte en un Miembro de la Sociedad y hacerte participar de las maravillas de la Omnipotencia*».[54]

No hay más que una respuesta que dar a aquellos que, haciendo hincapié en obras semejantes, se ríen del Ocultismo. «Servitissimo» es la enojada frase en su «Cartas a mi Señor» introductora en la obra arriba nombrada.

---

53. La obra fue publicada en París en 1670 y en 1675; fue cruelmente asesinado el autor en su viaje a Lyon desde el Languedoc, su país natal.

54. Sub-Mundanos; o los Elementarios de la Cábala; es la historia de los Espíritus, reimpresa del texto del Abate de Villars, Physio-AstroMystic, en donde se asegura que existen en la tierra criaturas racionales además del hombre. Robert H. Fryer. Bath, 1886.

Yo lo hubiera persuadido [al autor del *Comte Gabalis*] de que cambiase por completo la forma de su obra» escribe, «pues esta forma burlona de llevarla adelante no me parece propia del asunto. Estos misterios de la Cábala son cosas serias que muchos de mis amigos estudian muy seriamente;... los brujos son ciertamente demasiado peligrosos para ser tratados en burla.

Verbum sat sapienti.

Son «peligrosos» sin duda alguna. Pero desde que la historia empezó a registrar pensamientos y hechos, media Humanidad se ha burlado de la otra media, ridiculizando sus más caras creencias. Esto, sin embargo, no puede cambiar un hecho en una ficción, ni tampoco destruye a las Sílfides, Ondinas y Gnomos de la Naturaleza, si los hay; pues estos últimos, ligados con las Salamandras, podrían destruir a los incrédulos y perjudicar a las compañías de seguros, a pesar de que éstas creen menos en las Salamandras vengativas que en los incendios causados por casualidad y por accidentes.

Los Teósofos creen en los Espíritus tanto como los Espiritualistas, pero creen que son tan diferentes en sus variedades como las tribus estabilizadas en el aire. Hay entre ellos halcones sanguinarios y murciélagos vampiros, así como hay palomas y ruiseñores. Ellos creen en «Ángeles», porque muchos los han visto

«...a la cabecera del enfermo–
¿De quiénes eran la voz tierna y los pasos silenciosos?
En donde los corazones afligidos destilaban como el sauce,
vagaban ellos
entre los vivos y los muertos.»

Pero no eran éstas las materializaciones con tres dedos en los pies de los modernos médiums. Aun cuando nuestras doctrinas fuesen todas pasto para las «chanzonetas» de un Villars, esto nada probaría en contra de las pretensiones de los Ocultistas de que sus enseñanzas son *hechos históricos* y *científicos*, cualquiera que sea la forma con que se las presenten al profano. Desde que comenzaron a reinar los primeros reyes «por la gracia de Dios», han pasado innumerables generaciones de bufones, nombrados para divertir Majestades y Altezas; la mayoría de estos despreciados individuos tenían más sabiduría en el fondo de sus gibas y en la punta de los dedos, que todos sus reales amos juntos en sus vacíos cerebros. Solamente ellos tenían el privilegio inestimable de decir la verdad en las cortes, y estas verdades han sido siempre causa de risa...

Esta es una digresión; pero obras tales como la del *Conde de Gabalis*, tienen que ser analizadas despacio, y mostrado su verdadero carácter, pues de lo contrario se las haría servir como martillo de fragua para pulverizar aquellas obras que *no toman* el tono humorístico al hablar de cosas misteriosas, ya que no son sagradas del todo, y que dicen lo que es del caso. Se asegura de la manera más positiva que se dicen más verdades en las ingeniosas *railleries* y *gasconnades* de aquella «sátira», llena de hechos eminentemente ocultos y reales, de los que la mayoría de la gente, y especialmente los espiritistas, pueden imaginarse.

Un solo hecho, como ejemplo, cuya existencia actual se demostrara ahora entre los Médiums, bastará para probar que tenemos razón.

Se ha dicho en otra parte, que la magia blanca difiere muy poco de las prácticas de hechicería, excepto en los *efectos* y *resultados* –consintiendo todo en si la *intención es buena o mala*. Muchas de las reglas y condiciones preliminares para entrar en sociedades de *adeptos*, ya sean del sendero *Derecho* o del *Izquierdo*, son también idénticas en muchas cosas. Por esto *Gabalis* le dice al autor: «Los *Sabios* jamás los admitirán en su sociedad si no renuncian desde este momento a una Cosa que no puede permanecer en competencia con la Sabiduría. *Deben renunciar a toda relación Carnal con las Mujeres»* (página 27).

Esto es *sine qua non* para los Ocultistas *prácticos* –ya sean Rosacruces o Yoguis, Europeos o Asiáticos. Pero lo es también con los *Dugpas* y *Jadoos* de Bután y de India y para los *Vudús* y *Naguales,* de Nueva Orleáns y de México[55]; *pero con una cláusula adicional en los estatutos de estos últimos,* y ésta es el tener relaciones carnales con Djins, Elementales, o Demonios, llámeseles como se quiera, ya sean machos o hembras[56] .

«*No os hago conocer ninguna otra cosa* más que los Principios de la antigua *Cábala*», explica Gabalis a su discípulo. Y le informa de que los Elementales (que él llama *Elementarios*), los habitantes de los cuatro Elementos; esto es, las Sílfides, Ondinas, Salamandras y Gnomos, viven muchas edades, pero que sus almas no son inmortales. «Respecto a la Eternidad... finalmente tienen que disolverse en la nada»... «Nuestros Padres, los filósofos» continúa diciendo el *soi-disant* Rosacruz, «hablando a *Dios* Cara a Cara, se quejaron a Él de la Desgracia de esta Gente (los Elementales) y *Dios*, cuya Misericordia no tiene Límites, les reveló que no era imposible encontrar un Remedio para este Mal. Les inspiró que del mismo modo que

55. Hablamos aquí de los bien conocidos *antiguos estatutos* de la Hechicería de los Asiáticos, así como de la Demonología de Europa. La Bruja tiene que renunciar a su marido, y el Brujo a sus derechos maritales sobre la esposa humana legítima, del mismo modo que el Dugpa renuncia hasta el presente todo comercio con mujeres humanas; como lo hace también el *Vudú* de Nueva Orleáns, durante el ejercicio de *sus poderes*. Todos los cabalistas saben esto.

56. Los Cabalistas judíos de Polonia y de Galicia llaman al Espíritu femenino de *Nergal,* cuando se dedican a alguna venganza, *para ayudar y para infundirle poder en ellos.* El Hechicero Musulmán llama a un *djini* hembra; un *Koldo* ruso a una Bruja muerta (*vyedma*); el hechicero Chino tiene una *Houen* en su casa, bajo sus órdenes. Este comercio se dice que proporciona *poderes mágicos* y una *Fuerza Sobrenatural.*

el Hombre, por la Alianza que había contraído con *Dios,* había sido hecho partícipe de la Divinidad: las *Sílfides,* los *Gnomos*, las *Ninfas* y las *Salamandras*, por la Alianza que podían contraer con el Hombre, podían hacerse Partícipes de la Inmortalidad. Así, pues, una *Ninfa* o una *Sílfide* se vuelve Inmortal, y capaz de alcanzar la Dicha a la que nosotros aspiramos, cuando tiene la fortuna de *casarse con un Sabio;* un *Gnomo* o un *Silfo* quien cesa de ser mortal desde el momento en que *se casa con una de nuestras Hijas*».

Después de haber soltado este buen consejo sobre hechicería práctica, el «Sabio» termina de la siguiente manera:

«¡No, no! Nuestros Sabios no han cometido nunca el error de atribuir la Caída de los primeros *Ángeles* a su amor por las *mujeres,* como tampoco creen que hayan puesto a los Hombres bajo el Poder del *Diablo*... No hubo nada criminal en todo esto. Eran *Silfos* que trataban de hacerse Inmortales. Sus inocentes Pretensiones, muy lejos de escandalizar a los *Filósofos*, nos han parecido tan justas, que todos nosotros, de común acuerdo, estamos resueltos a Renunciar por completo a las *Mujeres;* y *entregarnos a la Inmortalidad de las Ninfas y Sílfides* (pág. 33).

Y así son ciertos médiums, especialmente los de América y Francia, quienes se jactan de tener Espíritus por maridos o esposas. Conocemos personalmente a tales médiums, hombres y mujeres, *y no serán los de Holanda los que negarán el hecho*, dado cierto suceso reciente entre sus colegas y correligionarios, fresco en su memoria, concerniente a algunos que escaparon de la locura y de la muerte solo haciéndose Teósofos. Siguiendo nuestros consejos fue como pudieron finalmente librarse de sus consortes de ambos sexos.

¿Se nos dirá también en este caso que esto es una calumnia y una invención? Pues entonces, que los que estén inclinados a ver, como los Espiritualistas, nada más que un inocente pasatiempo en estas diarias y nocturnas relaciones con los llamados «Espíritus de los muertos», se dediquen a observar. Que los que *ridiculizan* nuestros avisos y nuestra doctrina, y se burlan de ella –expliquen, después de analizar desapasionadamente el misterio y la *rationale* de hechos tales como la existencia, en las mentes de ciertos Médiums y Sensitivos, de su *matrimonio real* con espíritus varones y hembras. Las explicaciones de locura y alucinación no significan nada, cuando se las pone frente a frente con los *hechos innegables* de las MATERIALIZACIONES DE ESPÍRITUS. Si hay «Espíritus» capaces de tomar té y vino, de comer manzanas y pasteles, y de besar y palpar a los concurrentes a las sesiones espiritistas, hechos que han sido probados, así como también la existencia de estos mismos visitantes –*¿Por qué no habrían también de ejecutar estos mismos Espíritus, los deberes matrimoniales*? ¿Y qué son estos «Espíritus» y cuál es su naturaleza? ¿Los espiritualistas nos dirán, que los fantasmas de Mme. de Sévigné o de Delfina –una de cuyas autoras nos abstenemos de nombrar por consideración a sus parientes vivos– son los «Espíritus» reales de estas difuntas señoras? ¿Que la última sentía una «afinidad Espiritual» por un médium Canadiense, idiota, viejo y sucio, hasta el punto de convertirse en *su feliz esposa*, como él se alababa públicamente, siendo el resultado de esta unión un rebaño de hijos «espirituales» *engendrados con este espíritu santo*? ¿Y *quién* es el marido astral –el consorte nocturno de una señora médium de Nueva York muy conocida, a quien la escritora conoce personalmente? Que el lector tome cuantos informes pueda sobre este último desarrollo de las relaciones *Espirituales* (?!). Que él piense seriamente sobre esto, y que lea después al *Conde de Gabalis*, especialmente el Apéndice con sus proporciones Latinas; y entonces, quizás, podrá apreciar mejor toda la gravedad de la supuesta chanza en la obra en cuestión[57]. Entonces podrá ver claramente la horrible relación que hay entre los Faunos, Sátiros e Íncubos de San Jerónimo, las Sílfides y Ninfas del Conde de Gabalis, los «Elementarios» de los Cabalistas –y todas las «Lillies» poéticas y espirituales de la «Comunidad Harris», los «Napoleones» astrales y otros Don Juanes fallecidos del «Summer Land» (tierra de verano), o sea las «afinidades *espirituales* de más allá de la tumba» del mundo moderno de los médiums.

A pesar de la horrible multitud de hechos, se nos dice semana tras semana en los periódicos Espiritistas, que, a lo mejor, no entendemos de lo que se está hablando. «Platón» –(un seudónimo por cierto muy presuntuoso para ser usado), descontento *ex*-teósofo, dice a los Espiritistas (véase el *Light* del 1° de Enero de 1887) que no solamente no hay reencarnación –debido a que el «espíritu» astral de un difunto amigo suyo se lo dijo (verdaderamente es un testimonio valioso y digno de confianza), sino que está probado que toda nuestra filosofía no tiene valor por este mismo hecho. Se nos notifica que el Karma es una necesidad mayúscula. «Sin el Karma, la reencarnación no tiene razón de ser»; y puesto que su informante *astral* se «ha informado en el reino de su presente existencia

57. «Sub-Mundanes; o The Elementaries of the Cabala»; con un apéndice ilustrado de la obra «*Demoniality*» o «*Incubi and Succubi*», por el Rvdo. Padre Sinistrari de Amando. La contestación dada (pág. 133) a San Antonio por un supuesto diablo, respecto a la corporeidad de los Íncubos y Súcubos, sería ahora quizás oportuna. Habiendo preguntado el bendito San Antonio quién era él, el pequeño enano de los bosques contestó: «Soy un mortal y uno de los habitantes de la Naturaleza, a quienes los gentiles en sus diferentes errores, adoran bajo los nombres de Faunos, Sátiros e Íncubos»; o «Espíritus de los Muertos», pudo haber añadido este Elemental, vehículo de algún Elementario. Esta es una narración de San Jerónimo, quien creía del todo en ella, y nosotros también, aunque con algunas variantes.

sobre la teoría de la reencarnación, y dice que no puede encontrar un solo hecho, ni siquiera el rastro de uno, respecto de aquella verdad...» este informante astral *tiene que ser creído*. Él *no puede* mentir. Pues «un hombre que ha estudiado la química, tiene derecho a una opinión, y se ha ganado el derecho de hablar sobre sus diferentes teorías y hechos... especialmente si durante su vida terrestre fue respetado y admirado por sus investigaciones en los misterios de la Naturaleza y por su amor a la verdad»[58].

Es de esperar que los «astrales» de tan eminentes químicos, tales como Mr. Crookes y Buderof –cuando desencarnen, se abstendrán de venir a menudo a hablar con los mortales. Pues habiendo estudiado la química tanto y tan bien, sus comunicaciones *post mortem* adquirirían una reputación de infalibilidad tal, que quizás llegarían a perjudicar el progreso de la humanidad y el desarrollo de sus poderes intelectuales. Pero la prueba es suficientemente convincente, sin duda alguna, para la presente generación de Espiritualistas, puesto que el nombre usado por el «director astral de un amigo», era el de un hombre honrado y amante de la verdad. Parece, pues, que una experiencia de más de cuarenta años con Espíritus, que dicen muchas más mentiras que verdades, y hacen mucho más daño que bien –nada significan. Y de este modo los «esposos y esposas Espirituales» tienen también que ser creídos, cuando dicen que son esto o aquello. Pues como «Platón» argumenta con razón: «No hay progreso sin conocimiento, y el conoci-

58. Los argumentos y testimonios que se presentan contra la filosofía Oriental, son muy curiosos. Seguramente esto es una buena prueba de que los ocultistas tienen razón en decir que la mayoría de estos «Espíritus» no son ni siquiera Espíritus «mentirosos», sino simplemente cascarones vacíos y sin sentido, que adquieren conciencia sólo con la ayuda de los cerebros de los *asistentes* y del cerebro del médium, como medio de relación.

miento de la verdad que se funda en hechos, es un progreso del grado más elevado; y si los astrales progresan, como *lo afirma* este espíritu, la filosofía del Ocultismo respecto de la reencarnación, es errónea en este punto; ¿Y cómo podemos saber que los demás puntos son correctos, si no hay pruebas de ellos?».

Esto es lógica y filosofía elevadas. «El fin de la sabiduría es la consulta y la discusión» –con «Espíritus», debió de haber añadido Demóstenes, si hubiera sabido donde buscarlos– pero todo esto deja sin resolver la cuestión de «quiénes son estos espíritus» –la misma queda abierta. Pues «donde los doctores no están de acuerdo», tiene que haber lugar a dudas. Y además del hecho saliente de que los Espíritus están divididos en sus opiniones sobre la reencarnación –lo mismo que lo están los Espiritualistas y los Espiritistas–, «ningún hombre es adecuado para la verdad, ni para recoger el guante en su causa», dice Sir F. Browne. Esto no significa ninguna sátira irrespetuosa para «Platón», quien quiera que él sea; no es más que un axioma. Un eminente hombre de ciencia, el profesor W. Crookes, dio una vez una definición muy sabia de la Verdad, demostrando cuán necesario es distinguir *entre la verdad y la exactitud*. Una persona puede ser amante de la verdad –dijo– esto es, puede estar lleno de deseo de recibir la verdad como de enseñarla; pero a menos que esta persona tenga gran poder natural de observación, o haya sido entrenado por medio de alguna clase de estudio científico en el trabajo de observar, anotar, comparar y dar cuenta con toda exactitud y detalle, no podrá dar una relación exacta ni digna de confianza, ni por tanto verdadera de sus experiencias. Sus intenciones pueden ser sinceras; pero si tiene una chispa de entusiasmo, puede estar expuesto a proceder a generalizaciones que sean a la vez falsas y peligrosas. En resumen: como dice también otro eminente hombre de ciencia, Sir John Herschel: «La gran y, ciertamente, única cualidad de la verdad, es la de ser capaz de sufrir la prueba de la experiencia universal, y de salir sin cambio alguno de cualquier clase de discusión sincera a que se la sujete».

Ahora bien; pocos son los Espiritistas, si es que hay alguno, que reúnan las preciosas cualidades requeridas por el profesor Crookes; en otras palabras, su veracidad está siempre neutralizada por su entusiasmo; que los ha conducido al error durante los últimos cuarenta años. En respuesta a esto se nos dirá y con gran justicia podemos confesar, que esta definición científica es un arma de doble filo; esto es, que los Teósofos están, por lo menos, en la misma caja que los Espiritualistas; que son entusiastas y, por tanto, crédulos también. Pero en el presente caso la situación cambia. La cuestión no consiste en lo que los Espiritualistas o Teósofos puedan pensar sobre la naturaleza de los espíritus y su grado de veracidad; sino lo que dice la «experiencia universal», requerida por Sir John Herschel. El Espiritualismo es una filosofía (si lo es, aunque nosotros negamos) pero de ayer. El Ocultismo y la filosofía de Oriente, ya sean verdad en absoluto o sólo relativamente, son enseñanzas que vienen a nosotros con una antigüedad inmensa. Y puesto que –tanto en los escritos y tradiciones del Oriente, como en los numerosos Fragmentos y manuscritos que nos han dejado los Teósofos Neo-platónicos; en las observaciones de filósofos tales como Porfirio y Jámblico, en las de los Teósofos de la edad media, y así sucesivamente, *ad infinitum*– puesto que encontramos en todos éstos el mismo idéntico testimonio de la naturaleza, extremadamente variada y a menudo peligrosa, de todos estos Genios, Demonios, Dioses, Lares y «Elementarios», todos confundidos ahora en un haz bajo el nombre de «Espíritus», no podemos menos que reconocer en todo esto «algo que reporta victoriosamente la prueba de la *experiencia universal*, y que «resulta sin cambio» después de toda clase de observaciones y experiencias.

Los Teósofos son tan sólo el producto de una experiencia que procede de la más remota antigüedad; los Espiritualistas sostienen sus propias opiniones, nacidas hace cuarenta años, y basadas en su entusiasmo perenne y en su emocionalismo. Pero que se le pregunte a cualquier testigo imparcial y de buena fe, que presencie los hechos de los «Espíritus» en América y que no sea ni Teósofo ni Espiritualista: «¿Cuál puede ser la diferencia entre la novia vampira de quien se dice que Apolonio de Tyana libró a un joven amigo suyo, a quien el súcubo nocturno estaba matando lentamente, y las esposas y esposos espíritus de los médiums?». Ninguna, seguramente –sería la respuesta correcta. Aquellos que no se estremezclan ante esta horrenda resurrección de la Demonología y Brujería medieval, pueden en todo caso, comprender la razón de por qué, entre los numerosos enemigos de la Teosofía –que desgarra el velo de los misterios del «Mundo de los Espíritus», y quita la máscara a los Espíritus disfrazados bajo nombres eminentes–, ningunos son tan mordaces ni tan implacables como los Espiritualistas de los países Protestantes y los Espiritistas de los países Católico-Romanos.

«Monstrum horrendum informe cui lumen ademptum... »[59] es el epíteto más adecuado que debe aplicarse a la mayoría de las «Lillies» y «Joes» del Mundo de los Espíritus. Pero no queremos decir en modo alguno –siguiendo el ejemplo de los Espiritualistas, que están determinados a no creer en otros «Espíritus» más que en los de los «queridos difuntos»– para mantener los *Espíritus de la Naturaleza* o Elementales, Cascarones o Elementarios, y «Dioses» y genios, no hay ningún

59. [Virgilio, *Aeneid*, III, 658: «Un monstruo horrible, amorfo, enorme, despojado de luz», dice Polifemus.–*El Compilador*].

Espíritu de los reinos invisibles; ni Espíritus sagrados y grandes- que se comunique con los mortales. Pues esto no es así. Lo que los Ocultistas y Cabalistas han dicho siempre, y los Teósofos repiten ahora, es que los Espíritus santos no visitan ninguna promiscua sesión espiritista, ni se casan con hombres ni mujeres.

La creencia en la existencia de visitantes invisibles de mundos mejores y peores que el nuestro, aunque están demasiado presentes, está demasiado arraigada en los corazones de los hombres para que pueda ser arrancada fácilmente por la fría mano del Materialismo, ni siquiera de la Ciencia. Los cargos de superstición acompañados del ridículo, han servido más bien para engendrar nuevas hipocresías y disimulos sociales entre las clases educadas. Pues hay pocos hombres, si es que hay alguno, en el fondo de cuyas almas no exista latente la creencia en tales criaturas *sobrehumanas* y suprasensibles, la cual puede despertarse a la primera oportunidad. Muchos son los hombres de ciencia que, habiendo abandonado a la vez y los cuentos de las nodrizas, las creencias en los Reyes de Elfos y Reinas de Hadas, y que se ruborizarían de ser acusados de creer en brujerías, han caído, sin embargo, víctimas de la astucia de los «Joes», «Daisies» y otros fantasmas y «directores». Y una vez que han cruzado el Rubicón, ya no vuelven a temer el ridículo. Estos Científicos defienden tan desesperadamente la realidad de los Espíritus materializados y otros, como si fuesen una ley matemática. Las aspiraciones del alma que parecen innatas en la naturaleza humana, y que duermen tan sólo para despertar con mayor energía; los deseos de cruzar el límite de la materia, que hacen que muchos escépticos se vuelvan creyentes rabiosos a la primera apariencia de lo que para ellos es una prueba innegable –todo esto completa el fenómeno fisiológico del temperamento humano. ¿Han encontrado su clave, nuestros modernos fisiólogos? ¿Permanecerá el veredicto «*non compos mentis*» o será «víctima del fraude y de la psicología»?, etc. Cuando decimos que los incrédulos no son sino «un puñado», esta afirmación no es exagerada; pues los más escépticos no son los que más alto clamorean contra las supersticiones degradantes, contra la «locura Ocultista», etc., etc. A la primera oportunidad, serán de los primeros entre los que caen y se rinden. Y cuando se cuentan seriamente los millones siempre crecientes de espiritistas, ocultistas y místicos en Europa y América, no hay por qué lamentarse como lo hace Carrington sobre «La marcha de las Hadas». Se han marchado, dice el poeta:

...«!Han volado,
Las hermosas ficciones de nuestros padres, tejidas
En la tela de la Superstición cuando el Tiempo era joven.
Tiernamente amadas y queridas –Han volado,
Delante de la vara de la ciencia! ...»

Afirmamos que no han hecho semejante cosa; y que al contrario, son estas «Hadas» –y las hermosas mucho más que las horribles– las que amenazan seriamente, bajo sus nuevas máscaras y nombres, desarmar a la Ciencia y romper su «Vara».

La creencia en los «Espíritus» es legítima porque se basa en la autoridad de los experimentos y de la observación; además reivindica otra creencia considerada también como supersticiosa: o sea el *Politeísmo*. Este último está basado sobre un hecho de la Naturaleza: Espíritus que han sido tomados por Dioses, han sido vistos en todas las edades por los hombres – de aquí la creencia en muchos y varios Dioses. El monoteísmo, por otro lado, se funda en una pura abstracción, ¿Quién ha visto a DIOS? (nos referimos a aquel Dios Infinito y Omnipotente de que hablan tanto los Monoteístas). El Politeísmo –una vez que el hombre reclama el derecho de intervención divina en favor suyo– es lógico y de conformidad con las filosofías de Oriente, todas las cuales, ya sean Panteístas o Deístas, proclaman la abstracción UNA e infinita, un Algo absoluto que trasciende totalmente a la concepción de lo finito. Seguramente tal credo es más filosófico que aquella religión cuya teología, a la vez que por un lado proclama a Dios un Ser misterioso y hasta Incomprensible, a quien «*ningún hombre puede ver ni oír*» (*Éxodo,* XXXIII, 20), lo muestra por otro tan humano y tan pequeño como para ocuparse de los calzones[60] de sus escogidos ¡mientras descuidaba el decir algo definido sobre la inmortalidad de sus almas o sobre su supervivencia después de la muerte!

Así, pues, la creencia en un Portador o Portadores de entidades Espirituales, que moran en varios planos y esferas del Universo, o sea, en realidad, en Seres *conscientes intra*-Kósmicos, es lógico y razonable, mientras que la creencia en un Dios *extra-Kósmico* es un absurdo. Y si Jehovah, que era tan celoso de sus Judíos, y ordenaba que no debían tener otro Dios que Él, fue tan generoso que otorgó a Moisés al Faraón («Mira; yo he *hecho de ti un Dios para Faraón* y a Aarón... tu profeta», *Éxodo,* VII, 1) como la deidad para el monarca Egipcio, ¿por qué a los «Paganos» no se les ha de permitir que elijan sus Dioses? Una vez que creemos en la existencia de nuestros *Egos*, bien podremos creer en la de los Dhyân Chohans. Como dice Haré: «el hombre es un ser *compuesto*, que está hecho de un cuerpo espiritual y de otro carnal; los ángeles son Espíritus puros, y por lo tanto, más próximos a Dios, sólo que son creados y finitos en todos los aspectos, mientras que Dios es *infinito e increado*». Y si Dios es lo último, entonces no es un «Ser» sino un *Prin-*

60. «Y tú le harás calzones de lienzo para que cubran su desnudez; que alcanzarán desde sus lomos a sus muslos» (*Éxodo,* XXVIII, pág. 42 y siguientes.) ¡¡DIOS un mercader de lienzos y un sastre!!

cipio incorpóreo al que es una blasfemia antropomorfizar. Los ángeles o Dhyân Chohans, son los «Vivientes»; aquel Principio «Existente por sí mismo», la CAUSA eterna y compenetrada de todas las causas es tan sólo el nóumeno abstracto del «Río de Vida», cuyas olas, siempre rodando, crean a los ángeles al igual que a los hombres; los primeros son sencillamente «hombres de naturaleza superior», como instintivamente lo observaba Young.

Las masas de la humanidad tienen, pues, razón en creer en la pluralidad de Dioses; no son las naciones Cristianas menos politeístas que sus hermanos Paganos, por llamarles ahora espíritus, ángeles o demonios. Los veinte o treinta millones de Espiritualistas o Espiritistas que existen actualmente, ofician a sus muertos con tanto celo como los Chinos e Hindúes modernos ofician a sus *Houen*[61], *Bhuts* y *Pisachas* –los Paganos, sin embargo, lo hacen para tenerlos tranquilos y que no hagan daño *post mortem*.

[Los siguientes tres párrafos fueron añadidos un tiempo después:]

Por otro lado, hemos demostrado ampliamente en el Proemio de *La Doctrina Secreta* que la adoración a los ángeles y espíritus por parte de los Católico-Romanos y los Cristianos de las Iglesias Orientales, representando varios cientos de millones de hombres, mujeres y niños, que adoran armadas de Santos juntos- es una idolatría como cualquier idolatría de India y China. La única diferencia que se puede ver es que los Paganos son sinceros a llamar politeísta a su religión, mientras

61. El *Houen* en China es «la *segunda* Alma, o Vitalidad humana; el principio que anima al fantasma», según lo explican los misioneros de China; simplemente el *astral*. El *Houen*, sin embargo, es distinto del «Antecesor» como los *Bhuts* lo son de los Pitris en la India.

que las Iglesias- en compañía de los Espiritualistas Protestantes, conscientemente o no- se ponen una máscara reclamando para sí el título de una Iglesia monoteísta.

Esta es una filosofía que trata con el tema de los espíritus de la «idolatría» India que está notablemente ausente en las definiciones Occidentales de esto. Los Devas son, para así decirlo, los poderes encarnados de estados de la materia, más refinados que aquellos que con los cuales estamos familiarizados[62] . En los *Vedas,* los Dioses son mencionados como siendo once, donde cada uno de ellos es el representante de la clase a la que pertenece. Cada una de estas clases, está nuevamente subdividida en tres, dando el paso así a treinta y tres clases de Dioses primarios, similar a los sistemas Hindúes y Budistas[63], como puede verse en la referencia al *Catena of Chinese Buddhism* de Beal. Cada una de esas treinta y tres, se subdividen nuevamente, y admite más división, casi indefinidamente como las mónadas sustanciales de Leibnitz; un hecho que está expresado por el número de Dioses dados por los Hindúes como treinta y tres crores (33 x 10.000.000). La llave al significado esotérico de esos Dioses permitiría a la ciencia física moderna, y especialmente la química, alcanzar un progreso que no se lograría de otra forma en miles de años, ya que todo Dios tiene una conexión directa con, y de manera representativa, su forma física, por así decirlo, en átomos invisibles y moléculas visibles- partículas físicas y químicas[64].

Aun cuando se dice que estos Dioses son «superiores al hombre en algunos conceptos», no se debe decir por esto que las potencias latentes del espíritu humano sean en modo

62. Ver *La Doctrina Secreta,* Vol. I, Libro I, Parte III: «Dioses, Mónadas y Átomos», págs. 610 y sig.

63. Ver las Mitologías China, Birmana y Siamesa.

64. Ver nuevamente: «Dioses, Mónadas y Átomos».

alguno inferiores a las de los Devas. Sus facultades están más desarrolladas que las del hombre ordinario; pero en última instancia, este desarrollo tiene un límite prescrito, lo que no sucede con el espíritu humano. Este hecho ha sido bien simbolizado en el *Mahâbhârata* por la victoria que por sí sólo obtuvo Arjuna, bajo el nombre de Nara (hombre) sobre todos los Devas y *Deva-yonis* (Elementales inferiores). Y encontramos la referencia al mismo poder del hombre en la *Biblia*, pues, San Pablo dice claramente a su auditorio: «¿No sabéis que juzgaremos a los Ángeles?» (I *Corin.* VI, 3), y habla del cuerpo astral del hombre, el *soma psychikon*, y del cuerpo espiritual, *soma pneumatikon* que «no tiene carne ni huesos» pero que, sin embargo, tiene una forma externa.

[El siguiente par de oraciones fue añadido un tiempo después:]

Un Adepto, poniéndose bajo un curso especial de entrenamiento e iniciación, puede obtener el estado de un Deva, pero por este curso está negado a mayor progreso a lo largo del camino verdadero. (Ver «El ‹Elixir de la Vida› en *Five Years of Theosophy*)[65]. La historia de Nahusa da un chispazo de la verdad como la conocen los Iniciados.

El orden de Seres llamados Devas –cuya variedad es tan grande que su descripción no puede intentarse aquí– se da en algunos tratados Ocultos. Hay Devas superiores e inferiores, Elementales superiores y muy inferiores al hombre y aun a los animales. Pero todos éstos han sido o serán hombres, y

65. [El notable Ensayo del «Elixir de la Vida» apareció originalmente en «*The Theosophist*», Vol.III, Marzo y Abril, 1882, y fue escrito bajo dictado de Godolphin Mitford, quien en otras ocasiones usó el pseudónimo de Moorad Alee Beg o Mirza Murad Ali Beg. Ha sido reimpreso varias veces en varias publicaciones, así como en folletos separados.–*El Compilador*].

los primeros volverán a nacer en planetas superiores y en otros Manvantaras. Una cosa puede, sin embargo, mencionarse. Los Pitris, o nuestros «antecesores lunares» y la comunicación de los mortales con ellos, han sido mencionados varias veces por los Espiritualistas como un argumento de que los Hindúes creen *efectivamente* en «Espíritus», y que hasta los adoran. Esto es un gran error. No son los Pitris individualmente los que hayan podido ser consultados, sino su *Sabiduría* en conjunto; mostrándose esta sabiduría, *mística* y alegóricamente, en el lado luminoso de la luna.

Lo que los Brahmanes invocan, no son «los espíritus» de los antecesores *difuntos* –puede encontrarse el completo significado de este nombre en el vol. II de *La Doctrina Secreta*, en donde se da la génesis del hombre. Los espíritus humanos más desarrollados y elevados declararán siempre al dejar su vivienda de barro «*nacha purarâvarti*» –«no volveré»– y de este modo se colocan fuera del alcance de ningún hombre vivo. Pero para comprender completamente la naturaleza de los antecesores «lunares» y su relación con la «luna», se necesitaría la revelación de los secretos ocultos que no están destinados para el conocimiento del público. Por tanto, no se dará más que las pocas insinuaciones que siguen.

Uno de los nombres de la luna en sánscrito es *Soma*, que es también el nombre, como es bien sabido, de la bebida mística de los Brahmanes, y demuestra la relación entre las dos. Un «bebedor de Soma» alcanza el poder de ponerse en *relación* directa con el lado brillante de la luna, tomando así inspiración de *la energía intelectual concentrada de los benditos antecesores*. Esta «concentración», y al ser la luna un depósito de esta Energía, es el secreto cuyo significado no puede ser revelado más allá del mero hecho de mencionar el continuo derrame sobre la tierra de cierta influencia desde el lado brillante de la esfera.

Esto que parece una corriente (al ignorante) es de *naturaleza doble* –una que da vida y sabiduría, y la otra que es letal. Aquel *que puede separar la primera de la segunda, como Kâlahansa separó la leche del agua que estaba mezclada con ella, demostrará así gran sabiduría– tendrá su recompensa.* La palabra Pitri significa, sin duda alguna, el antecesor; pero lo que se invoca es la sabiduría *lunar,* esotéricamente, y no al «antecesor Lunar». Esta Sabiduría es la que invocaba Qu-ta-my, el Caldeo, en el *Nabathean Agriculture*, quien escribió «las revelaciones de la Luna». Pero existe el *otro lado* de esto. Si la mayoría de las ceremonias religiosas Brahmánicas están relacionadas con la luna llena, de la misma manera las siniestras ceremonias de los hechiceros tienen lugar en la luna nueva y en su último cuarto. Del mismo modo, cuando el ser humano perdido, o el hechicero, llega a la consumación de su carrera depravada, todo el mal Karma, y la mala inspiración cae sobre él, como un negro íncubo de iniquidad, desde «el *lado oscuro* de la luna», que es *terra incognita* para la Ciencia, pero una tierra bien explorada por el Adepto. El Hechicero, el Dugpa, quien ejecuta siempre sus ritos infernales en el día de la luna nueva, cuando la influencia benévola de los Pitris está en su más bajo nivel, cristaliza parte de la energía satánica de sus predecesores en el mal, para sus propios viles fines; mientras que el Brahmán, por otro lado, persigue un fin benévolo correspondiente con la energía que le otorgan sus Pitris... Por lo tanto, éste es el verdadero Espiritualismo, cuyo corazón y alma han sido tan erróneamente comprendidos por los modernos Espiritualistas. Cuando llegue el día de la revelación completa, se verá que las llamadas «supersticiones» del Brahmanismo y de los antiguos Paganos en general, eran simplemente ciencias naturales y físicas, veladas a los ojos profanos de las multitudes ignorantes, por temor a la profanación y al abuso, por medio de disfraces alegóricos y simbólicos que la ciencia moderna no ha podido descubrir.

Afirmamos pues que ningún Teósofo ha creído jamás en «supersticiones degradantes» ni ha contribuido a propagarlas más que lo que ha podido hacerlo cualquier Sociedad filosófica o científica.

[Los siguientes tres párrafos fueron añadidos un tiempo después:]

Si algunos Teósofos –en realidad, la mayoría de ellos– confiesan abiertamente su creencia en Dhyan Chohans (hombres desencarnados de otros Manvantaras anteriores), en Pitris (nuestros verdaderos y genuinos antecesores), y los huestes de los espíritus –mundanos, sub-mundanos, y supra-mundanos– no hacen más mal que el que hizo, hace y hará todo el mundo Cristiano. De esta forma son aún más honorables que aquellos que esconden la creencia y la mantienen *sub rosa.*

La única diferencia entre los «Espíritus» de otras Sociedades, Sectas o Cuerpos y los nuestros, consiste en sus nombres y en los asertos dogmáticos con respecto a su naturaleza. En aquellos a quienes los millones de espiritistas llaman los «Espíritus de los Muertos», y en quienes la Iglesia romana ve los demonios de Satanás –nosotros no vemos ni lo uno ni lo otro. Los llamamos Dhyân Chohans, Devas, Pitris, Elementales superiores e inferiores– y los conocemos como los «Dioses» de los Gentiles, a veces imperfectos, nunca santos. Cada orden tiene su nombre, su sitio, sus funciones que la Naturaleza le ha asignado; y cada hueste es el complemento y la coronación de su propia esfera particular, lo mismo que el *hombre* es el complemento y la coronación de su globo; de aquí que sean una necesidad natural y lógica en el Cosmos.

H.P.B.

ÍNDICE

EDITORIAL
DAGÓN